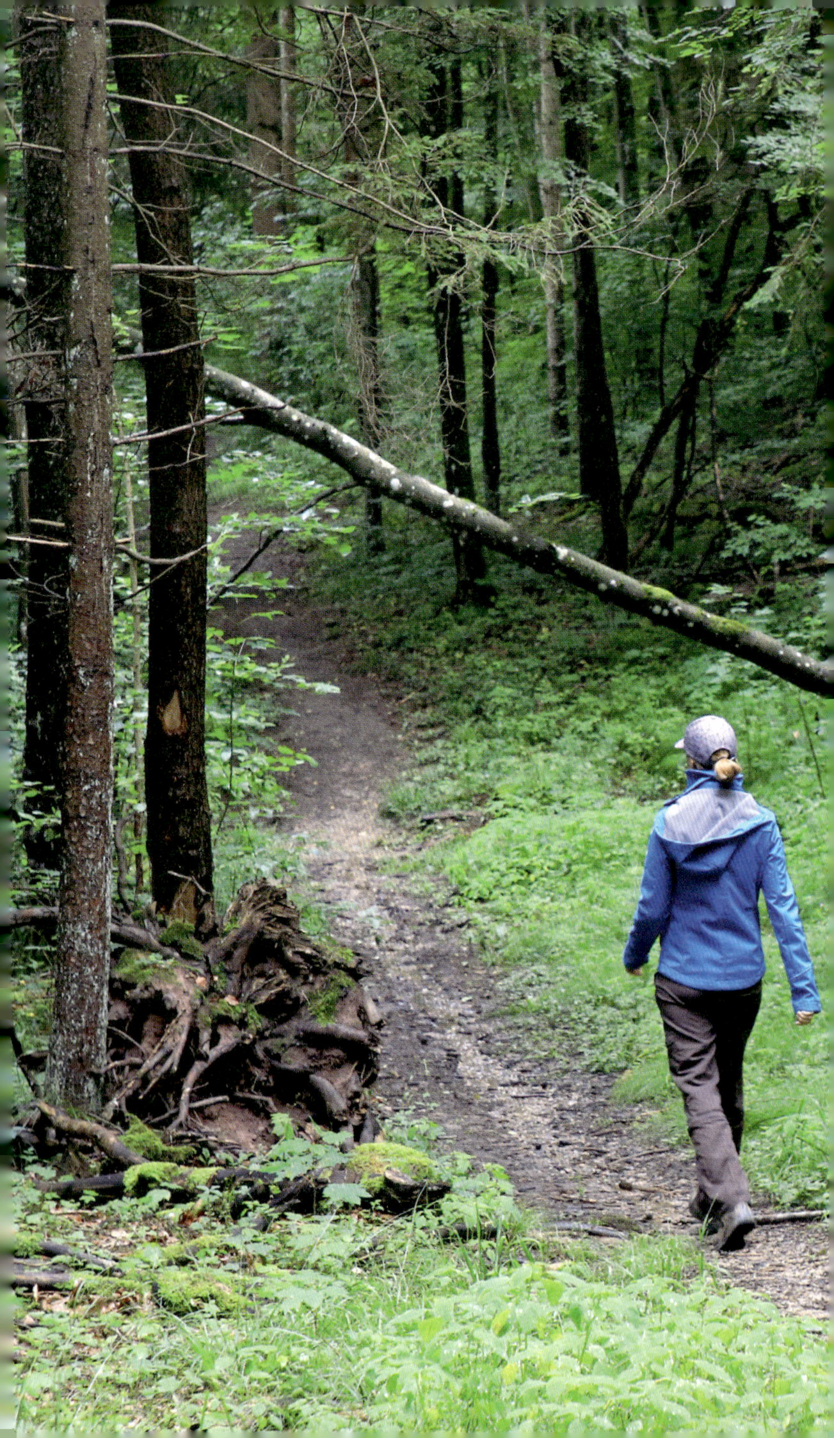

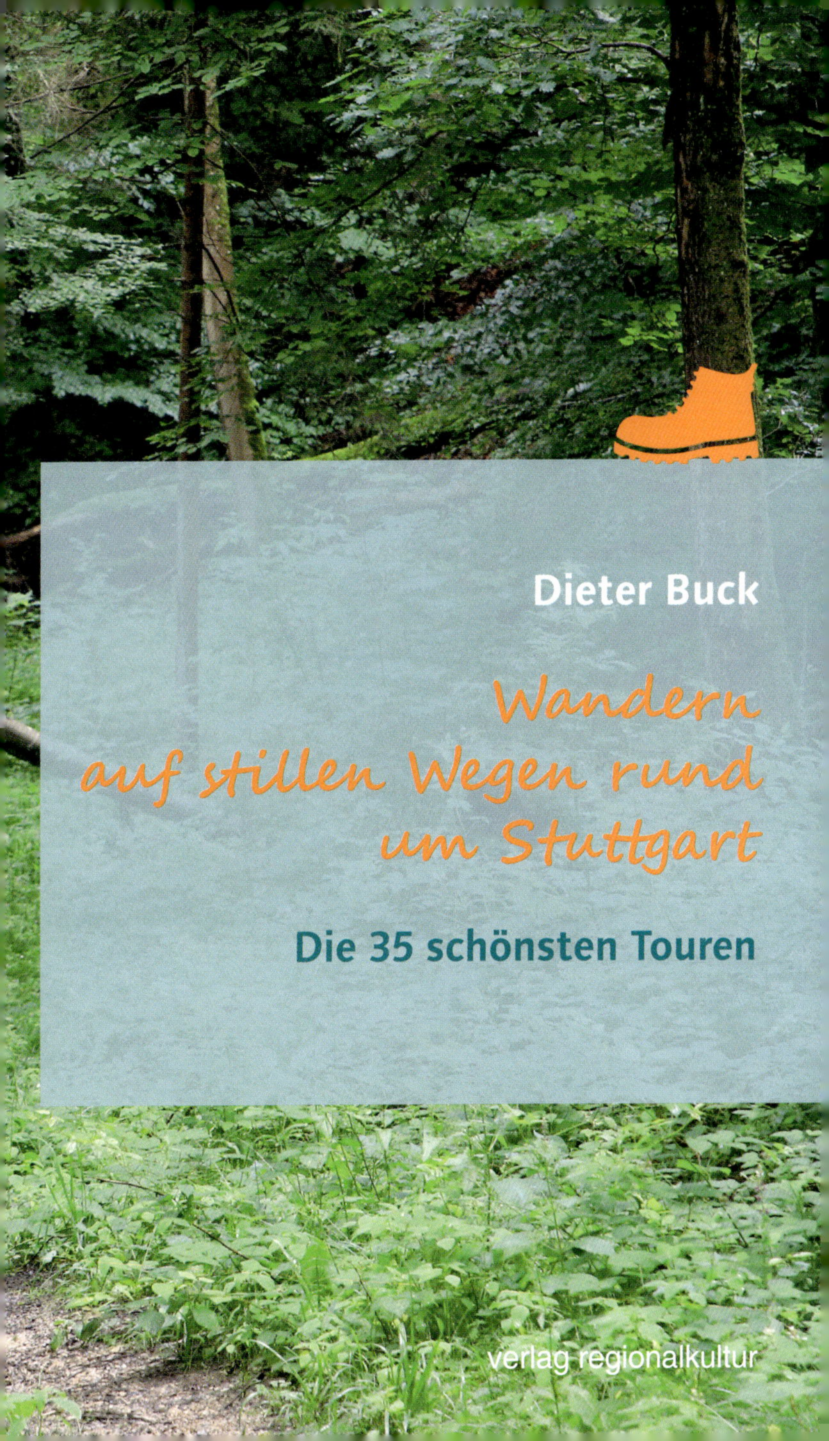

Dieter Buck

Wandern auf stillen Wegen rund um Stuttgart

Die 35 schönsten Touren

verlag regionalkultur

Vorwort

Liebe Leserin, lieber Leser,

unbekannte Wege in und um Stuttgart – die soll es noch geben? Hat doch der Schwäbische Albverein mit seinen ehrenamtlichen Wegwarten ein dichtes Netz von beliebten Wanderwegen rund um die Landeshauptstadt gezogen und zahlreiche naturhungrige und wanderbegeisterte Bewohner der Stadt und des Mittleren Neckarraums nutzen diese auch.

Klar ist, so richtige Geheimtipps, Wanderwege, auf denen man die Gewähr hat, während seiner Tour keiner Menschenseele, sondern nur vielleicht mal einem Hasen zu begegnen, die findet man im beschriebenen Gebiet nicht. Trotzdem kann man wandern, ohne die Wanderhotspots und die allseits beliebten und stark begangenen Wege zu benutzen. Und solche Wandervorschläge finden Sie in diesem Buch.

Man findet sie also noch: die stillen Pfade, Waldstücke oder Wiesen, die noch einigermaßen unberührt und so belassen sind, wie sie im wahrsten Sinne des Wortes die Natur schuf. Einheimische Wanderer und Spaziergänger die sich auskennen, wird man allerdings überall antreffen, wo ein einigermaßen angenehmes Gehen möglich ist.

Ich habe 35 Wanderungen auf markierten Albvereinswegen, aber auch auf sonstigen Feld- und Waldwegen gesucht und zusammengestellt, auf denen man nicht Massen an anderen Wanderern begegnet. Manchmal will man ja auch einfach alleine sein, sehnt sich nach Naturgenuss, Ruhe und Besinnlichkeit, will nachdenken oder meditieren. Ist man nun nicht gerade an einem Sonntag mit schönstem Wetter unterwegs, sondern eher an einem Samstag oder gar an einem anderen Werktag, dann ist die Chance, ungestört seinen Gedanken nachhängen zu können und die Natur einschließlich vielleicht einer Wildsichtung zu erleben, recht groß.

Nicht bei jeder Tour ging es allerdings ganz ohne Abschnitte ab, auf denen auch andere Wanderer unterwegs sind. Auch habe ich dort, wo eines der bekannten Ausflugsziele in der Nähe war, dieses natürlich mit einbezogen. Es wäre ja auch schade drum, wenn man darauf verzichten würde – nicht umsonst haben die bekannten Ausflugsziele ihren Ruf. Aber trotzdem finden Sie in diesem Buch Wandertipps „abseits des Gewöhnlichen". Bei den Wegen habe ich nach Möglichkeit die schönen, kleinen Pfade bevorzugt, trotzdem war es nicht zu vermeiden, dass man hier und da auch auf gut ausgebauten Forst- und Feldwegen gehen muss.

Ich wünsche Ihnen immer schöne, erholsame Wanderungen, allzeit gutes Wetter und viele angenehme Erlebnisse und Begegnungen.

Dieter Buck

Die Touren

Stuttgart und der Norden

Schönbuch, Gäu, Glemswald

Schwäbischer Wald, Remstal, Schurwald

Filder, Schwäbische Alb und Albvorland

blau = leicht, rot = mittelschwer, **schwarz** = schwer

ANLEITUNG

Die **GPX-Dateien** zu den Touren dieses Führers können Sie hier herunterladen und auf verlag-regionalkultur.de.

GPX-TRACKS

Einleitendes

Zum Wandern

Wandern kann jeder. Meint man, stimmt letztendlich auch. Aber wenn man ein paar Dinge beachtet, macht es sicher mehr Spaß.

In diesem Buch sind 35 Wanderungen in und um Stuttgart beschrieben, nicht nur mit dem reinen Wegverlauf, sondern auch mit all den Sehenswürdigkeiten und Besonderheiten unterwegs – getreu dem Motto „Man sieht nur, was man weiß". Und zu sehen gibt es viel. Seien es Schönheiten in der Natur, historische Besonderheiten am Wegrand oder in den Orten.

Die Zeitangaben der Strecken sind aus Komoot oder Outdooraktiv entnommen und mit der bekannten Formel „4 Kilometer = eine Stunde Wanderzeit, dazu Zuschläge für Anstiege" kontrolliert. Trotzdem handelt es sich nur um ungefähre Zahlen. Da jeder sein eigenes Gehtempo hat sind individuelle Abweichungen natürlich möglich. Sie werden bereits nach den ersten Touren merken, ob Sie die Zeiten über- oder unterschreiten und können sich bei weiteren Wanderungen darauf einstellen. Bei den genannten Zeiten handelt es sich um reine Gehzeiten, bei denen Pausen, Besichtigungen, Fotostopps, das Überprüfen des Wegverlaufs auf der Karte oder auf dem Navi oder andere Verzögerungen nicht enthalten sind.

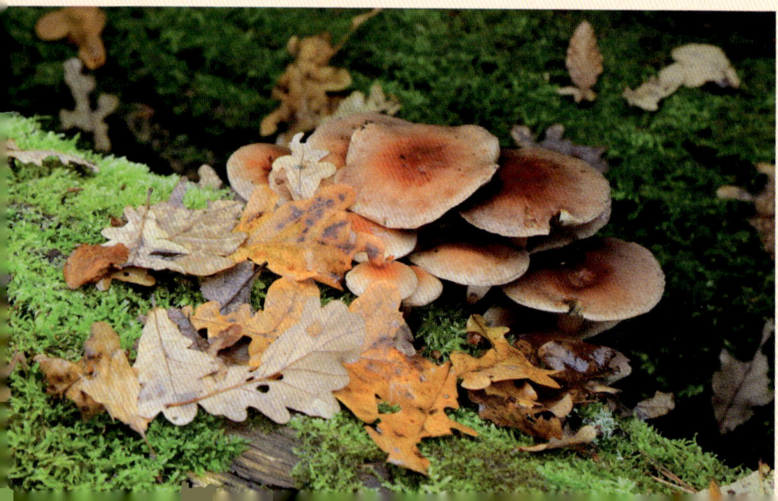

Alle Wanderungen sind fast ganzjährig möglich, wobei nach frischem, starkem Schneefall im Winter das Fortkommen vielleicht etwas mühsam sein könnte. Da im schattigen Wald im Winter oder Frühjahr der Schnee länger liegen bleibt als im Freien und die Wege deshalb zuweilen auch vereist oder glatt sein können, sollte man dann vorsichtig gehen, nach Möglichkeit auch Schuhspikes und/oder Wanderstöcke dabeihaben.

Etwas Vorsicht ist auch bei feuchtem Wetter geboten, denn unbefestigte Wege sind dann schmierig und glitschig und schlecht zu begehen. In diesem Fall sollte man Wanderungen auf festen Wegen bevorzugen. Wie die Wege beschaffen sind, ist bei jeder Tour beschrieben.

Die Wanderungen werden als leicht, mittel und schwierig kategorisiert. Nun gibt es im Bereich dieses Buches keine Wanderungen, die man in technischer Hinsicht oder aus Konditionsgründen wirklich als schwierig bezeichnen kann. So habe ich die Zuordnung nach der Länge der Tour und den Höhenmetern und nach meinem subjektiven Gefühl bestimmt. Die Übergänge sind daher fließend. Da aber jeder weiß, was für ihn und seine Kondition machbar ist kann sich jeder die Touren heraussuchen, die für ihn machbar und geeignet sind.

Sicher wandern

Zuerst sollte man seine eigene Leistungsfähigkeit kritisch beurteilen, denn total erschöpft nach einer Tour ankommen möchte man ja nicht, das hinterlässt auch keine guten Erinnerungen an die Tour. Dabei sollte man auch die Kondition eventueller Mitwanderer berücksichtigen – und sich immer am schwächsten orientieren. Berücksichtigen sollte man auch, dass man an heißen Sommertagen schneller an seine Grenzen stößt als an kühleren Tagen. Auch aus diesem Grund sollte man immer genügend zu Trinken dabei zu haben. Es ist zwar noch niemand verhungert, wenn er ein paar Stunden nichts gegessen hat, trotzdem ist es angenehmer, wenn man auch bei kürzeren Touren einen kleinen Vorrat an Essbarem dabeihat, und seien es nur ein paar

Nüsse oder Müsliriegel. Auf den Karten ist auch ersichtlich, ob man eher im schattigen Wald oder auf sonnenbestrahlten Freiflächen wandert. Hat man vor einzukehren ist es empfehlenswert, sich vorher auf Google Maps über Lokale unterwegs zu informieren und dort nach den Öffnungszeiten zu fragen.

Alleine zu wandern ist immer ein kleines Risiko – schnell hat man sich mal einen Fuß verknackst und kommt nicht mehr weiter. Vor allem wer alleine unterwegs ist sollte deshalb immer ein Handy dabeihaben und nach Möglichkeit jemandem Bescheid sagen, wo man unterwegs ist. Hat man keinen Handyempfang sollte man zuerst ein wenig umher gehen, vielleicht ist in kurzer Entfernung doch ein Empfang möglich. Falls nein, schaltet man sein Handy aus und wählt beim Wiedereinschalten gleich die Notrufnummer 112. Mit etwas Glück sucht sich das Gerät das nächste verfügbare Netz.

Zur Ausrüstung

Eigentlich braucht man zum Wandern nichts Besonderes. Strapazierfähige Kleidung, dem Wetter angepasst, gut waschbar, bequem und je nach Wetter auch wind- und regendicht (oder zumindest -abweisend), aber auch atmungsaktiv reicht für die Wanderungen dieses Buches. Jeans als Hosen sind allerdings nicht besonders geeignet, wenn es nicht absolut regensicher ist. Denn sind sie durchnässt, dauert es lange bis sie wieder trocken sind. Ein schnell trocknendes Kunststoffgewebe ist da besser.

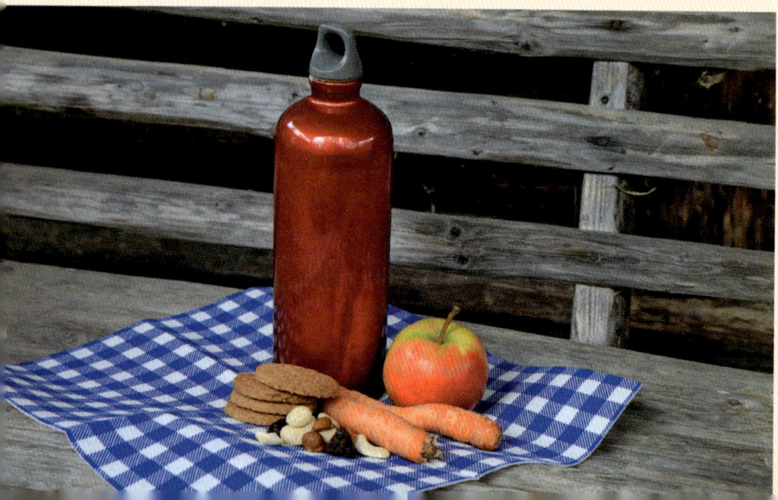

Außerdem sollte der Stoff fest sein, da man auf engen Pfaden im Wald doch mal an dornigen und stacheligen Zweigen hängen blebt und dann nicht gleich Löcher in der Kleidung davonträgt.

Das Wichtigste beim Wandern sind aber auf jeden Fall die Schuhe. Am Besten lässt man sich vor dem Kauf in einem Fachgeschäft beraten und probiert sie dort aus. Empfehlenswerterweise ab Nachmittag, da die Füße dann etwas angeschwollen sind. Wichtig sind auch Socken. Reine Baumwollsocken sind eher ungeeignet, da sie Feuchtigkeit speichern und dadurch die Blasenbildung gefördert wird. Spezielle Wandersocken mit ausschließlich oder einem hohen Anteil an Kunstfasern sind da besser. Bei ihnen wird die Feuchtigkeit nach außen transportiert und der Fuß bleibt trocken. Manche tragen auch zwei Socken übereinander. Dann reibt die Socke nicht an Haut, sondern an einer weiteren Socke. Dies sollte man aber bei der Schuhgröße berücksichtigen. Beratung im Fachhandel bei allen Anschaffungen ist auf jeden Fall Gold wert.

Nützlich ist auch ein Rucksack, nicht nur für die Verpflegung, sondern auch für den Krimskrams, der manchmal ganz nützlich ist, wie ein Taschenmesser, eine Schnur oder eine Tüte (für den Abfall, aber auch zum Sammeln irgendwelcher Fundstücke – vor allem wenn man Kinder dabeihat). Für kleinere Verletzungen sollte man etwas Pflaster, ein Desinfektionsspray und eine elastische Binde für übertretene Füße dabeihaben. Im Sommer ist man auch für Mittel zur Behandlung von Insektenstichen dankbar.

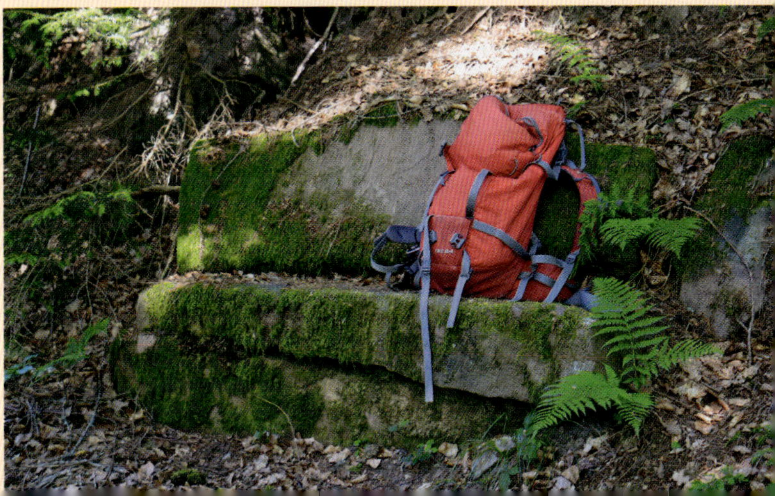

Gefahren unterwegs

Auch wenn wir keine richtigen wilden Tiere in unserer Natur haben, gibt es doch einige Lebewesen um die man sich etwas Gedanken machen sollte.

Jedes Jahr in aller Munde sind Zecken in Waldgebieten – im Bereich dieses Buches insbesondere im Schönbuch. Zeckenbisse können schwere Komplikationen verursachen, über Hirnhautentzündung bis hin zur Borreliose. Um sich zu schützen, sollte man geschlossene Kleidung tragen und die Hosenbeine in die Schuhe stopfen. Nach der Tour sollte man sich absuchen, am besten sogar duschen, und bei Zeckenbissen in den nächsten Tagen auf Rötungen um die Bissstelle achten. In diesem Fall sollte man zum Arzt gehen. Gegen Hirnhautentzündung kann man sich auch impfen lassen.

Um sich gegen Fuchsbandwurm zu schützen, sollte man keine Beeren o.ä. im Wald essen, zumindest keine aus Bodennähe, sein Vesperbrot nicht ins Gras legen und oft Händewaschen, wenn möglich unterwegs, auf jeden Fall aber daheim. Ein Befall schädigt vor allem die Leber, manchmal auch Lunge und Gehirn. Leider wird dies manchmal so spät bemerkt, dass keine Hilfe mehr möglich ist.

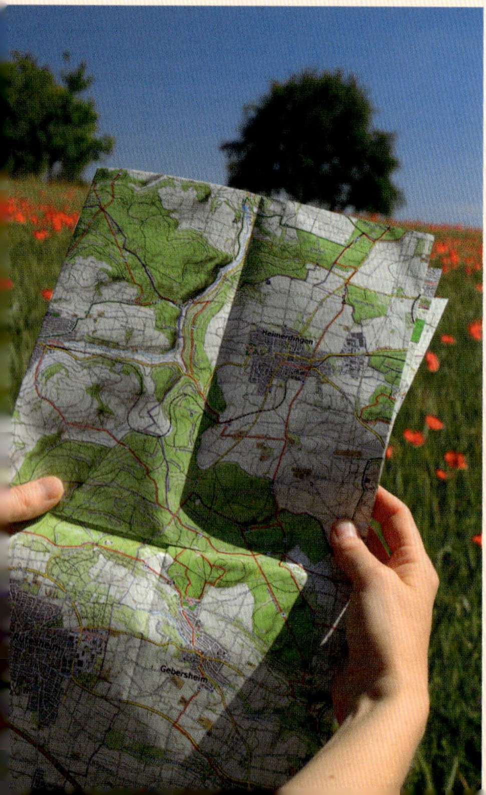

Durch das Einatmen der Ausscheidungen von Rötelmäusen, zum Beispiel durch aufgewirbeltes Laub, kann am Hantavirus erkranken. Tetanus (Wundstarrkrampf) holt man sich durch eine Verletzung (Stich, Biss, Schnittwunde) und Verunreinigung der Wunde. Im Idealfall ist man wahrscheinlich dagegen geimpft. Auch eine Blutvergiftung (Sepsis) kann man sich durch eine Verletzung zuziehen. Sie führt unbehandelt zum Tod. Deswegen nochmal der Appell, seien Sie vorsichtig. Zu allem findet man viele Informationen im Internet oder lässt sich von seinem Arzt beraten.

Orientierung ist wichtig

Die im Buch empfohlenen Karten sind im Buchhandel erhältlich. Zusätzlich empfehlenswert ist es aber, sich eine der Navigationsapps auf dem Handy zu installieren, zum Beispiel Komoot oder Outdooraktiv. Wenn man sich die beim Verlag gespeicherten GPS-Daten herunterlädt und sie am besten auch online speichert, kann man sich auch von der App leiten lassen. Rein um eine Karte oder den Standort anzusehen, wenn man einmal die Orientierung verloren hat, sind die kostenlosen Apps MapsMe und PhoneMaps geeignet.

Anfahrt

Ein geeigneter Parkplatz ist bei jeder Tour angeführt, sogar mit den GPS-Koordinaten, sodass man sich vom Navi zum Ausgangspukt lotsen lassen kann. Für Nutzer öffentlicher Verkehrsmittel steht bei jeder Tour die nächste Haltestelle von Bus und Bahn. Oft verlängert sich die Wanderung aber durch die Strecke vom Bahnhof oder der Bushaltestelle zum genannten Ausgangspunkt ein wenig. Auskunft über die Verbindungen und Fahrpläne erhält man unter www.vvs.de oder www.efa-bw.de.

Mit Kindern unterwegs

Da die Wanderungen dieses Buches in der Regel recht kurze Genusswanderungen sind, sind sie grundsätzlich auch für Kinder geeignet. Dann ist es immer sinnvoll, etwas zum Transport von Fundstücken (Tannenzapfen, Samen, Versteinerungen etc.) dabei zu haben. Pflanzen mitzunehmen ist zwar auch beliebt, aber wenig sinnvoll, denn bis man daheim ist, sind sie oft vertrocknet. In Naturschutzgebieten ist es sogar verboten, von dort darf überhaupt nichts mitgenommen werden! Schnur, Taschenmesser, Malsachen etc., bei kleineren Kindern auch Spielfiguren, machen eine Wanderung für den Nachwuchs interessant, sodass man zu einer Wiederholung vermutlich keine großen Überredungskünste braucht.

Deshalb nachfolgend ein paar Ideen, wie man unterwegs Kinder beschäftigen kann, damit keine Langeweile aufkommt. Als Naturerlebnis sind diese Vorschläge sowieso immer empfehlenswert.

Was kann man alles sehen, riechen, hören, tasten, schmecken?

Sehen Was seht ihr alles an kleinen Dingen: Blätter, Beeren, Tiere (Käfer, Ameisen, Schnecken, Wassertiere in Pfützen), Wasser … Die Tiere beobachten, ihren Weg verfolgen (aber nicht quälen oder ärgern). Wer entdeckt am meisten?

Riechen Was riecht ihr alles? Wie riecht es? Feuchte Erde, Laub nach Regen. Blumen, Nadelbäume, Gras … Woran erinnert der Duft? Wem fallen die meisten ähnlichen Düfte ein?

Hören Hört mal! Was kann man alles hören, wenn man ganz ruhig ist? Vogelstimmen (wer weiß, welche Vögel?), Blätterrauschen, Froschgequake, Grillengezirpe, Gespräche, Glockenläuten oder Verkehrslärm aus dem Tal, Rascheln von Mäusen oder Käfern …

Tasten Schließt die Augen und fühlt die Oberfläche verschiedener Bäume. Tastet Steine ab oder die Oberfläche eines Blattes, Erde, Sand …

Schmecken Versucht, ganz bewusst den Geschmack des Essens unterwegs zu erfahren: Wie schmeckt das Brot, die Wurst, der Apfel? Vielleicht findet ihr Beeren, Bucheckern o. ä. (fragt am besten eure Eltern, ob die gefundenen Sachen auch nicht giftig sind). Was ist sauer, süß, fruchtig, nussig, trocken, feucht …?

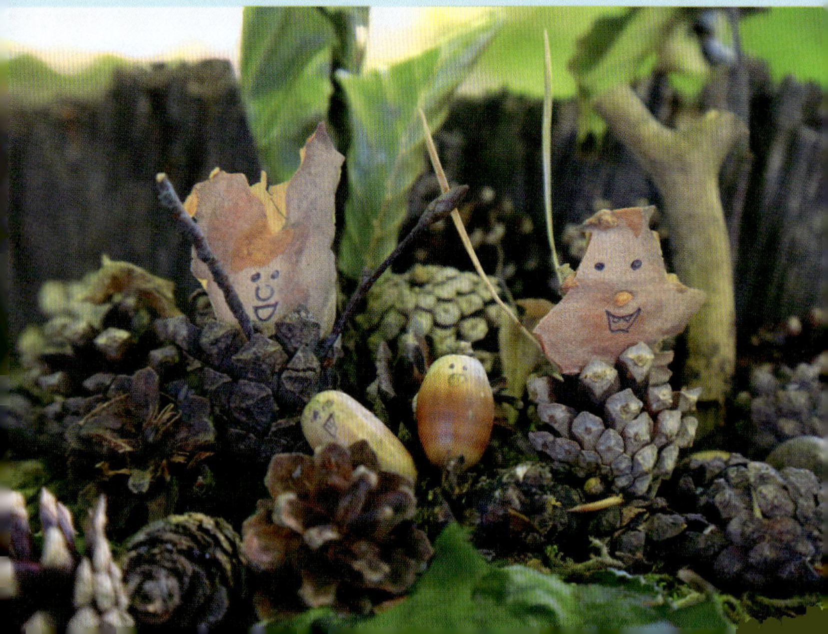

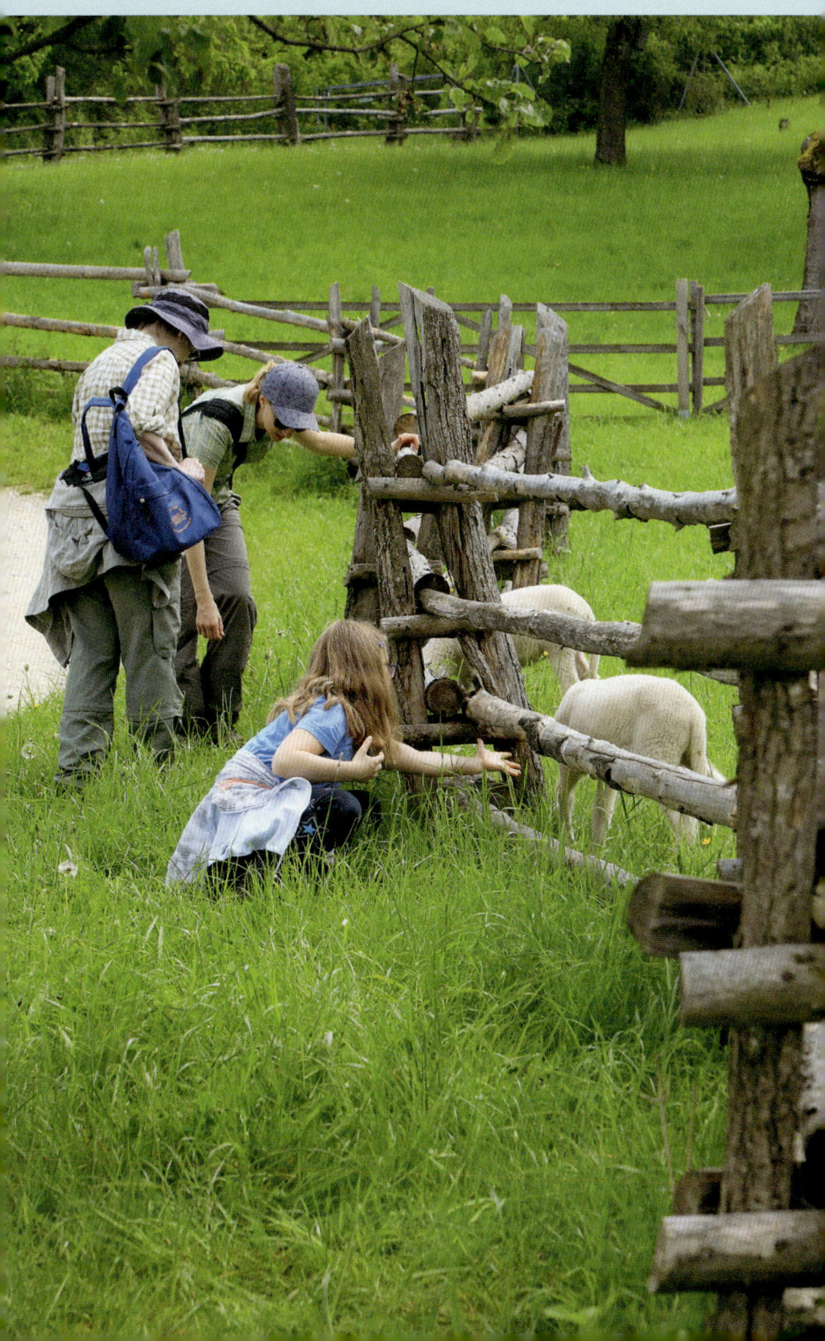

Raten Versucht, mit verbundenen Augen einen Gegenstand zu erraten. Einfach, wenn man ihn abtasten darf – schwer, wenn man ihn nur durch Fragen erraten darf. Anstatt die Augen zu verbinden, kann man den Gegenstand auch in einen Rucksack tun und dort abtasten.

Sammeln Nehmt (kleine) Dinge mit, die ihr gefunden habt, um daraus ein Bild oder gar ein Wander-, Ausflugs- oder Urlaubstagebuch zu gestalten. Blätter, Ästchen, Steinchen, verschiedene Gräser, verschiedenfarbige Erde …

„Werkzeug" mitnehmen Schaut, dass ihr immer etwas dabei habt, um damit zu basteln. Ein Taschenmesser haben vermutlich die Eltern im Rucksack. Aber auch eine Schnur, etwas Draht, einen kleinen Block Papier, Bleistifte, Buntstifte u. ä. kann man immer gebrauchen. Außerdem für die Dinge, die ihr sammelt, Plastiktüten oder kleine Schachteln.

Spielzeug mitnehmen Eure Lieblingspuppe oder euren Lieblingsteddy habt ihr vielleicht ohnehin im Rucksack. Aber nehmt auch kleine Spielfiguren mit (Lego, Playmobil u. ä.). Es gibt überall Gelegenheit, mit ihnen Abenteuer zu erleben. Man kann für sie kleine Häuschen bauen, sie im Bach schwimmen lassen, ihnen Rindenboote schnitzen oder richtige Geschichten ausdenken.

Geschichten erfinden Lasst ihr euch gerne Geschichten erzählen? Bestimmt. Aber erfindet doch selbst eine! Jeder, der mitwandert, darf seinen Beitrag dazu leisten. Denkt euch einen kleinen Jungen oder ein Mädchen, so alt wie ihr, der/das durch den Wald oder die Berge wandert. Was erlebt dieses Kind für Abenteuer mit Zwergen, Tieren oder Ungeheuern? Bezieht das, was ihr unterwegs seht, mit ein: Hütten, Bäume, Felsen, Tiere …

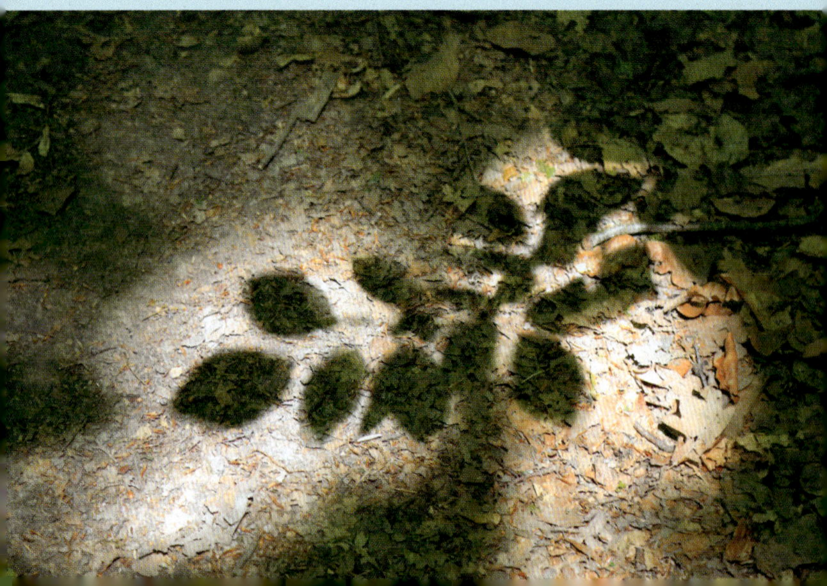

Balancieren Versucht, das Gleichgewicht zu halten, evtl. mit Unterstützung der Eltern. Balanciert auf großen Ästen, einem Baumstamm (nicht einem Stoß von Baumstämmen!), Steinen oder Felsen (Vorsicht, nicht am Abgrund!) oder hüpft auf einem Bein...

Pfadfinder spielen Lasst euch von den Eltern die Landkarte geben und führt sie. Schaut zuerst, ob ihr findet, wo ihr gerade steht. Könnt ihr die Umgebung bestimmen? Sieht man auf der Karte die Dörfer, Häuser oder Gipfel, die man im Umkreis entdeckt, die nächste Kurve, die nächste Wegkreuzung, den nächsten Felsen, die Hütten unterwegs? Lasst aber auch die Eltern unterwegs ab und zu in die Karte schauen. Sie sind schließlich auch neugierig!

Schatten- und Wolkenspiele Manchmal zaubert die Sonne ja interessante Schatten auf Hauswände, den Boden oder auf Baumstämme. Das können Zweige mit Blättern sein oder Formen, die an Gesichter oder Tiere erinnern. Sucht die Schattenbilder nach solchen Formen ab, schaut, ob ihr etwas erkennen könnt. Oder produziert selbst Schattenbilder. Das Gleiche geht auch mit Wolkenformationen, auch diese erinnern manchmal an Gesichter, Tiere o. ä.

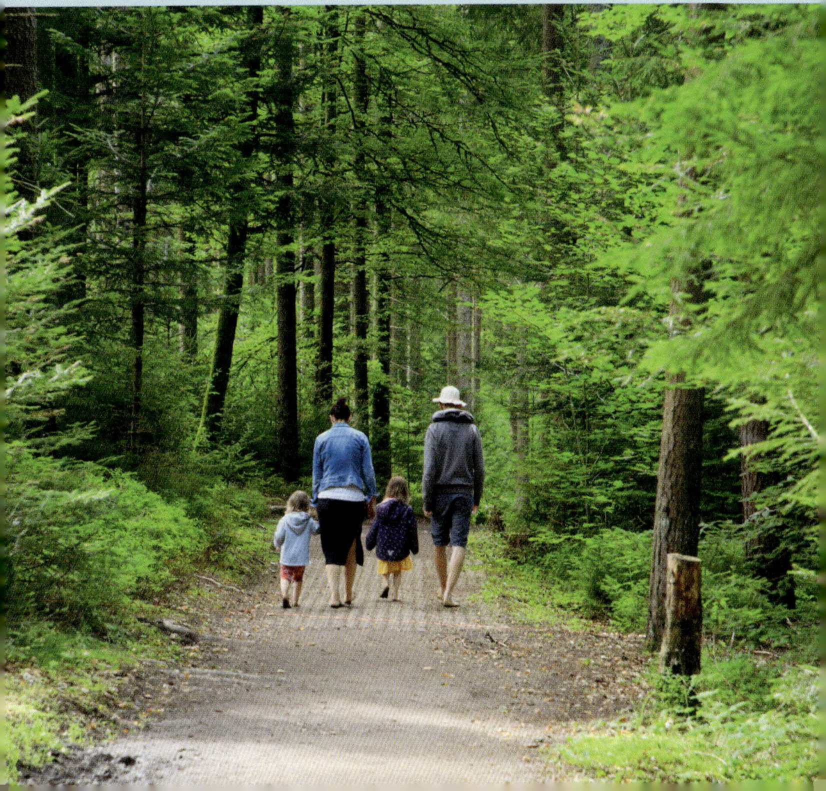

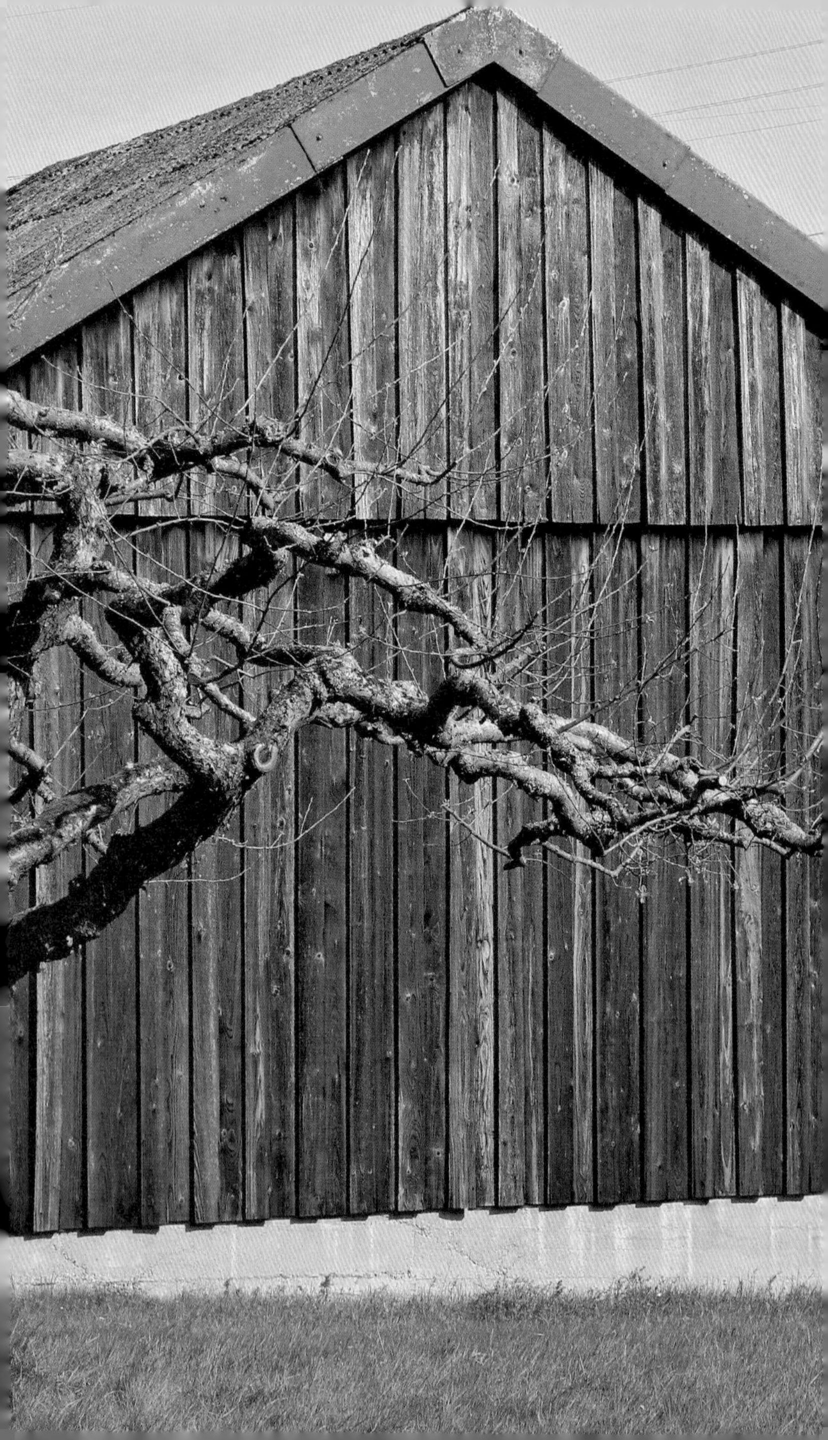

Stuttgart und der Norden

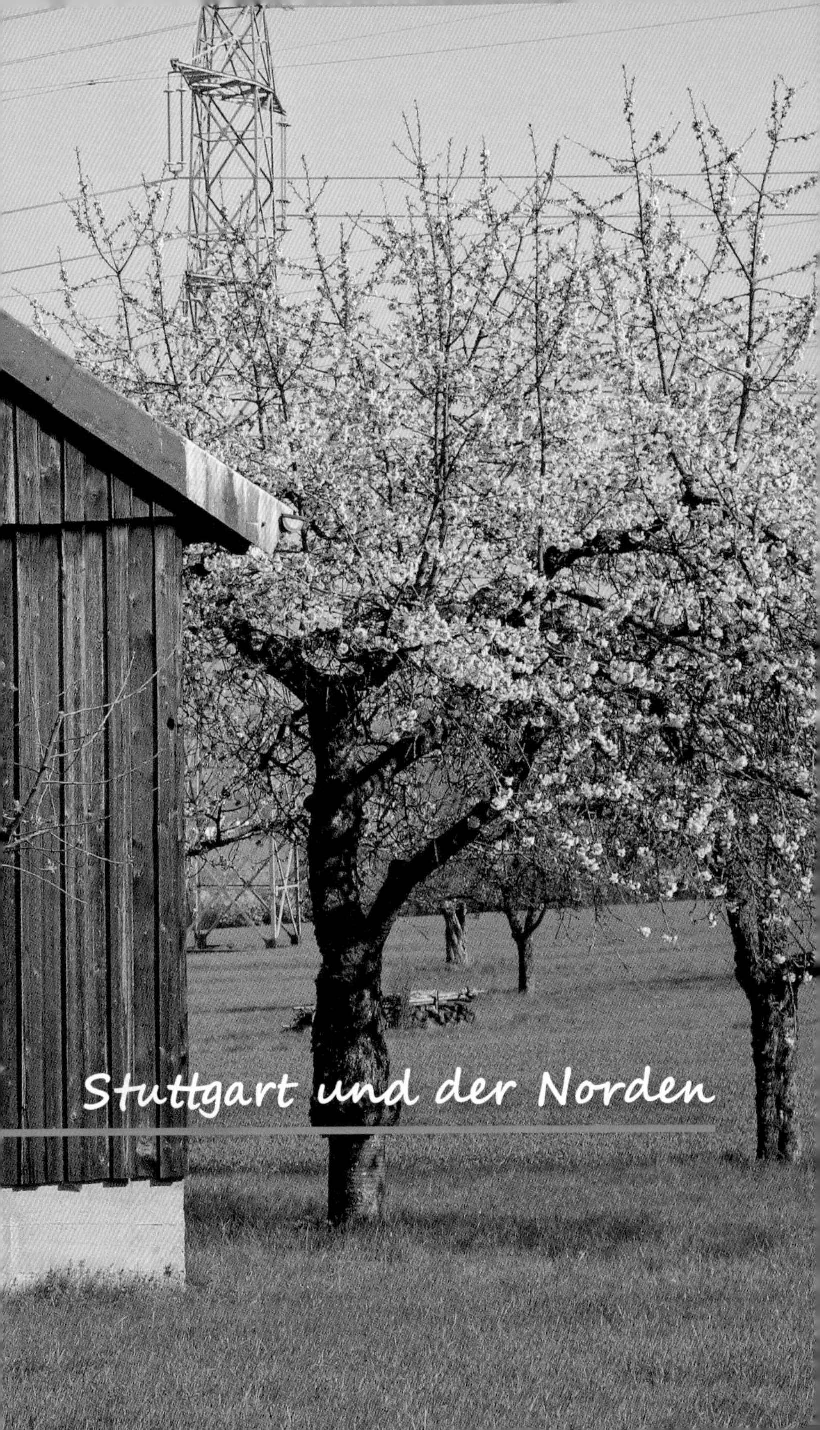

Von Marbach am Neckar nach Steinheim an der Murr

1

Mit Aussicht über die Felder

2½ Std (Steinheim zusätzlich ¼ Std, Marbach zusätzlich ½ Std)

9,7 km

170 Hm

Marbach – Galgen – Felder – Steinheim – Weinberge – Marbach

Die Tour verläuft auf festen Wegen.

Marbach, Steinheim, Landschaft

Marbach, Steinheim

Wir wandern durch ein schönes Stück des Unterlandes zwischen den sehenswerten Städten Marbach am Neckar und Steinheim an der Murr, womit schon die beiden Flüsse genannt sind, zwischen denen diese Tour stattfindet. Es geht teilweise mit viel Aussicht durch Felder und Streuobstwiesen, am Schluss noch durch Weinberge. Abstecher sind möglich nach Steinheim und nach Marbach.

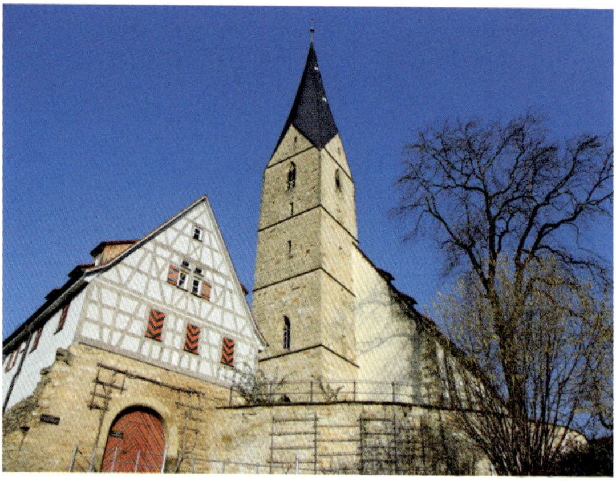

Blick auf die Alexanderkirche in Marbach.

Wir gehen vom **Bahnhof** 1 aus auf dessen Nordseite zur Kirchenweinbergstraße, wo es auch Parkplätze gibt. Hier nehmen wir die von der Kirchenweinbergstraße abgehende und ansteigende Tulpenstraße. Auf ihr wandern wir hoch zur Straße Sommerhalde. Nach links bringt sie uns zum **Friedhof** 2. Wo hier die Heckenstraße nach links abfällt, gehen wir nach rechts, zuerst am Friedhof entlang, dann auf dem Naturdenkmal „Hohlweg Zur Lug".

Der Weg zieht nach rechts und bringt uns auf die Höhe, wo wir uns an einer **Grubbank** rechts halten. Nun wandern wir mit verschiedenen Wanderzeichen weiter zur **Freizeitanlage Galgen** 3. Dort finden wir Spielgeräte, außerdem

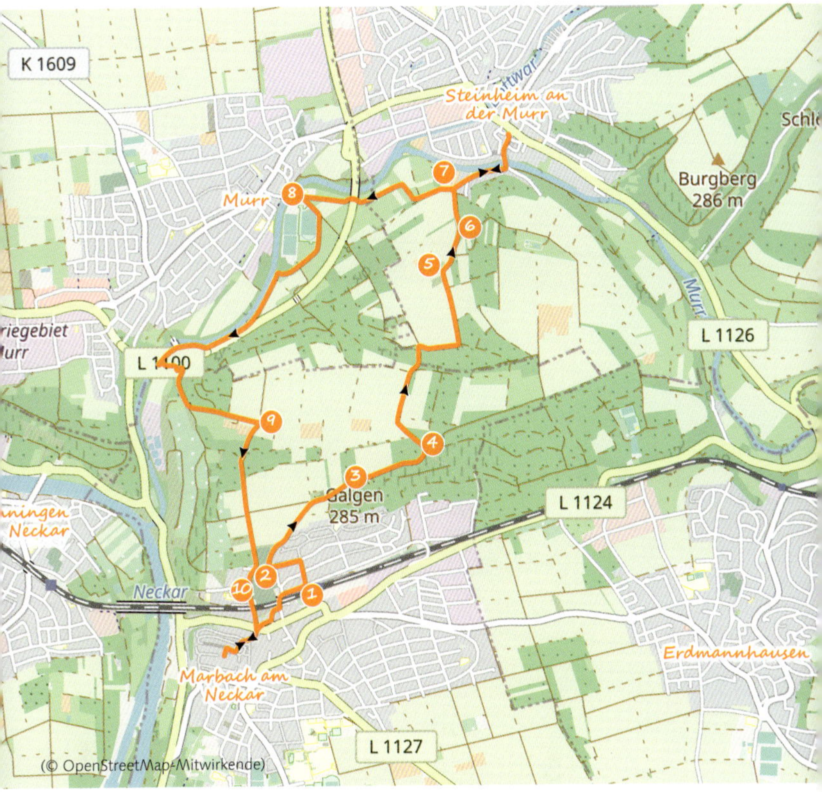

haben wir eine prächtige Aussicht über die Felder in Richtung Steinheim.

Wir wandern geradeaus weiter bis zu einer **Kreuzung** ④. Hier biegen wir an der Grubbank links ab. Kurz danach führt das Sträßchen nach links zu einem **Hof**, wir halten uns aber rechts. Der Weg zieht nach rechts und bringt uns zu einem Fahrverbotsschild. Hier halten wir uns mit den Wanderzeichen rechts. An der nächsten Verzweigung steht eine **Stele** mit einem Text zu Christina Margaretha Flattich; hier biegen wir links ab. Vor einer kleinen Scheune und einem dahinter liegenden Hof orientieren wir uns rechts ⑤ und treffen bald auf ein anderes Sträßchen ⑥. Nach links bringt es uns hinab zu einem Querweg ⑦ vor der Murr und dem Ortsrand von Steinheim an der Murr. Wer will, macht auf dem nach rechts führenden Marbacher Weg einen Ab-

INFOS

Wanderkarte W219 Murrhardt, 1:25 000, Landesamt für Geoinformation und Landentwicklung Baden-Württemberg (LGL) in Zusammenarbeit mit dem Schwäbischen Albverein e. V.; Wanderkarte mit Radwegen Bietigheim-Bissingen Beilstein Blatt 52-543, 1:25 000, NaturNavi

schillerstadt-marbach.de, stadt-steinheim.de

S-Bahn bis Marbach am Neckar

Marbach am Neckar, Bahnhof oder für Autofahrer Parkplätze in der Kirchenweinbergstraße, GPS 48.944023, 9.264329

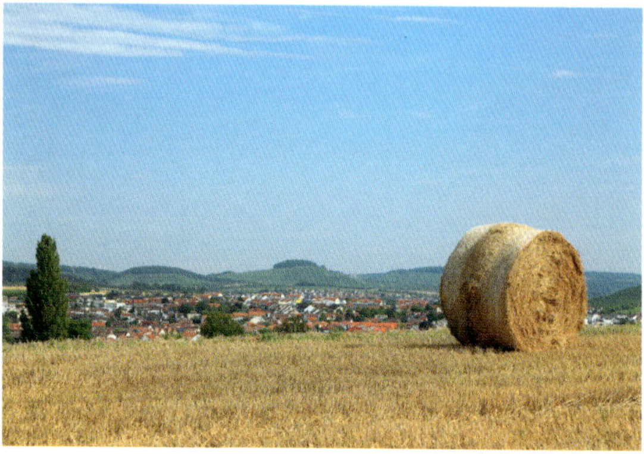

Weiter Blick ins Unterland.

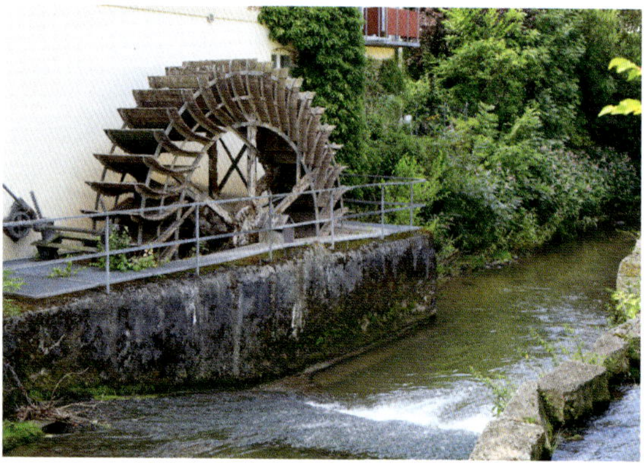

In Steinheim an der Murr sieht man ein mächtiges altes Mühlrad.

stecher in das sehenswerte Zentrum von **Steinheim**, kehrt dann aber wieder hierher zurück.

Ansonsten biegen wir mit dem Fahrradschild nach „Marbach" links ab. Nach einem Links-Knick unterqueren wir die Landstraße und kommen zu den **Sportplätzen** 8. Noch vor ihnen biegen wir links ab. Nun wandern wir entlang der Sportplätze, dann zieht der Weg wieder nach rechts zur Murr, der wir parallel folgen. Nach einer gedeckten Holzbrücke rechter Hand unterqueren wir die Straße und gehen anschließend nach links neben ihr. Dann zweigen wir links ab in den ansteigenden Weg. Kurz darauf an der Verzweigung bei den Steinmäuerchen folgen wir dem linken Weg. Nach den Höfen kurz darauf biegen wir rechts ab 9.

Wir überqueren einen Höhenrücken, dann geht es entlang des Friedhofs hinab zur **Alexanderkirche** 10. Nun haben wir zwei Möglichkeiten. Zum Ausgangspunkt spazieren wir durch das Torhaus in das Kirchenareal hinein und auf die Südseite der Kirche.

Wer ins Zentrum von **Marbach** will spaziert hier weiter nach Süden, überquert den Cottaplatz und geht in der Niklastorstraße hoch in die Stadt, kehrt aber anschließend wieder zur Kirche zurück.

Ansonsten steigen wir am Ende der Kirche auf einer Stahltreppe hinab und gehen unten in derselben Richtung weiter. Wir kommen zum Ziegelhüttenweg, dem wir nach links zur Kirchenweinbergstraße folgen. Autofahrer können in dieser Straße nach links zurück zum Parkplatz gehen, Bahnfahrer biegen vielleicht vor der Bahnlinie rechts ab und kommen nach den letzten Häusern durch eine Grünanlage auf die Südseite des Bahnhofs.

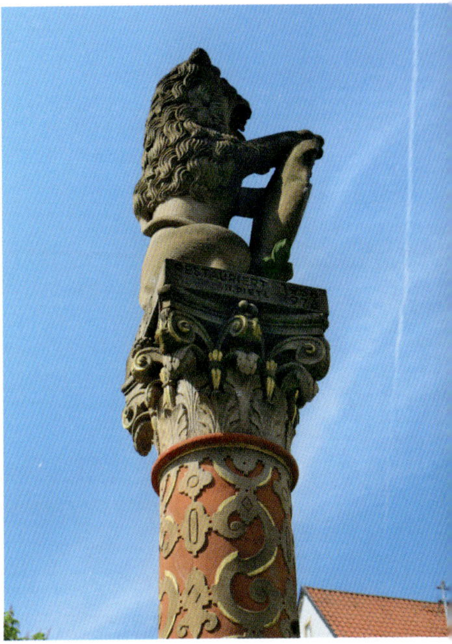

Brunnenfigur in Steinheim an der Murr.

Auf dem Bittenfelder Besinnungsweg

2

Wandern und Nachdenken

- 2¼ Std
- 8 km
- 60 Hm

Waiblingen-Bittenfeld – Siegelhausen – Bittenfeld

Wir wandern auf festen und unbefestigten Wegen.

Bittenfeld, Landschaft

Bittenfeld

Die Umgebung des Waiblinger Teilortes Bittenfeld eignet sich mit ihrem Mosaik aus Feldern, Wiesen, Streuobstwiesen und Wäldern nicht nur hervorragend zum Wandern, sondern mit dem dort eingerichteten Besinnungsweg berührt man zwölf Stationen mit Kunstwerken und Texten, die zum Nachdenken anregen. Schöne Landschaft, wandern und Besinnlichkeit werden hier also mit einer Klappe geschlagen!

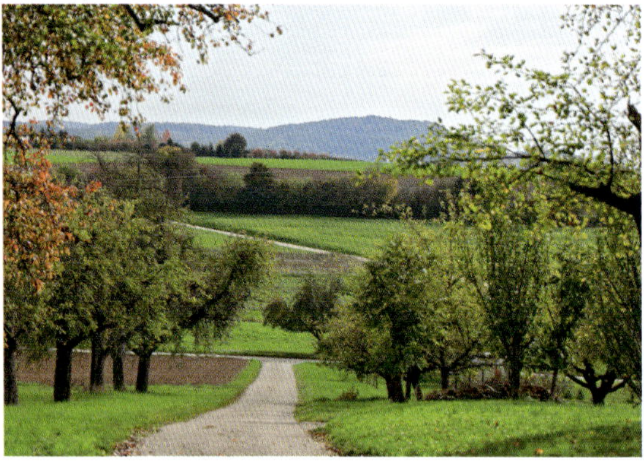

Zu den schönsten Teilen der Wanderung gehört die Strecke durch die Streuobstwiesen.

Wir gehen in der Straße Am Kirchplatz hinauf zur **Ulrichskirche**, der ersten Station des Besinnungsweges 1. Danach folgen wir der Schwaikheimer Straße, die sich zwischen den Häusern durchwindet und erreichen bald den **Alten Friedhof, Station 2.** Nach ihm biegen wir links ab in die Alemannenstraße. Vorbei an der alten **Zehntscheuer** kommen wir zur Schillerstraße, überqueren sie und wandern geradeaus weiter. An der Verzweigung nach **Haus 13** gehen wir geradeaus auf dem linken Weg in die Felder.

Am Querweg vor den Elektroleitungen wandern wir geradeaus auf dem unbefestigten Weg weiter. Er zieht nach links und bringt uns zu **Station 3 „Raum und Zeit"** 2. Hier

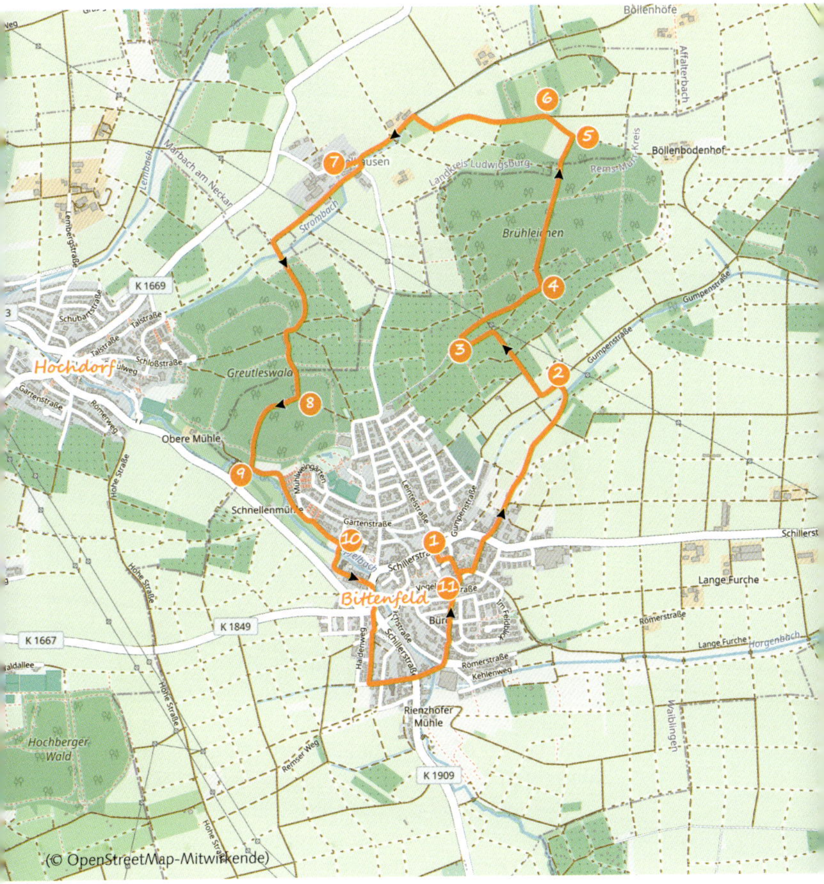

halten wir uns links in den Asphaltweg, biegen aber gleich darauf rechts ab. Nun steigt es entlang von Streuobstwiesen etwas an. Oben vor dem **Wald** und den Elektromasten biegen wir links ab. Rechts von uns liegt ein Arboretum. Nach der Hecke biegen wir rechts ab (3) – hier sehen wir auch einen Klangstein von **Station 4** –, halten uns danach noch einmal rechts und wandern zu einer **Kreuzung**.

Wir behalten unsere Richtung bei und erreichen nach dem Wald einen querenden Weg (4). Er führt uns nach links in den Wald, wo wir auf dem Affalterbacher Sträßle weitergehen. Wir passieren die **Station 5 „Stille"** und sehen nach dem Wald rechts die **Station 6 „Freiheit"**. (5) Hier halten

INFOS

Wanderkarte W220 Welzheim, 1:25 000, Landesamt für Geoinformation und Landentwicklung Baden-Württemberg (LGL) in Zusammenarbeit mit dem Schwäbischen Albverein e.V.; Wanderkarte mit Radwegen Stuttgart Nordost Blatt 52-541, 1:25 000, NaturNavi

waiblingen.de, bittenfeld.info/besinnungsweg

Bus bis Bittenfeld, Haltestelle Altes Rathaus

Waiblingen-Bittenfeld, Am Kirchplatz, GPS 48.890280, 9.316942

Parkmöglichkeiten findet man in den Straßen um die Kirche.

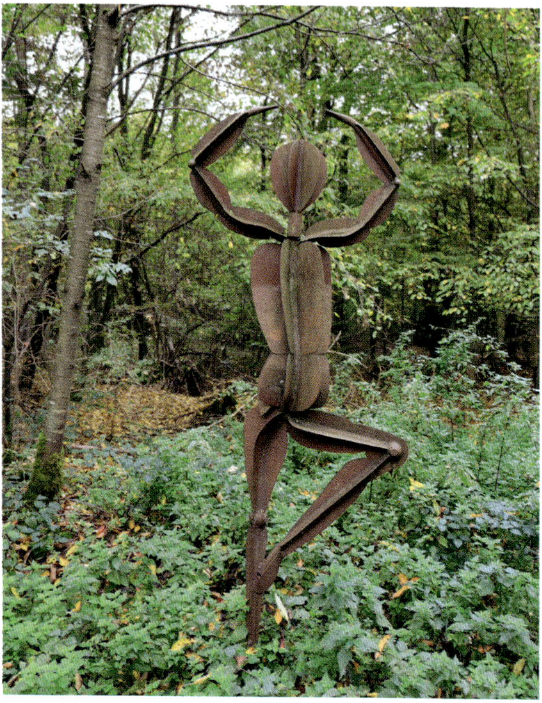

Im Wald kommt man an der Station „Tanz" vorbei.

wir uns an dem querenden Weg links und kommen zum nächsten Querweg (6). Mit schöner Aussicht auf Siegelhausen wandern wir nun nach links hinab. Am **ersten Hof** des Ortes orientieren wir uns links und durchqueren das Dorf bis zum **Brunnen, Station 7** (7).

Nach ihm gehen wir etwas zurück, dann biegen wir am Ortsende rechts ab in Richtung „Bittenfeld". Gleich danach folgen wir dem rechts abgehenden Feldweg. Wir kommen an Scheunen und Ställen vorbei und gehen bis zu einer Kreuzung mit einem Feldweg. Hier halten wir uns links, überqueren den Bach und steigen hinauf zu einer Waldecke. Dort gehen wir entlang des Waldrands in den Wald.

In ihm folgen wir gleich danach dem nach links abgehenden Pfad. Nach einer Brücke kommen wir zu einem Forstweg, in den wir rechts einschwenken (8) und gleich darauf an der **Station 8 „Tanz"** stehen. Hier gibt es außer einer Skulptur zu diesem Thema noch Tisch und Bänke zum Rasten und einen Mammutbaum.

Wir gehen weiter und folgen bald darauf dem Weg nach links. Links des Weges sehen wir bald einen Grenzstein, danach das **Schild 9 „Grenzen“** und links davon einen weiteren Grenzstein. Ein Stück weiter bergab kommen wir zu einem querenden Weg (9). Er führt uns nach links aus dem Wald hinaus. Danach wandern wir rechts des Wohngebiets weiter. Unser Weg mündet bald in die Straße Mühlweingärten, der wir in Gehrichtung folgen. Bevor rechts der Straße Häuser stehen biegen wir rechts ab auf einen Pfad (10). Wir überqueren eine Brücke, danach sehen wir links **Station 10 „Geborgenheit“**, einen Weidenpavillon.

Wir wandern danach in der Straße Am Zipfelbach durch das Wohngebiet und erreichen die Schillerstraße. Hier biegen wir rechts ab und kommen zur rechts abgehenden Hochberger Straße mit der **Station 11 „Vergänglichkeit“**. Auf der anderen Straßenseite gehen wir auf dem schmalen Naturpfad zwischen den Grundstücken weiter zur nächsten Straße. Hier halten wir uns kurz rechts, dann wieder links in die Kappelstraße, die uns zur querenden Lenbächlestraße bringt.

Wir halten uns links und kommen vorbei an der katholischen Kirche zur Schillerstraße, überqueren sie und gehen in der Römerstraße weiter. Bald zweigen wir links ab in die Straße **An der Alemannenstaffel** (11). Sie führt uns steil hinauf, am Schluss auf einer Treppe. Oben folgen wir der Alemannenstraße nach links.

Nach Haus Nr. 18 werden wir nach links auf einen steil hinab führenden Weg verwiesen, der uns vor die Kirche, unseren Ausgangspunkt, führt.

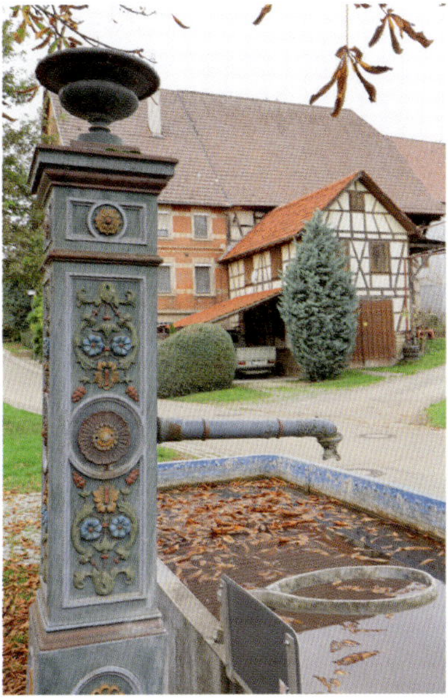

Alter gusseiserner Brunnen in Siegelhausen.

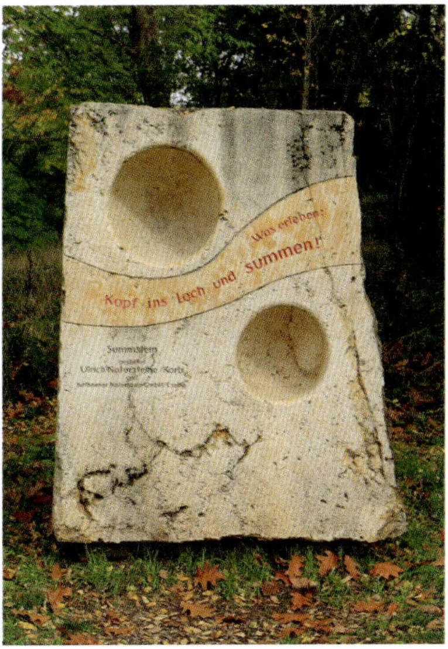

Der Summstein wird auch Kindern gefallen.

Auf einem Panoramaweg 3

Über den Feuerbacher Höhenweg ins Naturschutzgebiet Greutterwald

1½ Std
6,2 km
90 Hm

Stuttgart-Zuffenhausen/Parkplatz beim Sportgelände und Freibad – Feuerbacher Höhenweg – Horn/Kotzenloch – Weilimdorf – Naturschutzgebiet Greutterwald –Sportgelände

Wir wandern auf festen Wegen; ein steiler Abstieg auf einer Treppe

Wald, Aussicht

am Ausgangspunkt, Sportplatzgaststätte im Tennisclub, Weilimdorf

Der Höhepunkt dieser Wanderung am Stadtrand von Stuttgart ist sicher der Feuerbacher Höhenweg, der uns einen weiten Blick über die Weinberge bis zum Fernsehturm bietet. Ansonsten wandern wir meist durch den Wald, abschließend eine Weile durch ein Naturschutzgebiet mit alten Streuobstwiesen.

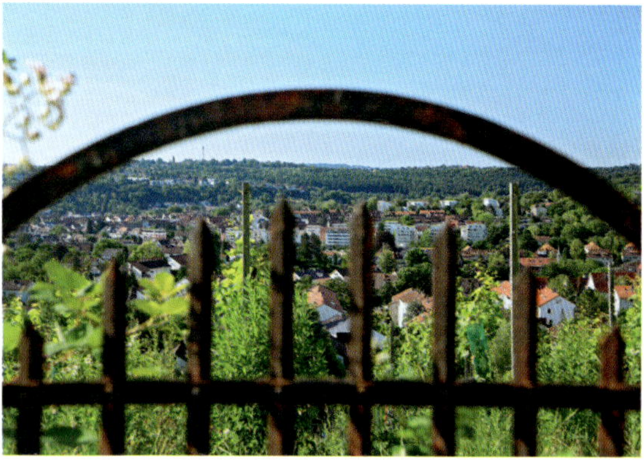

Blick über die Feuerbacher Weinberge zum Fernsehturm.

Wir gehen von den **Parkplätzen am Sportgelände** 1 auf der Hirschsprungallee zum **Freibad** und vor ihm nach rechts. Nach dem Freibad biegen wir links ab in die Bußallee 2. Nach dem eingezäunten Sportgelände gehen wir geradeaus weiter und sehen bald rechts einen Grenzstein mit den württembergischen Hirschstangen. An der folgenden Kreuzung halten wir uns links in den Weg Schützenwiesenwald 3.

An der querenden Hirschsprungallee 4 gehen wir nach rechts ansteigend weiter. Zuerst queren wir den Korntaler Weg, danach verlassen wir den Wald und sind auf dem **Feuerbacher Höhenweg** 5. Nun gehen wir nach rechts weiter, wobei wir nach links immer wieder einen weiten Blick über die Weinberge bis zum Stuttgarter Fernsehturm haben.

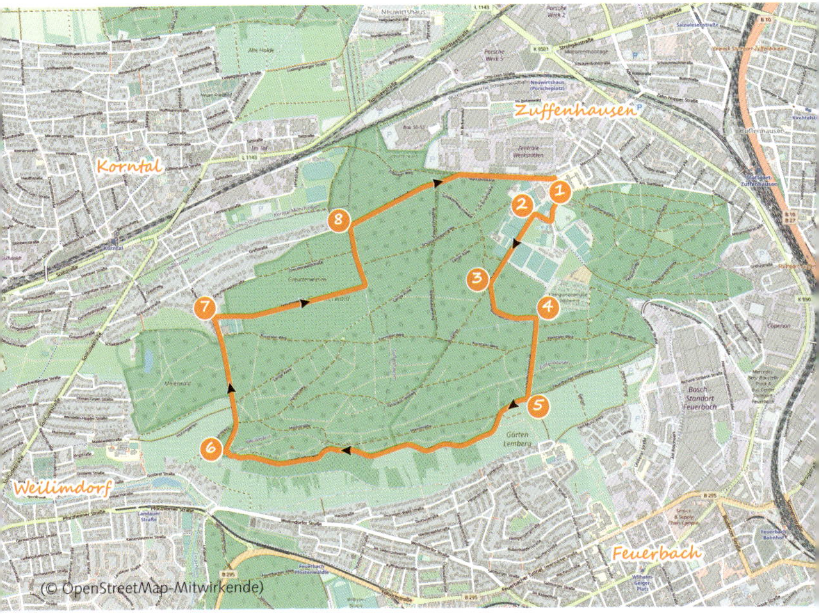

Später kommen wir an einer Informationstafel zur „Frühgeschichtlichen Besiedlung des Lembergs" vorbei und schließlich endet unser Weg vor einer steilen Treppe am Schild **Am Horn** (384 m) 6. Hier stehen wir am Kotzenloch, einem ehemaligen Steinbruch. Wir gehen auf der Treppe hinab bis zu einem querenden Weg. In ihn biegen wir rechts ab und wandern immer geradeaus bis wir auf die ersten Häuser treffen. Wir folgen nun der Tachenbergstraße bis nach dem Tennisclub Tachenberg, dann halten wir uns rechts 7 und marschieren durch das **Naturschutzgebiet Greutterwald** mit weiten Streuobstwiesen mit alten Baumbeständen.

Wo es am Wald nicht mehr geradeaus weitergeht, biegen wir links ab und erreichen bald die querende

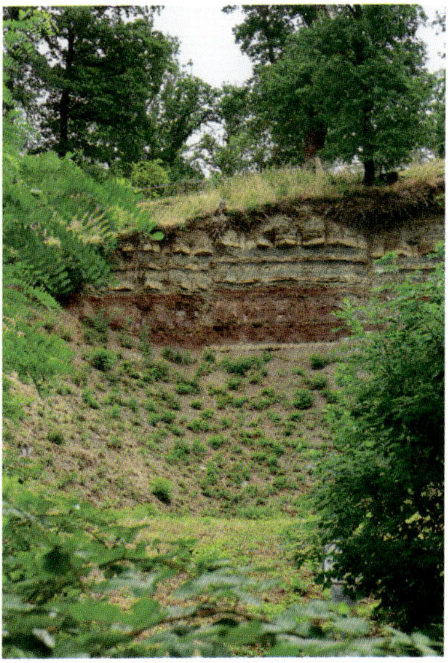

Am Kotzenloch sieht man einen großen Gesteinsaufschluss.

INFOS

Wanderkarte W228 Stuttgart, 1:25 000, Landesamt für Geoinformation und Landentwicklung Baden-Württemberg (LGL) in Zusammenarbeit mit dem Schwäbischen Albverein e.V.; Wanderkarte mit Radwegen Stuttgart Nordwest Blatt 50-541, 1:25 000, NaturNavi

stuttgart.de

Bus bis Haltestelle Schlotwiese

Stuttgart-Zuffenhausen, Sportgelände beim Freibad Zuffenhausen, Marconistraße/Hirschsprungallee, GPS 48.827733, 9.152520

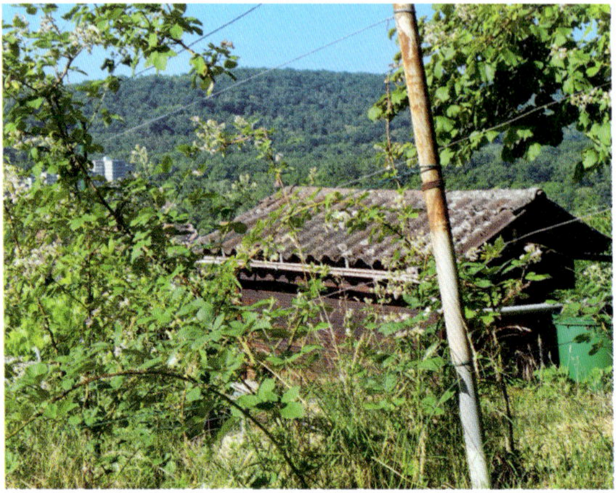

Weinbergidylle.

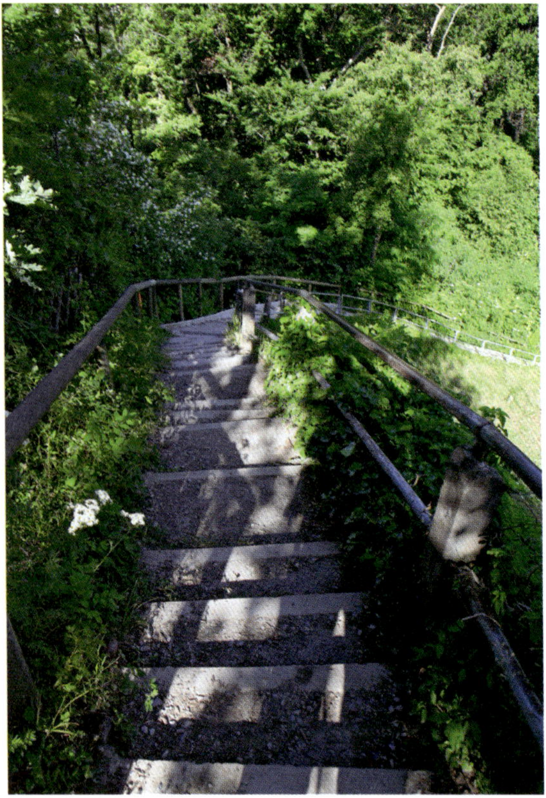

Auf einer steilen Treppe steigt man entlang des Kotzenlochs abwärts.

Gretstraße 8. Wir biegen rechts ab und wandern bis zu den großen Gebäuden der **Firma Porsche**. Hier folgen wir der Marconistraße nach rechts zurück zum Ausgangspunkt.

Kotzenloch, Lemberg und Greutterwald

Das **Kotzenloch** ist ein Bunter-Mergel-Aufschluss im Gipskeuper, in der früher Mergel (Leberkies) gewonnen wurde, den die Weingärtner zum Düngen bzw. zur Bodenverbesserung in ihren Weinbergen ausbrachten. In dem Aufschluss sieht man rund 215 Millionen Jahre alte bunte Mergel (Tonsteine) – die Farben kommen von Eisenverbindungen –, die als Schlamm in einem flachen, vom Meer getrennten Becken abgelagert wurden. Abgewechselt werden sie von hellgrauen Dolomitbänken; im oberen Teil sieht man feinkörnigen, grünlichbraunen Schilfsandstein. Da dieser widerstandsfähiger ist wie die Mergel hat er den Lemberg bisher vor Abtragung bewahrt.

Bei der **Lemberg-Hütte** und beim Horn, dem westlichen Steilabfall, befand sich in vorgeschichtlichen Zeiten eine mit Wällen und Gräben gesicherte Befestigungsanlage, in der man Funde aus der Urnenfelderzeit (um 1000 v. Chr.) und der La-Tène-Zeit (500 v. Chr.) machte. Die drei, bis zu 2½ Meter hohen Befestigungswälle mit den vorgelagerten Gräben wurden 1908 untersucht. Man fand dabei Reste von frühgeschichtlichen Wohnanlagen und Scherben aus der älteren Hallstattzeit (um 1000 v. Chr.). Etwa 500 Jahre später, am Beginn der La-Tène-Zeit, befand sich auf dem Horn eine keltische Fliehburg. Sie nutzte die alten Wälle.

Auf dem Schilfsandsteinrücken des **Lembergs** lagen, jeweils in Nord-Süd-Richtung, drei Befestigungsanlagen aus der Hallstattzeit (1000–100 v. Chr.). Sie waren durch vorgelagerte Gräben gesichert und von Ackerbauern und Viehzüchtern bewohnt. Auf einem siebzig bis achtzig Ar großen Gelände zwischen den Abschnittswällen im Westen befanden sich die Wohnanlagen, allerdings dürfte das Gelände nur kurzfristig zu besiedelt gewesen sein. Rund 500 Jahre später diente die Anlage Kelten als Fluchtburg.

Der **Greutterwald** hat seinen Namen nach dem mittelhochdeutschen Geriude (später Gereute), was gerodetes Land bedeutete. König Wilhelm I. ließ hier in der ersten Hälfte des 19. Jahrhunderts den Wald roden und Obstbäume pflanzen. Die Streuobstwiesen im Nordwesten des Gebiets befinden sich heute unter Naturschutz, in ihnen stehen rund 1400 Obstbäume. In den alten Bäumen und Althölzern leben zahlreiche Fledermausarten und Vögel, darunter viele Baumhöhlenbewohner wie der Große Abendsegler, Spechte und Eulen. Außerdem findet man hier den größten Bestand des Pirols in Stuttgart, sowie 200 Schmetterlingsarten.

Zwischen Kornfelder, Wald und Streuobstwiesen

4

Abwechslungsreich um Höfingen

2 Std

7 km

40 Hm

Leonberg-Höfingen – Streuobstwiesen – Waldrand – Streuobstwiesen – Höfingen

Wir wandern auf festen Wegen.

Wald, Streuobstwiesen

Höfingen, bei den Sportplätzen im Glemstal

Rund um das am nördlichen Rand des Kreises Böblingen liegende und zum Strohgäu gehörende Höfingen finden wir natürlich viele Kornfelder, aber Mais hat vielerorts das Korn abgelöst. Die als lieblich zu bezeichnende Landschaft bietet uns noch mehr: Bei dieser Tour wandern wir nämlich noch durch Wiesen und Streuobstwiesen, die sich am Ortsrand erhalten haben. Nach der Zeit der romantischen Baumblüte sehen wir die Kornfelder als grüne Flächen, wenn im Sommer jedoch die Bäume vor Grün strotzen, leuchten die vor der Ernte stehenden Felder in sattem Gelb. Ein Stück der Wanderung führt auch durch den schattigen Wald.

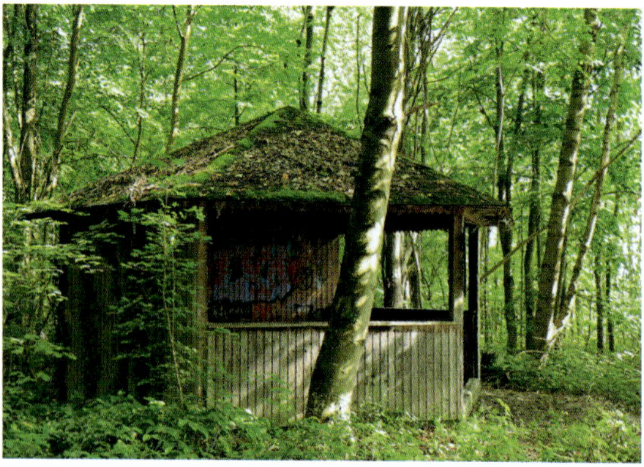

Kleine Schutzhütte im Wald.

Wir parken am besten auf dem hinteren **Parkplatz am Friedhof** 1, wer auf dem vorderen gleich nach der Hirschlander Straße geparkt hat wandert erst nach Westen zum hinteren Parkplatz. Dort gehen wir zu den Häusern nach dem Parkplatz und halten uns vor ihnen rechts. Dann biegen wir am Ende der Häuser links ab und wandern entlang der Felder. Wir passieren die **Strohgäuhalle** und folgen danach der Rosenstraße. An deren Ende biegen wir

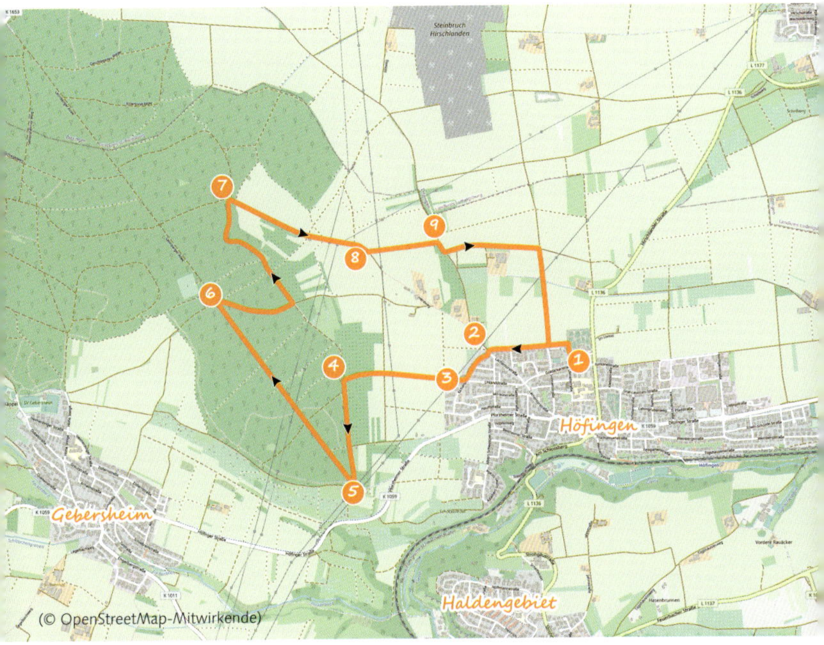

links in die Lachentorstraße 2, dann geht es gleich wieder rechts ab in die **Eichendorffstraße** ab.

An der querenden **Uhlandstraße** 3 verlassen wir mit dem Wanderzeichen blaue Raute Höfingen. Danach kommen wir am Wasserbehälter und der Sternwarte vorbei und wandern zwischen Feldern und später durch Streuobstwiesen bis zum **Waldrand** 4. Dort biegen wir links ab. Kurz darauf steht rechts im Wald bei einem Sendemast eine Schutzhütte, wir wandern aber geradeaus weiter.

Kurz vor dem Waldende gehen wir nach rechts in den Wald hinein und biegen in spitzem Winkel rechts ab, in die mit dem Wanderzeichen blauer Punkt markierte Leonberger Allee 5. Ihr folgen wir bis zur Kreuzung mit ei-

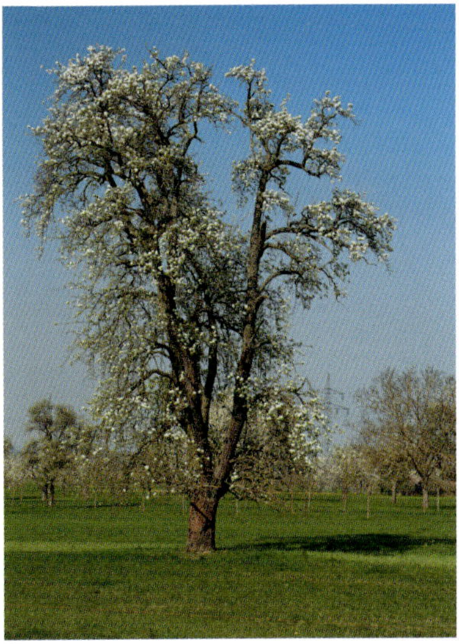

Am schönsten ist die Tour im Frühling wenn es blüht.

INFOS

Wanderkarte W228 Stuttgart, 1:25 000, Landesamt für Geoinformation und Landentwicklung Baden-Württemberg (LGL) in Zusammenarbeit mit dem Schwäbischen Albverein e. V.; Wanderkarte mit Radwegen Stuttgart Nordwest Blatt 50-541, 1:25 000, NaturNavi

leonberg.de

S-Bahn bis Höfingen. Wer mit der S-Bahn kommt wandert zuerst hoch in den Ort zur querenden Ditzinger Straße, hält sich links und biegt gleich rechts ab in die Hirschlander Straße. Ihr folgt man ortsauswärts bis man zum links liegenden Friedhof kommt. Mit dem Bus fährt man bis zur Haltestelle Hirschlander Straße.

Höfingen, Hirschlander Straße 63, zweiter Parkplatz hinter dem Neuen Friedhof, GPS 48.820171, 9.015784

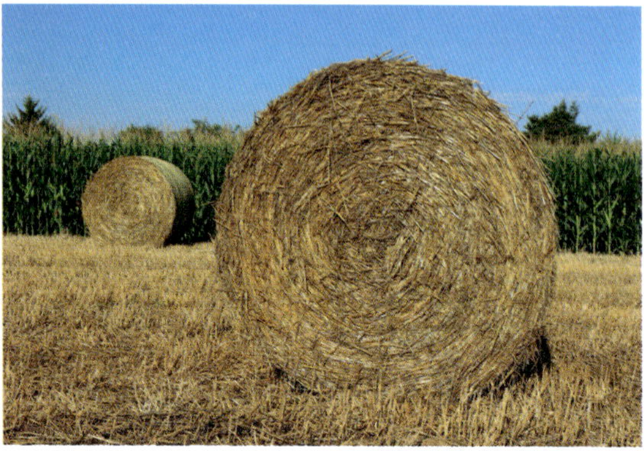

Herbst ist Strohballenzeit.

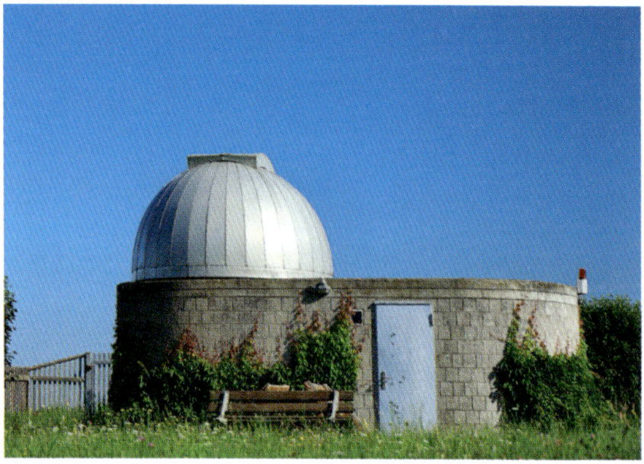

Sternwarte.

nem breiten Schotterweg 6. Wir halten uns rechts, folgen dem breiten Weg in seiner Rechtskurve und wandern auf dem rechten der beiden Wege bis zum **Waldende**. Dort biegen wir links ab und wandern zwischen Wiesen und Waldrand weiter.

Bald sind wir wieder im Wald. Nach einem Linksbogen quert ein mit blauen Balken markierter Weg 7. Ihm folgen wir nach rechts. Nach einer Rechtskurve biegen wir vor einer Elektroleitung links ab 8. Nun wandern wir auf den in der Ferne sichtbaren Hügel Grüner Heiner, erkenntlich an seinem großen Windrad zu. An der nächsten Kreuzung halten wir uns rechts 9, biegen aber gleich links ab.

Nun bietet sich uns ein schöner Blick zum Engelberg mit seinem Turm. Wir wandern an einem **Hof** vorbei und biegen an der nächsten Kreuzung in den rechts abgehenden

Asphaltweg ab 10. Wir wandern auf den Ortsrand von Höfingen zu, wo wir auf den von Anfang her bekannten Weg treffen. Nach links bringt er uns zurück zum Ausgangspunkt.

In den Streuobstwiesen.

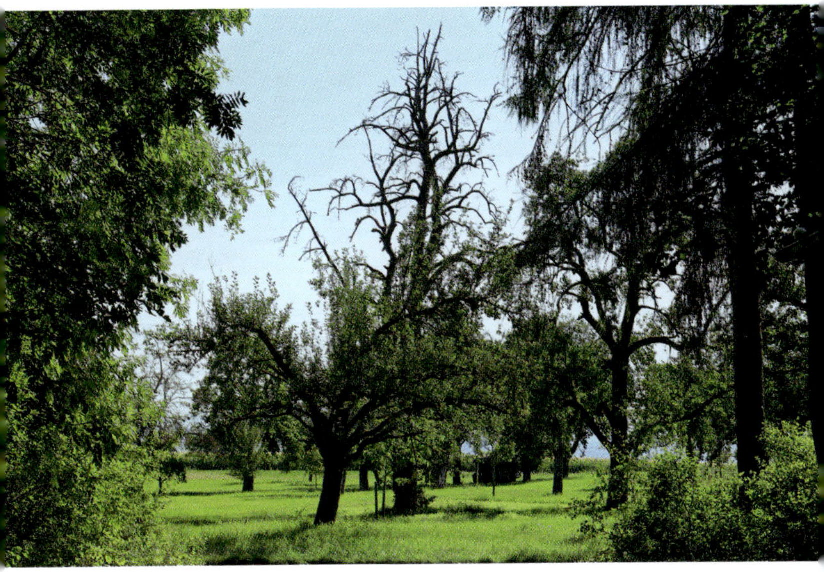

Blick zum Engelbergturm.

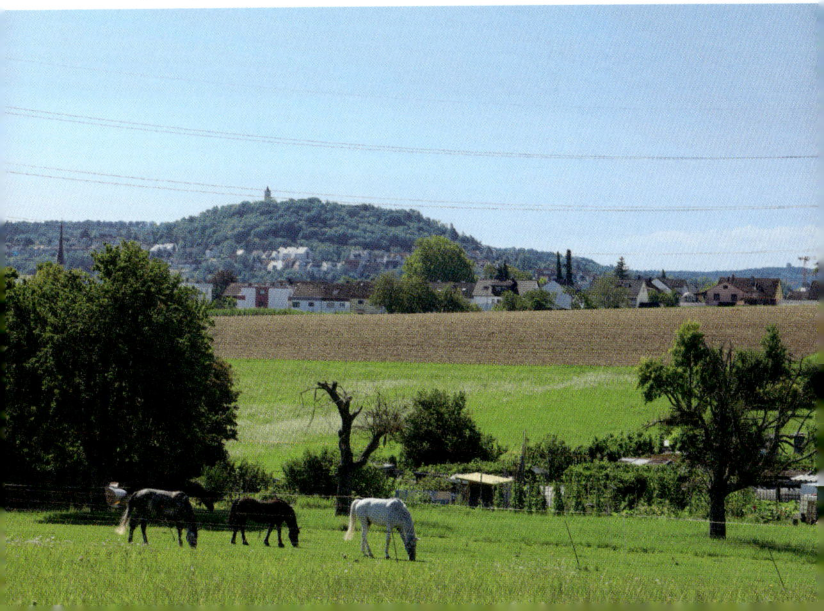

Durch den naturnahen Wald

5

Vom Krummbachtal in Richtung Rotwildpark

2 Std
7,4 km
110 Hm

Kurzvariante

1 ½ Std
5,8 km
90 Hm
Der Abstecher zur Kugelbahn ist hin und zurück eine ¾ Std. und 2,3 km länger, 60 Hm kommen dazu.

Parkplatz – Großer Stern – Mammutbäume – durch den Wald – Parkplatz – Kugelbahn

Wir wandern auf festen Wegen und Pfaden.

Wald

Ausgangspunkt

Diese kurze Tour führt uns neben breiten Forstwegen auch teilweise auf Pfaden durch einen ursprünglich wirkenden, naturnahen Wald, auf denen wir sicher für uns alleine sind. Am Schluss kann man mit Kindern vom Ausgangspunkt aus noch einen Abstecher zu einer Kugelbahn machen.

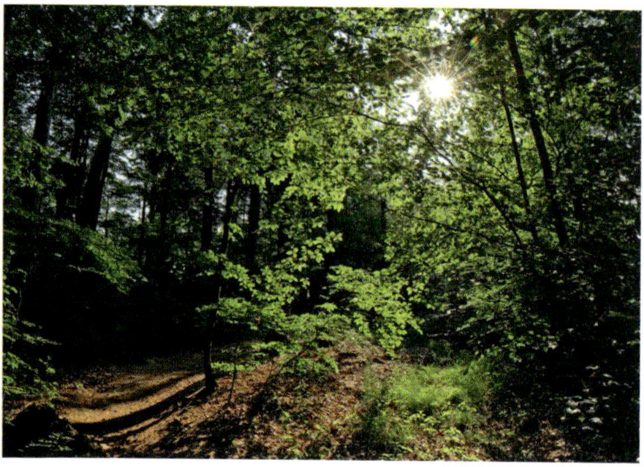

Wir nehmen den Weg, der rechts neben dem **Naturfreundehaus** 1 zum Wald führt. Im Wald biegen wir links in den Bettelmannsweg ein. Nach etwas Anstieg quert ein fester Weg, wir gehen aber auf dem geradeaus weiterführenden Naturpfad weiter 2. Dieser schmale, leicht gewundene und wunderschöne Waldpfad und der ihn umgebende naturnahe Wald sind genau das, was man sich als Waldbesucher wünscht.

Nach einiger Zeit treffen wir wieder auf einen festen Weg, dem wir nach links folgen. Bald treffen wir auf den **Großen Stern** mit einer Schutzhütte 3. Hier gehen wir rechts von dieser in der Hirschallee weiter. Nach einiger Zeit treffen wir auf eine Verzweigung mit zwei etwas kränklich aussehenden **Mammutbäumen** 4, hier nehmen wir das links

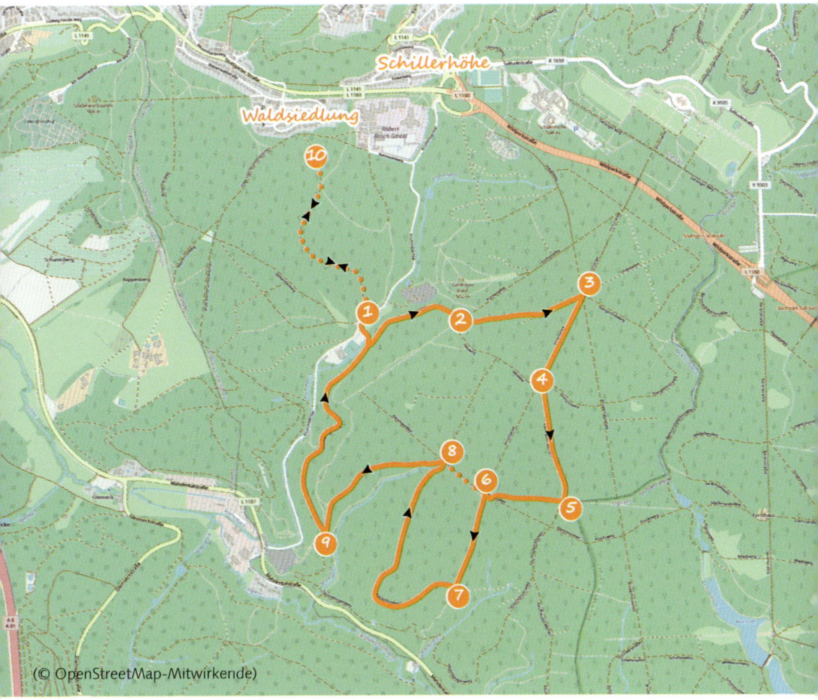

(© OpenStreetMap-Mitwirkende)

davon verlaufende Kaufhausträßchen. Wir wandern nun bis links die Sibyllengraballee abgeht. Hier halten wir uns rechts 5 und wandern wieder auf einem schönen, schmalen und unbefestigten Pfad.

Frühaufsteher können sich an den Sonnenstrahlen erfreuen, die durch das dichte Blätterdach brechen.

Danach treffen wir bei einer Schutzhütte, dem Planhaus, auf die **Bärenseeallee** 6. Wir halten uns rechts, dann müssen wir uns entscheiden. Die kürzere Variante der Wanderung wäre, geradeaus weiterzugehen. Etwas länger ist es, wenn wir gleich links in den Königstandweg einbiegen. Etwas später führt geradeaus ein Pfad weiter 7, wir folgen aber dem Weg nach rechts. Er bringt uns nach einer Weile zurück zur **Bärenseeallee** 8.

Hier biegen wir gleich scharf nach links ab in Richtung „Glemseck“. Der Weg zieht am Steilhang entlang, dann geht es steil bergab zum querenden **Tauschklingenweg** 9. Wir biegen rechts ab und wandern gemütlich zu der Abzweigung, die wir noch vom Anfang her kennen. Nach links kommen wir hier wieder zurück zum Ausgangspunkt.

INFOS

Wanderkarte W228 Stuttgart, 1:25 000, Landesamt für Geoinformation und Landentwicklung Baden-Württemberg (LGL) in Zusammenarbeit mit dem Schwäbischen Albverein e. V.; Wanderkarte mit Radwegen Stuttgart Südwest Blatt 50-539, 1:25 000, NaturNavi

gerlingen.de

keine empfehlenswerte Verbindung

Gerlingen, Krummbachtal, Parkplätze beim Naturfreundehaus bzw. Walderlebnispfad, GPS 48.776253, 9.059857

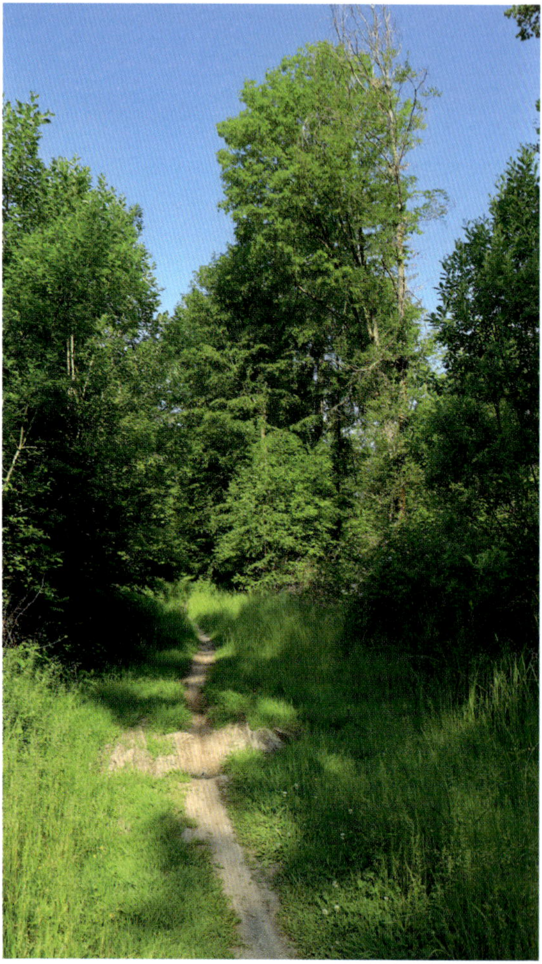

Die Wanderung führt auch über einen schmalen Pfad.

Da die Wanderung nicht allzu lang war kann man mit Kindern noch einen Abstecher zur **Kugelbahn** des Walderlebnispfads Gerlingen machen. Hierzu folgt man dem in den Wald hineinführenden Weg am Parkplatz in Richtung Gerlingen. Bald beginnt neben dem Weg die Kugelbahn. Wir kommen an einem Baumxylophon vorbei und folgen der Kugelbahn bis zu deren **Ende** 10. Dort kann man auch Kugeln aus einem Automat herauslassen, sollte dazu aber Kleingeld dabeihaben.

Rechts oben: Schutzhütte am Großen Stern.

Rechts unten: Rastplatz unterm Mammutbaum.

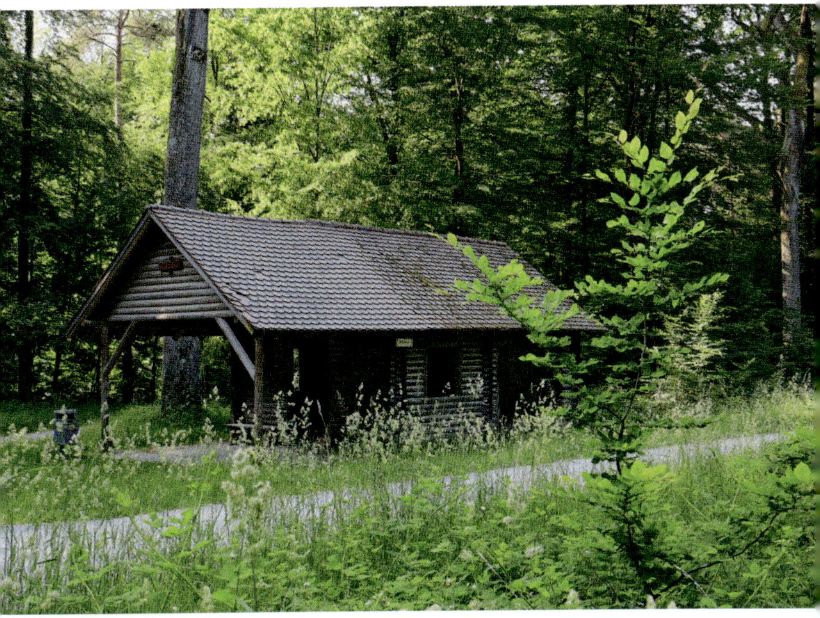

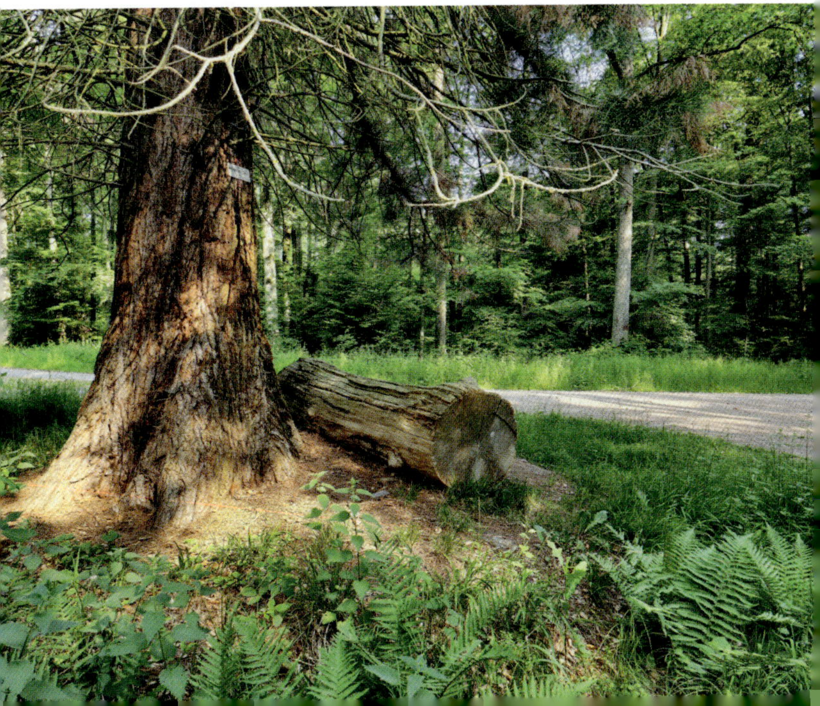

Zum Rotwild- und Schwarzwildgehege

6

Durch die Stuttgarter Wälder

2 Std

7,4 km

110 Hm

Stuttgart/Waldparkplatz Biegel – Bernhardsbach – Schießhaus – Rotwildgehege – Forsthaus I – Schwarzwildgehege – Parkplatz Biegel

Wir wandern auf festen Wegen, ein Stück auf einem Naturpfad.

Wald, Glemsweiher, Wildgehege

Bärenschlössle

In den Stuttgarter Wäldern, vor allem im Rot- und im Schwarzwildpark, findet man viele schöne, urige Waldszenen, vor allem aber zahlreiche uralte, knorrige Bäume, wie sie sonst in dieser Anzahl nur selten zu sehen sind. Dies gilt auch für diese Wanderung

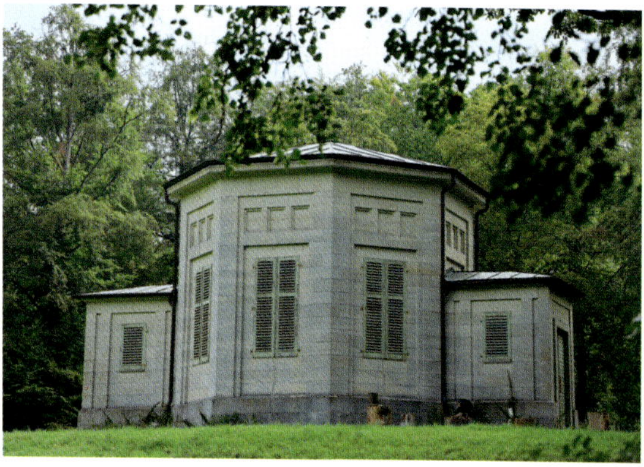

Mitten im Wald steht das Schiesshaus.

Wir folgen vom **Parkplatz Biegel** 1 aus dem Wanderzeichen blauer Punkt und gehen auf dem Gerlinger Weg in den Wald. Kurz darauf können wir nach rechts auf einem schmalen Pfad einen kurzen Abstecher zu einem kleinen, aber überaus idyllischen **See** 2 machen. Ansonsten oder danach wandern wir bis zur querenden **Hirschallee** 3. Wer will kann hier nach rechts einen Abstecher zum Schloss Solitude machen, ansonsten biegen wir hier links ab in Richtung „Großer Stern".

Wir überqueren die Wildparkstraße und halten uns danach an der nächsten **Kreuzung** (Kleiner Stern) links in den Bernbachweg. Er beschreibt nach einer Weile eine Rechtskurve und bringt uns zum querenden Stangenholzweg. Dort biegen wir links ab und halten uns an links abzweigenden Naturpfad. Er bringt uns mit dem Wanderzeichen

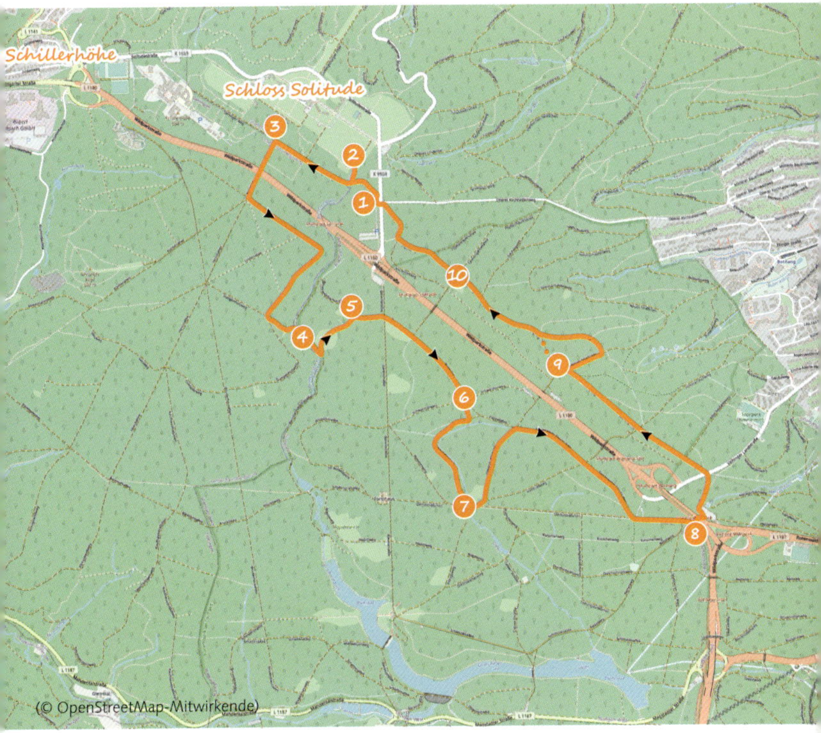

roter Punkt in Richtung „Bärenschlössle“ hinab ins Bernbachtal. Nach der **Brücke** über den Bernbach 4 halten wir uns rechts, jetzt befinden wir uns im „Naturschutzgebiet Rot- und Schwarzwildpark mit Pfaffenwald“.

Etwas später zweigen wir scharf links ab und wandern wieder auf einem Pfad über eine **Lichtung** mit mächtigen Baumruinen. Ein Stück weiter bergauf kommen wir in ein Waldstück, danach geht es wieder über eine Lichtung und am historischen **Schießhaus** 5 vorbei.

Dem nächsten Weg, auf den wir treffen, folgen wir in Gehrichtung, dann überqueren wir das **Bärensträßle**. Wer einkehren will kann auf ihm nach rechts zum Bärenschlössle gelangen. Ansonsten wandern wir geradeaus auf dem Pappelweg in Richtung „Wildgehege“ weiter. Wo an einer **Kreuzung** 6 links der Schwarztorweg quert, haben wir zwei Möglichkeiten: Wir können entweder den kürzeren Weg nehmen und geradeaus weiterwandern, nach

INFOS

Wanderkarte W228 Stuttgart, 1:25 000, Landesamt für Geoinformation und Landentwicklung Baden-Württemberg (LGL) in Zusammenarbeit mit dem Schwäbischen Albverein e.V.; Wanderkarte mit Radwegen Stuttgart Südwest Blatt 50-539, 1:25 000, NaturNavi

stuttgart.de

Bus bis Haltestellen Forsthaus II, Forsthaus I, Forsthaus Parkplatz

Stuttgart, Waldparkplatz Biegel, K9503, GPS 48.781693, 9.090112

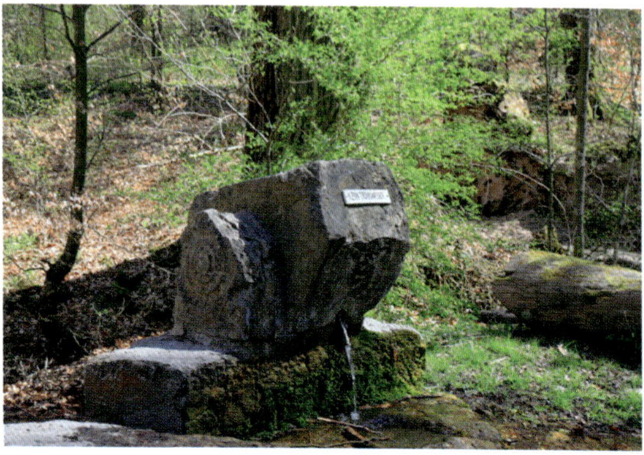

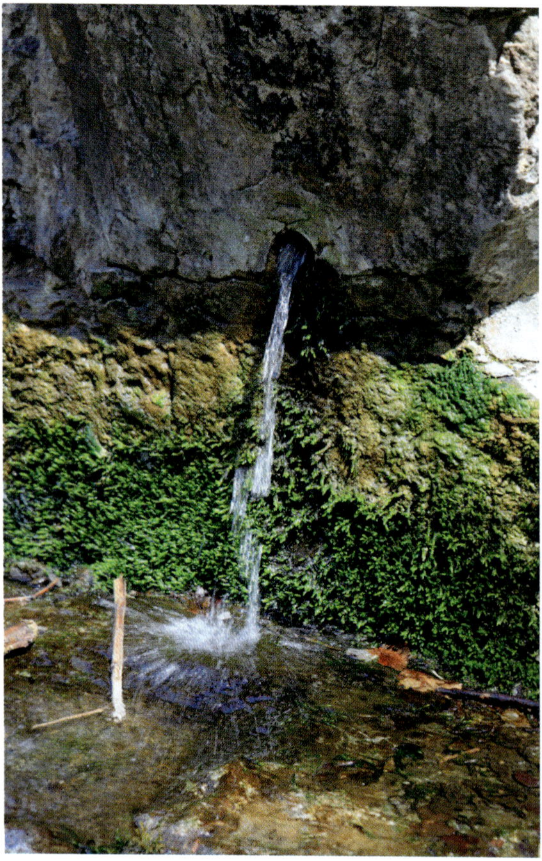

Am Glemsbrunnen kann man gut rasten.

rechts kommen wir aber auf einem schmalen Pfad hinab zum Rotwildgehege. Hier hat man Gelegenheit, mächtige Hirsche zu beobachten. Wir halten uns nach kurzem bergab rechts und kommen bald zum **Fütterungspavillon** 7 und einer Lichtung mit Schutzhütte und dem Glemsbrunnen. Hier halten sich oft die Hirsche auf.

Wir gehen auf dem Glemssträßchen kurz nach links, dann biegen wir links ab in Richtung „Schwarzwildgehege". Immer entlang des Zauns gehen wir nun, bis wir am Ende des Wildgeheges auf den Weg treffen, den wir vorher verlassen haben. Ihm folgen wir nun als Forstmeister Feucht-Weg nach rechts. Bald treffen wir auf das **Glemssträßchen**, in das wir links einschwenken. Links liegt bald die Bushaltestelle Forsthaus I. Etwas später gehen wir links am **Forsthaus I** 8 vorbei, unterqueren die Wildparkstraße und kommen zu einem **Parkplatz**.

In ihm biegen wir links ab, dann wandern wir auf der nach rechts ziehenden Zufahrtsstraße bis zur querenden Vaihinger Landstraße. Hier liegt die Bushaltestelle Forsthaus Parkplatz. Nach der Straße folgen wir dem Saufangweg. Nach einiger Zeit passieren wir die kleine Saufanghütte und erreichen das **Schwarzwildgehege** 9. Hier kann man geradeaus weitergehen oder das Gehege nach rechts umrunden, um danach

Wenn man Glück hat sieht man am Hirschgehege eines oder mehrere der Tiere.

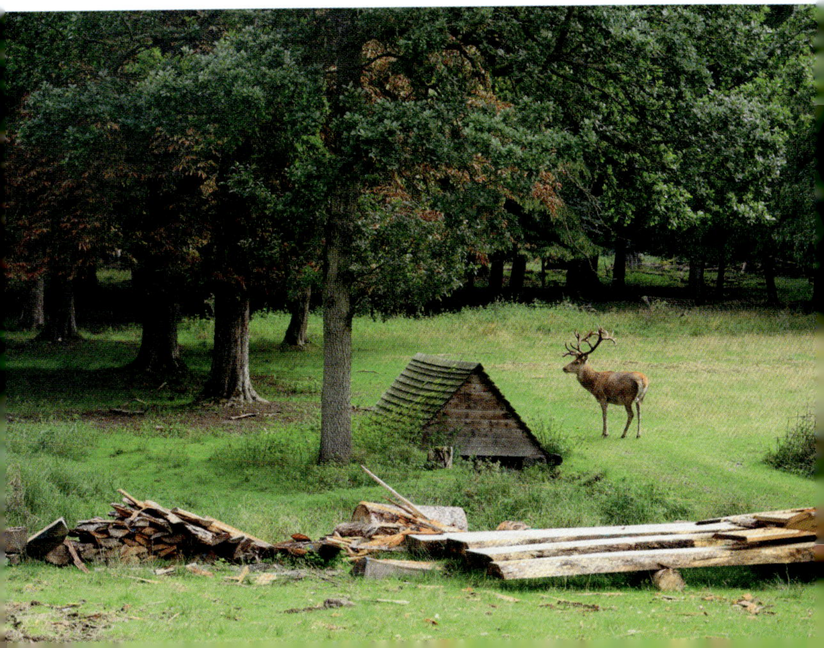

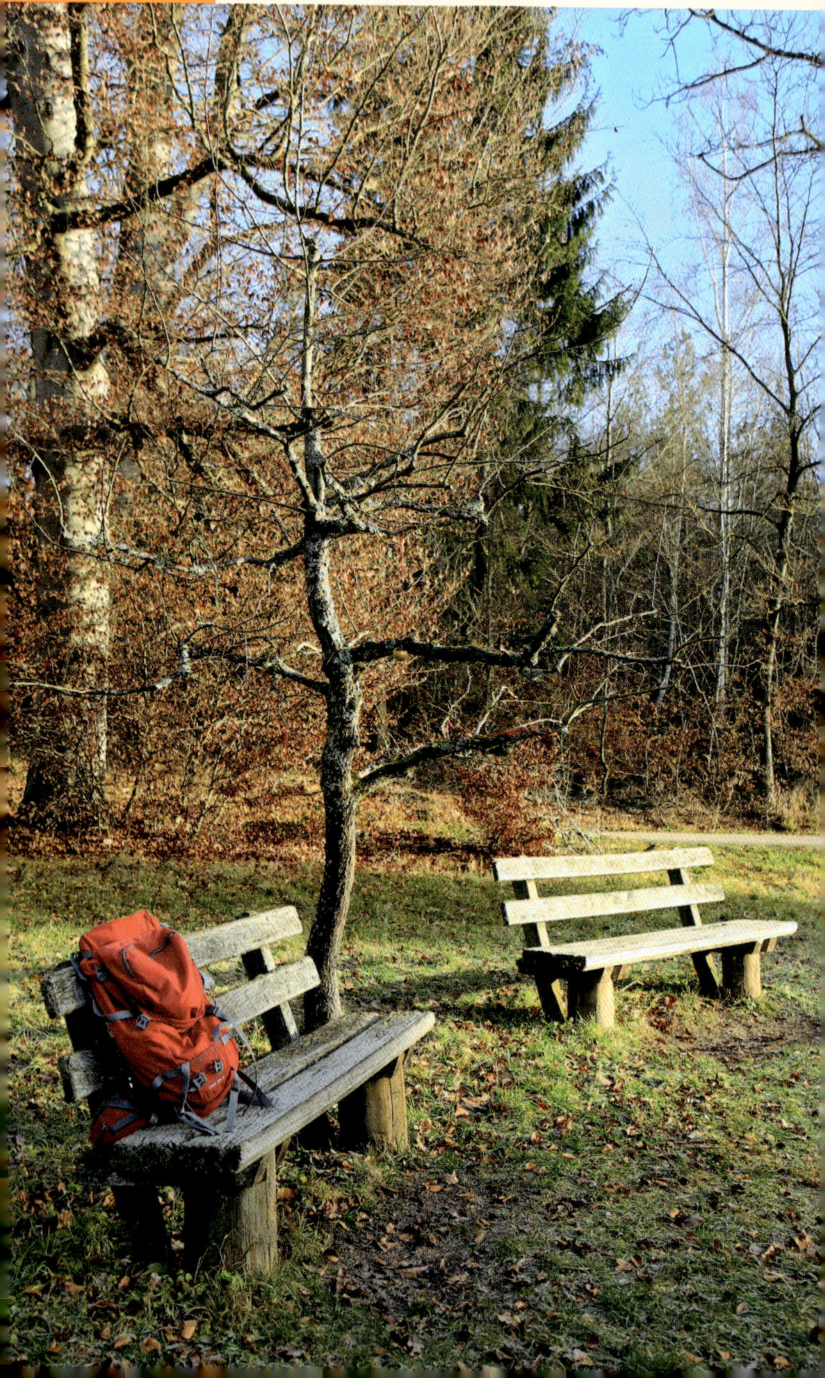

wieder auf den Saufangweg zurückzukommen, den wir verlassen haben. Nun geht es nach rechts weiter.

Später zieht der Saufangweg nach rechts, wir wandern aber geradeaus auf dem Jägerweg weiter. Etwas später finden wir in einer links liegenden Lichtung die **Sonnenuhrhütte** 10, eine Grillstelle mit Tisch und Bänken und eine Skulptur, die einer antiken Säulenbasis ähnelt und die Inschrift GENTO LOCI trägt. Wir wandern geradeaus weiter, bald bergab und folgen dort, wo von links ein Weg einmündet, dem Jägerweg nach rechts. Nach einer Linkskurve erreichen wir wieder unseren Ausgangspunkt.

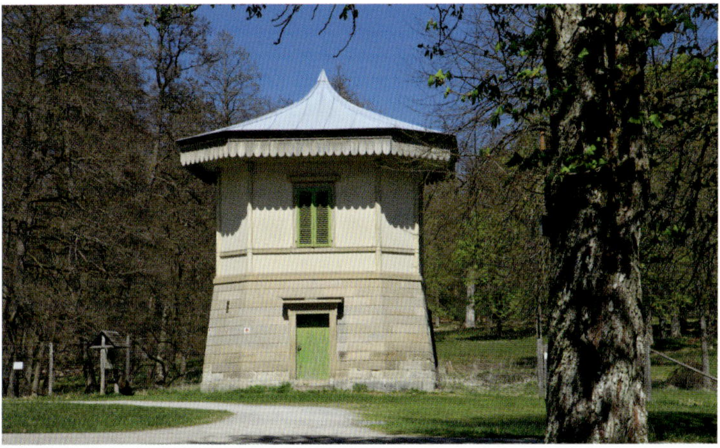

Am Fütterungspavillon beginnt das Hirschgehege.

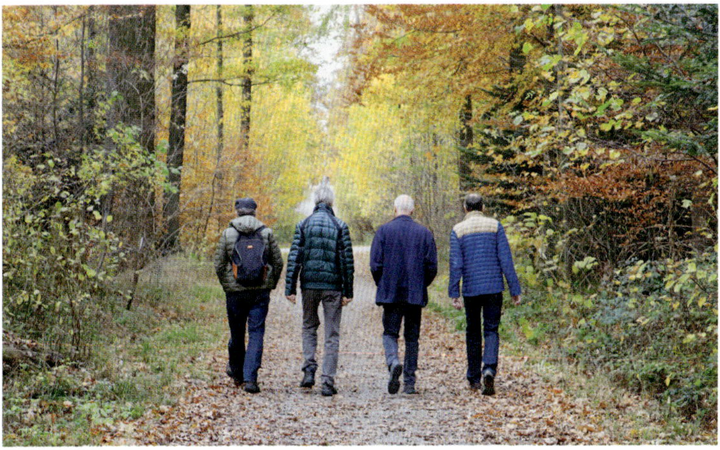

Besonders im farbenprächtigen Herbst lockt der Rotwildpark zu Wanderungen.

Durch den Rotwildpark

7

Einkehr im Bärenschlössle

2 ¼ Std
8,5 km
70 Hm

Stuttgart, Waldparkplatz Biegel – Großer Stern – Bärenschlössle – Römisches Haus – Glemsweiher – Hirschgehege – Waldparkplatz Biegel

Wir wandern auf festen Wegen, ein Stück auf einem Naturpfad.

Wald, Bärenschlössle, Glemsweiher

Bärenschlössle

Die Wege im Rotwildpark, eines der beliebtesten Naherholungsgebiete in Stuttgart, sind sicherlich nicht in die Rubrik „einsame Waldwege" einzuordnen. Trotzdem verläuft diese Wanderung durch den herrlichen Rotwildpark mit seinen markanten Baummethusalemen teilweise auf Strecken, die nicht zu den „Hauptrennstrecken" des dortigen Waldes gehören. Geht man dazu recht früh los, wenn man es machen kann auch an einem Wochentag, wird man trotzdem Stille und einsames Wandervergnügen genießen können.

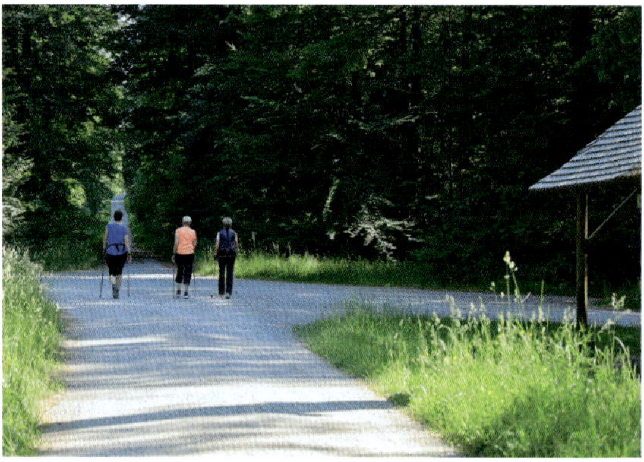

Auf den breiten und festen Waldwegen kann man bei jedem Wetter wandern.

Wir gehen vom **Parkplatz** 1 aus auf dem Gerlinger Weg mit dem Wanderzeichen blauer Punkt in den Wald. Nach ein paar Minuten geht rechts ein schmaler Pfad ab. Wenn wir ihm folgen, gelangen wir zu einem kleinen, aber überaus idyllischen **See** 2. Ansonsten oder danach folgen wir dem Weg bis zur querenden **Hirschallee** 3. In sie schwenkten wir links ein.

Nach der Brücke über die Wildparkstraße erreichen wir den Wegknotenpunkt **Kleiner Stern**, wo wir geradeaus weitergehen. Später kommen wir zum **Großen Stern**,

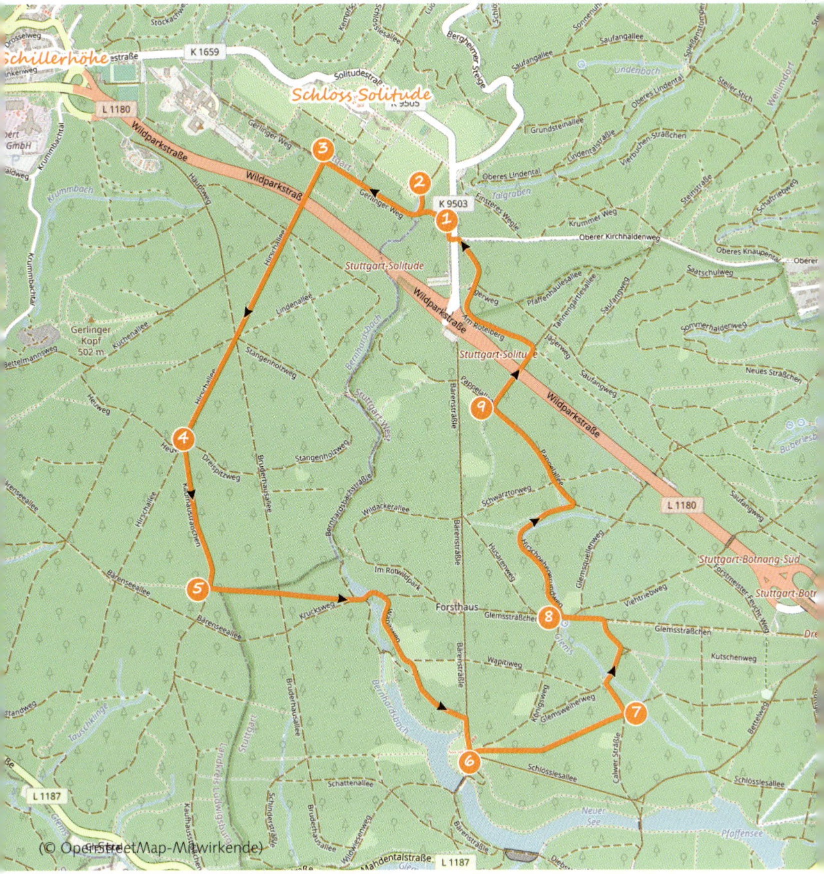

wo wir rechts der Schutzhütte weitergehen. Etwas später kommen wir zu einer Verzweigung mit zwei kränkelnden **Mammutbäumen** 4. An ihnen gehen wir links auf dem Kaufwaldsträßchen weiter. Etwas später dürfen wir den Abzweig der **Sibyllengrabenallee** 5, markiert mit dem roten Kreuz, nicht verpassen. Nun wandern wir auf einem schmalen Pfad. Später überqueren wir die Bruderhausallee, danach treffen wir auf den Krucksweg.

Wir gehen geradeaus weiter, rechts an einem Waldweiher entlang und folgen der Sibyllengrabenallee noch etwas. An der Verzweigung nach den Seen halten wir uns rechts. Der Weg steigt etwas an, oben angelangt folgen

INFOS

Wanderkarte W228 Stuttgart, 1:25 000, Landesamt für Geoinformation und Landentwicklung Baden-Württemberg (LGL) in Zusammenarbeit mit dem Schwäbischen Albverein e. V.; Wanderkarte mit Radwegen Stuttgart Südwest Blatt 50-539, 1:25 000, NaturNavi

stuttgart.de

Bus bis Haltestelle Forsthaus II

Stuttgart, Waldparkplatz Biegel, K9503, GPS 48.781693, 9.090112

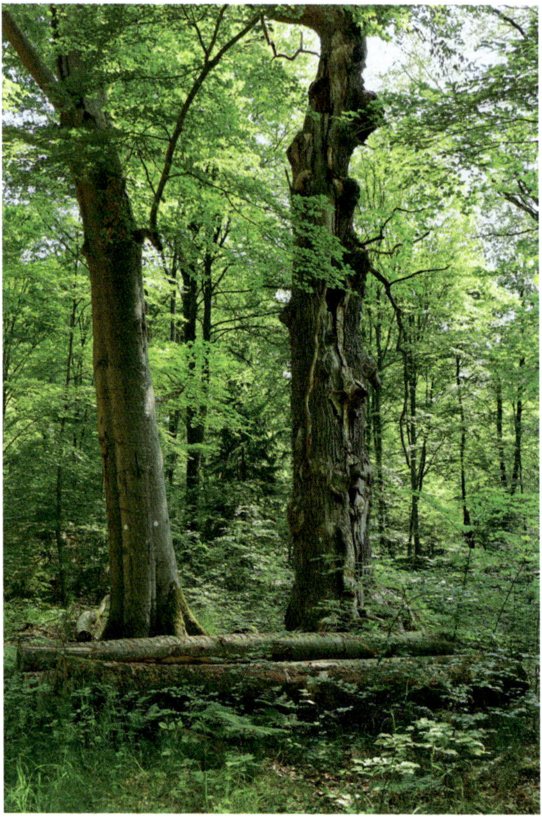

Im Rotwildpark sieht man zahlreiche uralte Bäume mit teils bizarren Formen.

wir dem Zeichen nach rechts auf einen Pfad. Er bringt uns zum **Bärensträßle**. Auf ihm erreichen wir gleich das rechts liegende **Bärenschlössle** 6. Wenn wir vor ihm am Waldrand entlang etwas nach links gehen, erreichen wir einen links abgehenden Pfad. Er bringt uns hinab zu einer Art Trullo, einem Steinhaus, das wohl den seinerzeitigen Herzögen zum Vergnügen gedient hat.

Am Bärenschlössle nehmen wir von den nach links abgehenden Wegen den mittleren, der mit dem roten Kreuz als Pfad über die Wiese verläuft. Wir kommen in den Wald und erreichen bald die Ruine **Römisches Haus** 7. Vor ihm biegen wir links ab in das Calwer Sträßle.

Am nächsten Querweg stehen wir vor dem idyllischen **Glemsweiher**. Hier halten wir uns rechts. An der nächsten

Rotwildpark, Schwarzwildpark, Bärenschlössle und Römisches Haus

Der königliche **Rotwildpark** (480 Hektar) und der **Schwarzwildpark** (214 Hektar) gehörten zum Krongut der württembergischen Herrscher und wurden bis 1919 vom königlichen Hofjagdamt verwaltet. Dazu gehörten auch die Teile des Waldes, die schon unter Herzog Carl Eugen 1770 bis 1777 zu den beim Schloss Solitude angelegten Tiergärten zählten. Am Bärenschlössle fanden repräsentative Jagden statt. Für sie mussten die fronpflichtigen Bauern monatelang das Wild zusammentreiben. Nachdem das viele Wild – zum Beispiel bis zu 200 Säue im Wald – das Aufkommen junger Bäume verhinderte und nur die alten Bäume übrigblieben, ließ König Friedrich I. 1815 zwei Tiergärten anlegen und mit Rot- und Schwarzwild besetzen. Durch ihren Verbiss entstanden die mehrstämmigen Bäume – noch heute stehen hier bis zu 300 Jahre alte Buchen und 450 Jahre alte Eichen.

Als im Winter der Revolutionsjahre 1918/19 die Monarchie ihrem Ende zuging, hat man das Wild abgeschossen, den Zaun abgebrochen und den Wald für die Bevölkerung geöffnet. An die alten hochherrschaftlichen Zeiten und ihre Jagden erinnern noch Waldbezeichnungen wie Hirschwiese, Damgarten, Saufang, Königstand oder Herzogsweg.

Das **Bärenschlössle** wurde erstmals 1768 als „Ausflugsmöglichkeit“ von Schloss Solitude erbaut. 1817 hat man es abgerissen, danach wurde es durch einen einfachen Pavillon ersetzt. Nachdem es im Zweiten Weltkrieg abbrannte, hat man es 1963 zweistöckig wieder aufgebaut. 1994 brannte es er-

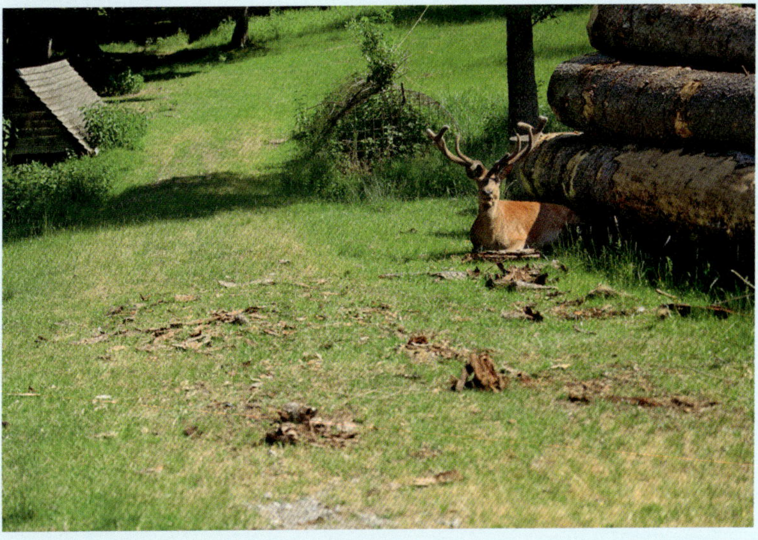

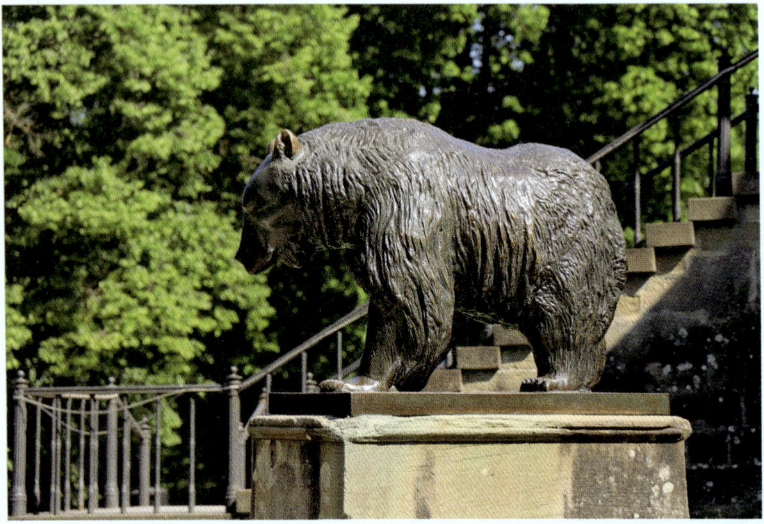

neut ab und wurde 1997 im alten Stil neu erbaut. Am darunter liegenden Bärensee befand sich einst ein Bootshaus für zwei venezianische Gondeln. Diese hatte der Herzog zusammen mit zwei Gondolieri als „Mitbringsel" von seiner Italienreise mitgebracht.

Das **Römische Haus** aus dem 2. Jahrhundert n. Chr. ist 26 mal 26 Meter groß. Es diente vielleicht als Tempel oder Kultbau. Es besitzt eine 60 bis 80 Zentimeter starke Umfassungsmauer, in der es an jeder Ecke Eingänge mit Türen gab. Der Haupteingang mit einer wahrscheinlich zweiflügeligen Türe lag an der südöstlichen Mauer. Parallel zur Mauer zeugen Fundamente davon, dass es vielleicht einen überdachten Umgang im Innenhof mit massiven Türschwellen gegeben hat. Die Anlage wurde 1921 zufällig gefunden. Bei Untersuchungen fand man hier Scherben von Tongefäßen. Da das Gebäude schon früher recht abgelegen lag wurde es vermutlich nicht bewohnt.

Verzweigung gehen wir im Kutscherweg nach links und erreichen das querende Glemssträßchen. Ihm folgen wir nach links zu einer **Lichtung** 8. Hier liegt links der **Glemsbrunnen**, vor uns links eine Schutzhütte und rechts das Hirschgehege mit dem historischen Fütterungspavillon. Wenn wir Glück haben können wir im Wildgehege mächtige Rothirsche sehen, die stolz ihr großes Geweih präsentieren.

Wir wandern nun links am Zaun des Wildgeheges entlang. Wo wir vor uns bereits die querende Pappelallee sehen können wir links in einen Pfad abzweigen, der uns zu dieser Allee führt, ansonsten gehen wir noch kurz geradeaus weiter und halten uns dann links, um in die Pappelallee einzubiegen.

Wir folgen ihr bis vor einer großen Lichtung der Wegweiser mit dem roten Kreuz nach rechts zu den „4 Buchen" weist 9. Bald überqueren wir die Wildparkstraße, dann biegen wir an der nächsten Kreuzung links ab in den Weg **Am Rötelberg**. Der Weg beschreibt eine Rechtskurve und wir folgen ihm, bis er in die K9593 mündet. Links von ihr liegt unser Ausgangspunkt.

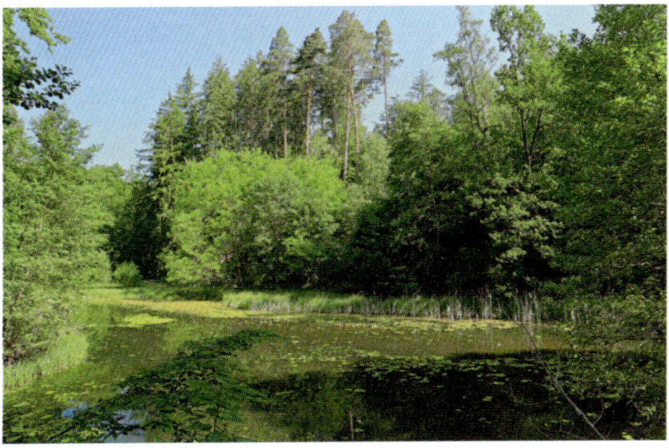

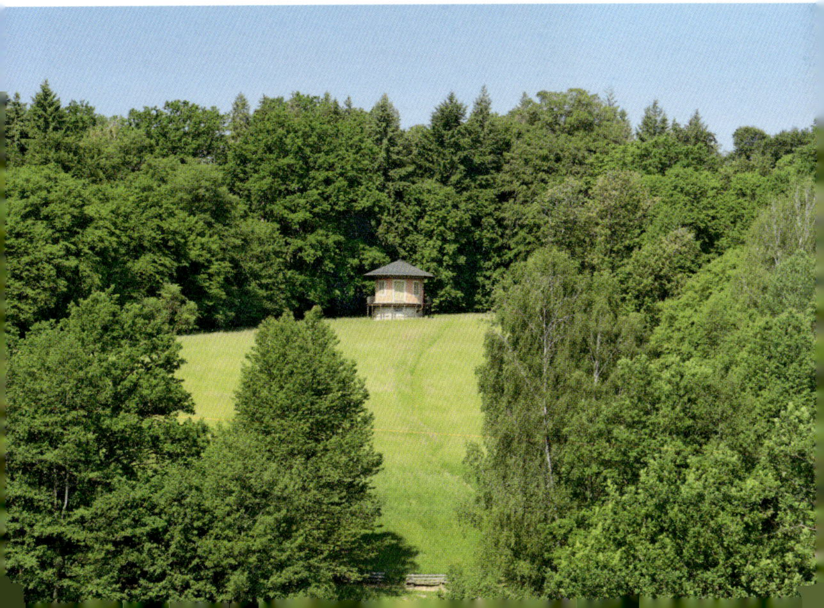

Zwei Seen im Wald

8

Von Büsnau zum Katzenbachsee

1¾ Std
6,5 km
40 Hm

Stuttgart-Büsnau – Steinbachsee – Katzenbacher Hof – Katzenbachsee – Büsnau

Wir wandern auf festen Wegen und Pfaden. Beim Steinbachsee sollte man bei Nässe, Eis und Schnee wegen des Steilabfalls besser auf dem Steinbachweg als am Ufer weiterwandern.

Wald, Seen

Katzenbacher Hof

Mit dem Steinbach und dem Katzenbachsee liegen gleich zwei idyllische Seen auf dem Weg. Sie wurden zwar künstlich aufgestaut, erwecken aber beide einen natürlichen Eindruck, sodass diese leichte Tour zusammen mit dem traditionsreichen Katzenbacher Hof und seinem für Kinder verlockend großen Spielplatz einen ausgefüllten Tag verspricht.

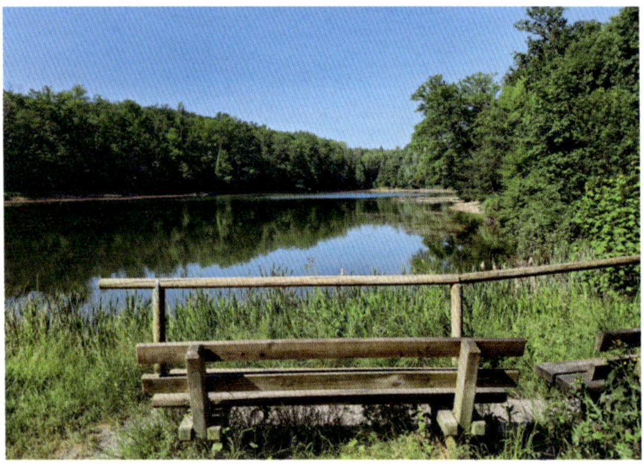

Idylle am Katzenbachsee.

Wir parken in der **Heisenbergstraße** 1 möglichst in der Nähe ihres Endes bei der Wendeschleife. Dorthin gehen wir auch, wenn wir weiter vorne oder an der Bushaltestelle starten. An der Wendeschleife biegen wir rechts ab und folgen dem Wanderzeichen rotes Kreuz. Diesem Zeichen folgen wir auch an der nächsten Kreuzung nach rechts 2, halten uns aber gleich links in den Steinbachweg.

Bei einem querenden Pfad biegen wir rechts, dann gleich wieder links ab, nun wandern wir entlang des Ufers des **Steinbachsees** 3. Später führt uns der Pfad wieder zurück zum Steinbachweg. Er bringt uns zu einem **Parkplatz**. Hier behalten wir unsere Richtung bei, durchqueren

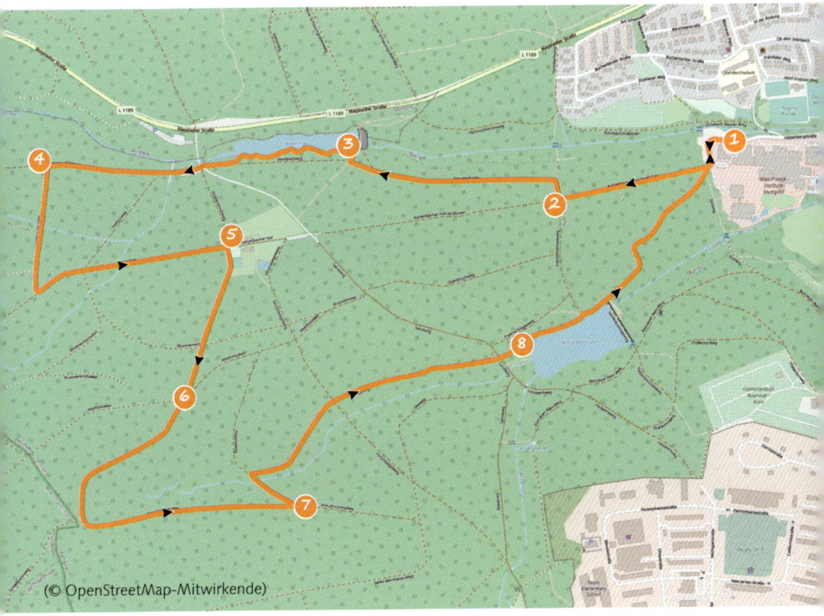

ihn und kommen danach zu einer Schranke. Nach ihr gehen wir an der Verzweigung geradeaus im Oberen Waldweg weiter.

Bei nächster Gelegenheit biegen wir links ab in den **Leonberger Weg** 4, danach halten wir uns in der querenden Haus-Allee mit dem blauen Punkt links. Sie bringt uns vor den **Katzenbacher Hof** 5. Noch vor ihm biegen wir rechts ab in einen unbefestigten Weg, der später in einen schmalen Pfad übergeht. Nach dem querenden Brunnenweg steigt es an bis zum nächsten Querweg. Wir halten uns rechts, wandern aber gleich darauf an der Verzweigung, wo rechts die Mietholzallee weiterführt, auf dem linken, **unmarkierten Weg** weiter 6. An der nächsten Verzweigung nehmen wir die linke Kreuzbüchlesallee.

Danach zweigen wir vor einer sanften Rechtskurve scharf links ab in den **Hospitalweg** 7, kurz danach nehmen wir den rechts abgehenden Königsweg. Wir queren den Hirschbiegelweg und stoßen danach auf den querenden Sandweg. Hinter ihr gehen wir auf einem Pfad weiter zum **Katzenbachsee** 8. Wir folgen mit dem roten Kreuz dem linken Ufer, bis wir wieder auf einen festen Weg stoßen.

INFOS

Wanderkarte W228 Stuttgart, 1:25 000, Landesamt für Geoinformation und Landentwicklung Baden-Württemberg (LGL) in Zusammenarbeit mit dem Schwäbischen Albverein e.V.; Wanderkarte mit Radwegen Stuttgart Südwest Blatt 50-539, 1:25 000, NaturNavi

stuttgart.de

Bus bis Haltestelle Max-Planck-Institute

Stuttgart-Büsnau, Heisenbergstraße, GPS 48.747268, 9.079954

Auf ihm wandern wir erst weiter entlang des Ufers, dann aber durch den Wald zurück zur Heisenbergstraße und unserem Ausgangspunkt.

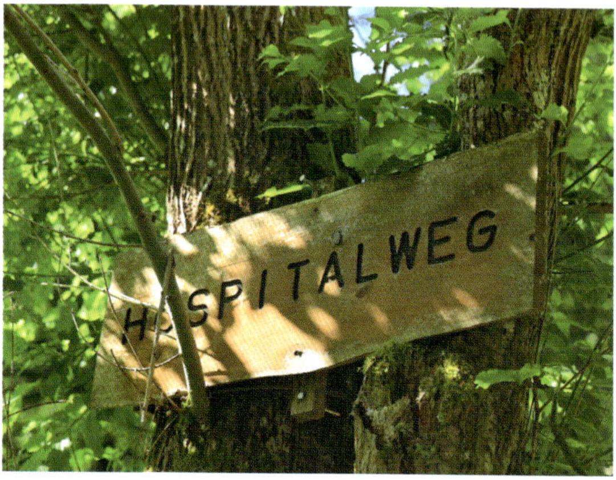

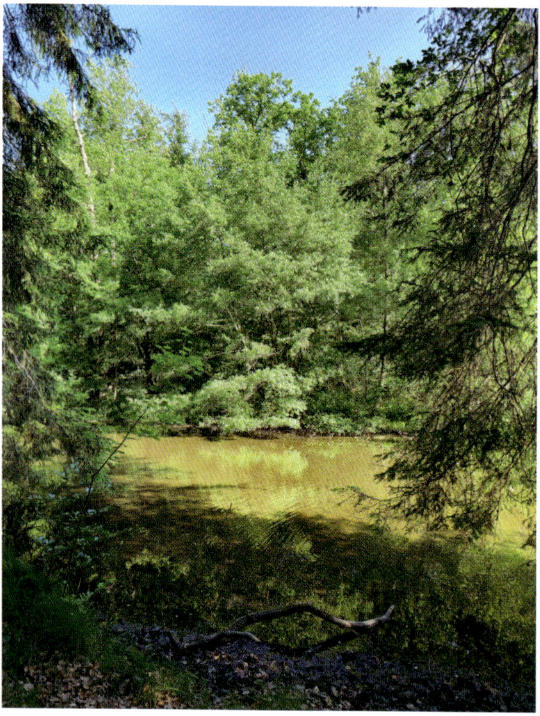

Am Steinbachsee.

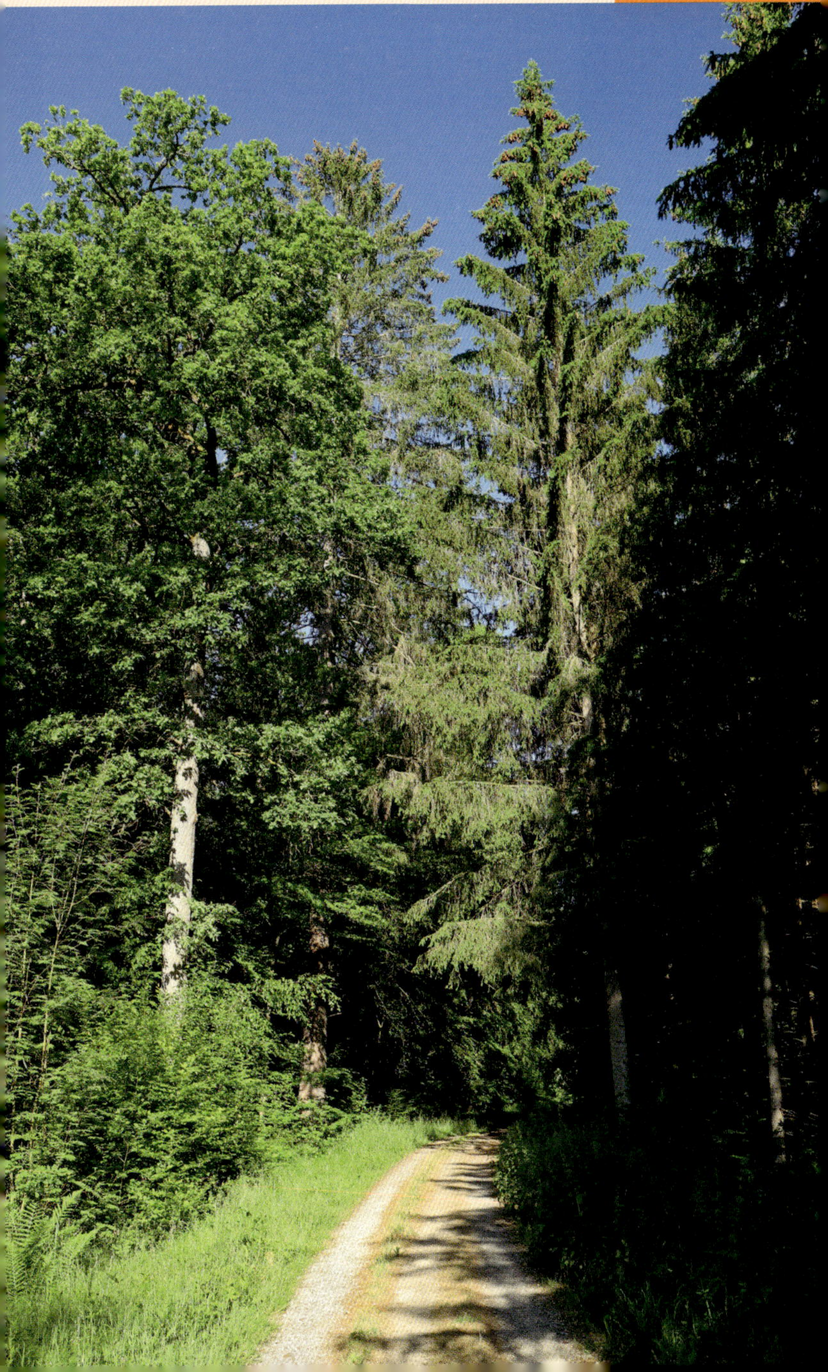

Von Rotenberg nach Fellbach

9

Über die Grabkapelle durch die Weinberge

2 Std
7,2 km
80 Hm

Stuttgart-Rotenberg – Grabkapelle – Mönchberg – Fellbach

Die Wanderung verläuft auf festen Wegen. Da man durch keinen Wald kommt ist man an heißen Tagen ständig der Sonne ausgesetzt.

Rotenberg, Grabkapelle, Weinberge, Landschaft, Aussicht

Rotenberg, Sportplätze Untertürkheim, Fellbach

Im ersten Teil dieser Streckenwanderung kann man nicht nur der Grabkapelle auf dem Württemberg einen Besuch abstatten, sondern wir haben auch immer eine herrliche Aussicht über die Weinberge ins Neckartal, nach Bad Cannstatt, in Richtung Fellbach und zum Fernsehturm. Ansonsten wandern wir ohne große Höhenunterschiede zwischen Weinbergen und Kleingärten nach Fellbach.

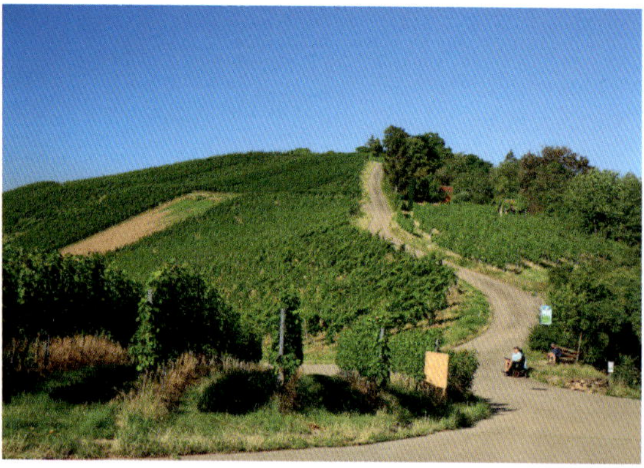

Wanderungen durch Weinberge bieten meist viel Aussicht.

Wir folgen von der **Bushaltestelle** 1 aus der Württembergstraße, wobei wir nach links einen prächtigen Blick auf Uhlbach und die Weinberge haben. Oben angelangt müssen wir überlegen, ob wir nach rechts einen Abstecher zur **Grabkapelle** auf dem Württemberg machen sollen 2. Vor allem, wenn man sie nicht kennt, lohnt es sich auf jeden Fall.

Ansonsten gehen wir geradeaus weiter bzw. halten uns nach der Rückkehr rechts. Nach etwas bergauf orientieren wir uns an der zweiten Verzweigung vor den Bänken rechts. Nach kurzem Bergab zweigen wir scharf rechts ab 3 und schlendern gemütlich abwärts bis zu einem Platz mit einer kleinen hölzernen Schutzhütte und einer zweiteiligen

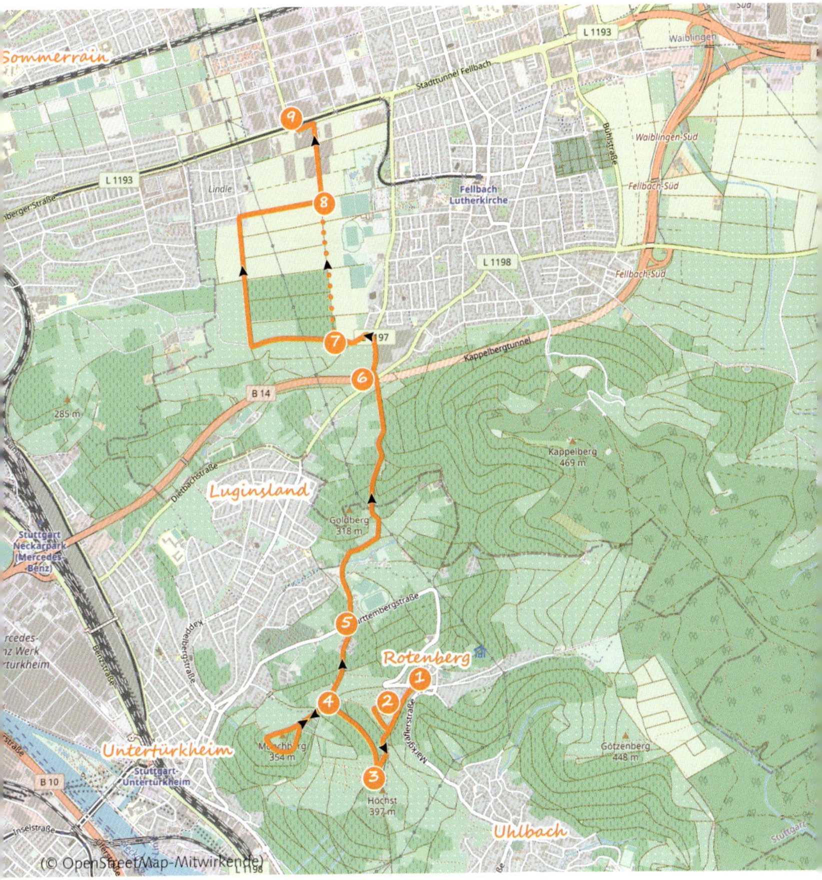

Grubbank, die an die Flurbereinigung erinnert. Hier steht auch das **Wanderschild Rotenberg Mönchberg** (333 m) 4.

Wer nicht den Mönchberg umrunden will geht gegenüber des Wegweisers auf dem kopfsteingepflasterten Weg geradeaus weiter. Ansonsten biegen wir links ab zum **Mönchberg**. Nach dem Sattel steigt es wieder an. An einer Verzweigung halten wir uns links, nun steigt es nur noch mäßig an. Der Weg umrundet den Mönchberg. Auf der Rückseite kommen wir am Bankplatz/Aussichtspunkt Mönchberg Flurstück Mönchberg 975 vorbei. Danach steigt es wieder etwas an, dann geht es hinab zu dem Platz bei der **Grubbank** 4.

INFOS

Wanderkarte W220 Welzheim, 1:25 000, Landesamt für Geoinformation und Landentwicklung Baden-Württemberg (LGL) in Zusammenarbeit mit dem Schwäbischen Albverein e.V.; Wanderkarte mit Radwegen Stuttgart Nordost Blatt 52-541, 1:25 000, NaturNavi

stuttgart.de, fellbach.de

Anfahrt: Bus bis Haltestelle Rotenberg

Rückfahrt: Stadtbahn ab Haltestelle Fellbach Höhenstraße

Stuttgart-Rotenberg, Bushaltestelle Rotenberg, GPS 48.783303, 9.270972

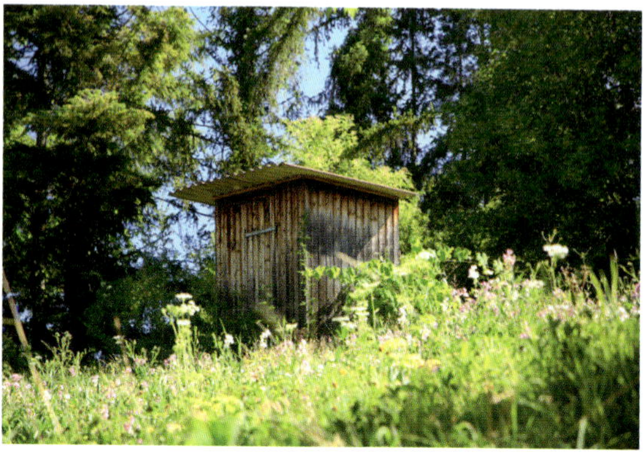

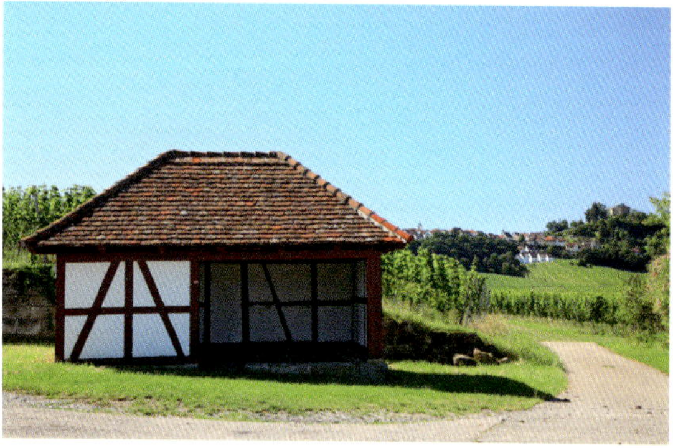

Gartenhütte und Schutzhütte in den Weinbergen.

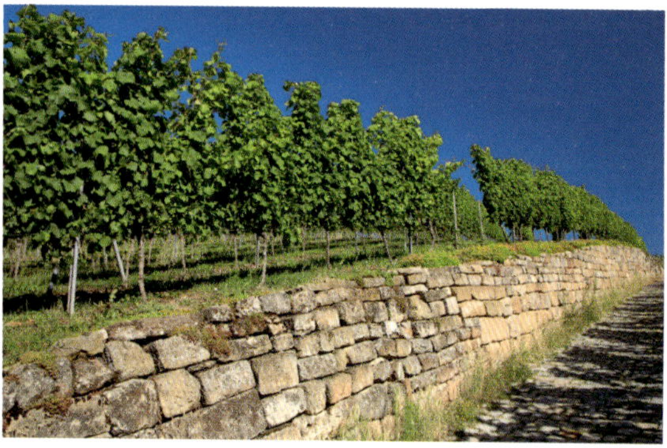

Die Weinbergmauern sind meist kunstvoll gemauert.

Wir nehmen jetzt auch den links abgehenden, erst kopfsteingepflasterten und steil abfallenden Weg. Später durchqueren wir eine kleine Ansiedlung und überqueren die

Württembergstraße 5. Wir wandern praktisch immer geradeaus bis zu einem querenden Weg. Hier orientieren wir uns rechts und kommen ins Landschaftsschutzgebiet.

An einer Verzweigung nehmen wir den links abgehenden kopfsteingepflasterten und sanft ansteigenden Weg. Bald überqueren wir die **Untertürkheimer Straße** 6 und folgen der Esslinger Straße geradeaus. Danach halten wir uns links in den Kirschenweg. Wo er mit einer Rechtskurve in den Apfelweg übergeht zweigen wir links ab. Etwas später orientieren wir uns an der Verzweigung rechts.

Jetzt haben wir zwei Möglichkeiten. Die kürzere ist gleich darauf rechts abzubiegen 7 und geradeaus zu Gärtnereien gehen. Nach ihnen finden wir in der Stuttgarter Straße links die Stadtbahnhaltestelle Fellbach Höhenstraße 9.

Etwas länger ist es, wenn wir geradeaus weitergehen. Nach den Kleingärten und Streuobstwiesen biegen wir rechts ab in den Weg Im Gaffer. Weiter vorbei an Gärten kommen wir zu den ersten Häusern. Wo links die Straße Frühlingshalde abgeht, biegen wir rechts ab. An der nächsten Kreuzung 8 halten wir uns links und erreichen nach den Gärtnereien die Stuttgarter Straße. Nach links geht es zur Stadtbahnhaltestelle Fellbach Höhenstraße 9.

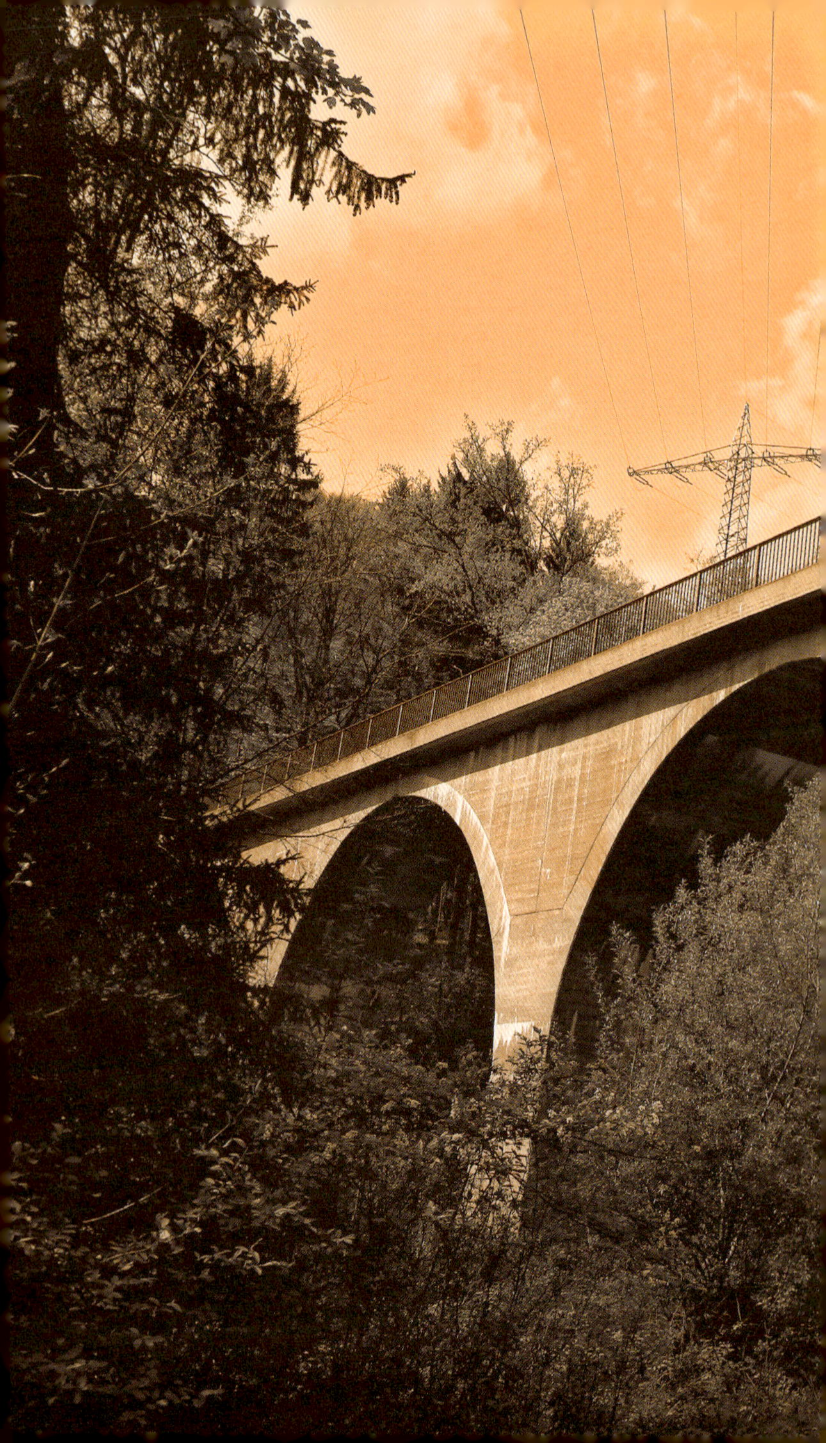

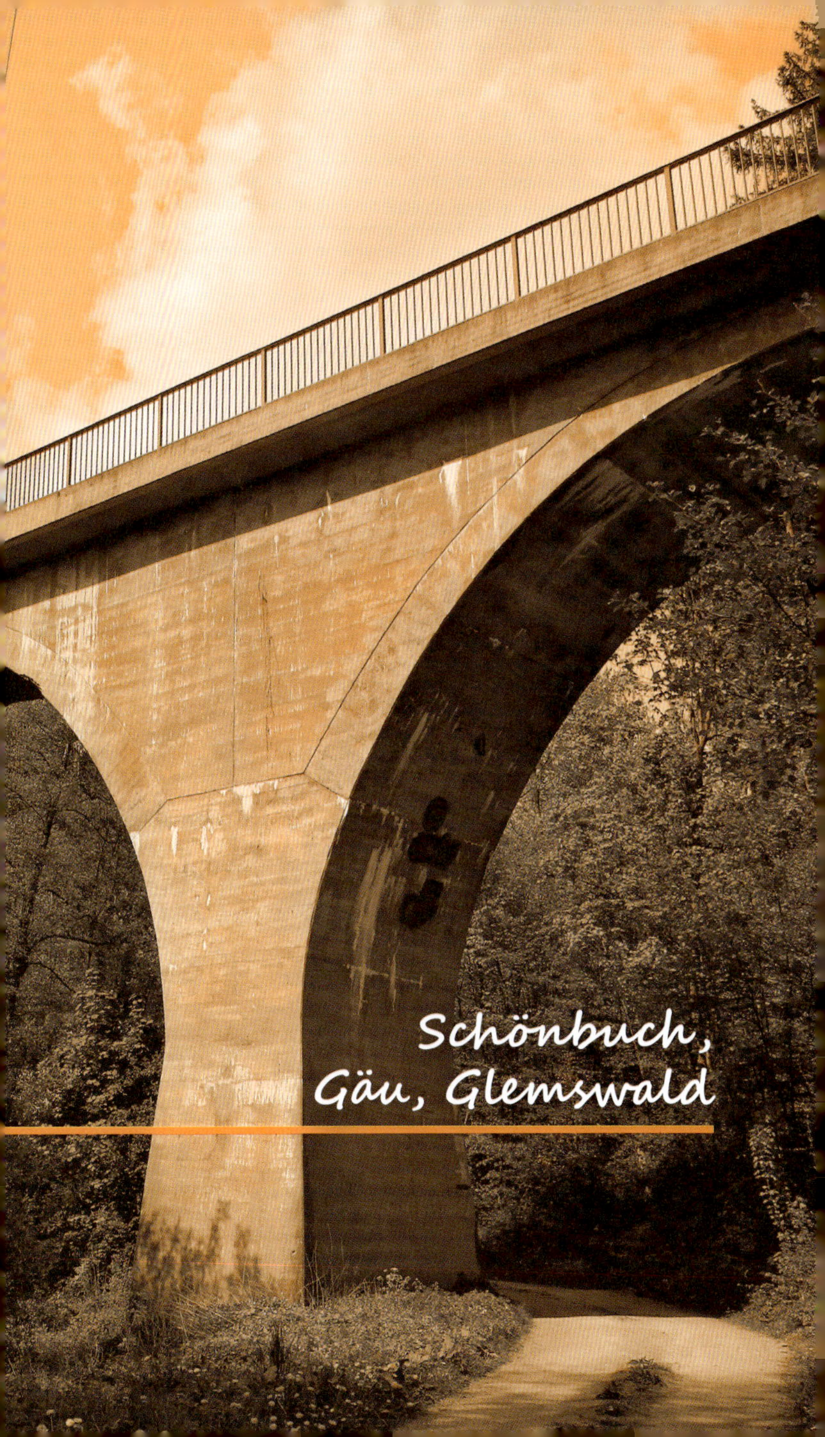

Schönbuch, Gäu, Glemswald

Über die Quelle zum Naturschutzgebiet

10

Dreibrünnele und Mahdental

2 Std
7,1 km
110 Hm

Leinfelden-Echterdingen/Wanderparkplatz Schmellbachtal – Drei Brünnele – Waldweiher – Mahdental – Schmellbachtal – Wanderparkplatz

Wir wandern auf festen Wegen, nur am Schluss auf einem Naturpfad. Wenn man ihn bei feuchtem Wetter oder aus anderen Gründen nicht gehen will, wandert man auf dem Zufahrtsträßchen zurück zum Ausgangspunkt.

Wald, Drei Brünnele, Waldweiher, Mahdental

Waldgaststätte Schmellbachtal

Diese Wanderung findet auf überwiegend selten begangenen Wegen statt, nur um die Gaststätte wird man vielleicht mit eher mehr Wanderern rechnen müssen. Sie führt uns durch einen interessanten Mischwald, der uns immer wieder schöne Szenerien bietet, zu einem kleinen Waldweiher und zur unter Naturschutz stehenden Waldwiese im Mahdental. Im Frühjahr bezaubert diese durch eine reiche Blüte von Schwertlilien und Orchideen.

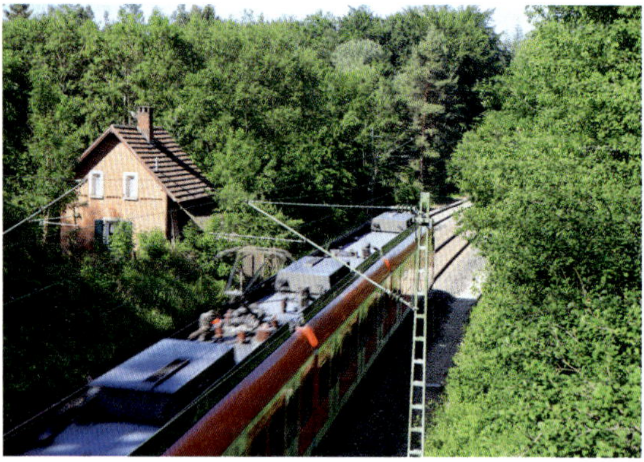

Wir nehmen am Ende des **Wanderparkplatzes** 1 den in den Wald hineinführenden Bienenweg und folgen ihm bergab bis zu einem **querenden Weg** 2. Auf ihm halten wir uns rechts zum Bahndurchlass. Am Wanderschild **Hummelrain** (455 m) danach biegen wir mit dem Zeichen blauer Punkt links ab in den Häulesweg. An der nächsten Verzweigung gehen wir geradeaus auf dem Hummelrainweg. Er bringt uns in wenigen Minuten zu den idyllischen **Drei Brünnele** 3.

Danach gehen wir noch kurz geradeaus weiter, dann folgen wir mit dem Wanderzeichen dem links abgehenden Weg. Nun steigt es an. Dort wo es danach wieder

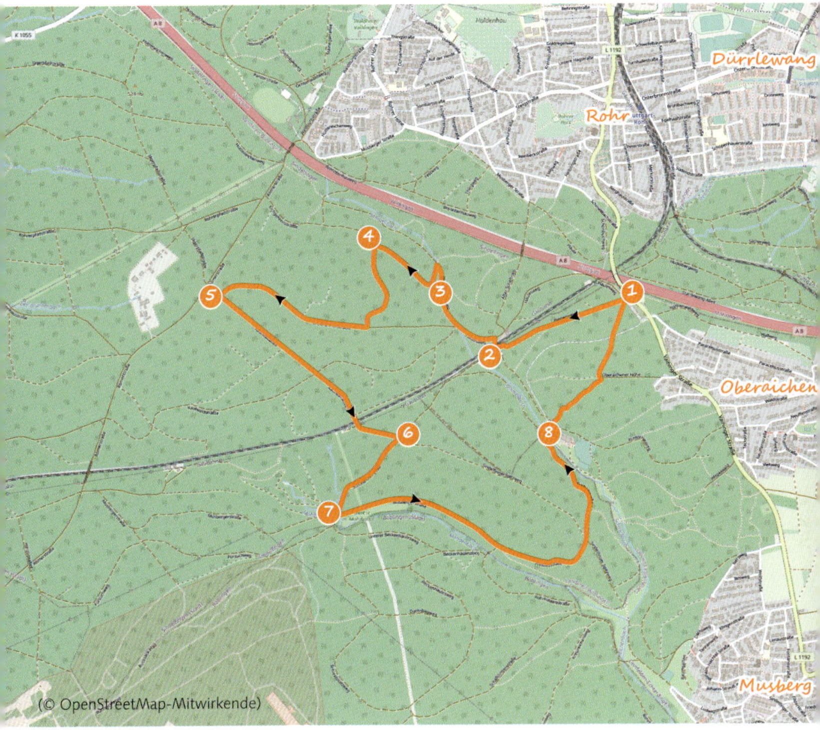

(© OpenStreetMap-Mitwirkende)

flacher wird, biegen wir scharf links ab in das **Eichgehrensträßle** 4. Am querenden **Dreibrunnensträßle** halten wir uns rechts.

Nun steigt es sanft an bis zur querenden **Kaufwaldallee** 5. Wir orientieren uns links und wandern bis wir rechts einen kleinen, leider ziemlich verschilften **Waldweiher** sehen. Im Frühjahr wird uns hier ein lebhaftes Froschgequake begrüßen. Danach überqueren wir die **Bahnlinie** und wandern auf dem Sindelfinger Spitzweg weiter. An der nächsten **Kreuzung** 6 biegen wir rechts ab auf den Schönaicher Pfad.

Bald stoßen wir auf das Schild **Naturschutzgebiet Mahdental** (435 m) 7. Die entsprechende Wiese liegt links, auf der rechten Seite. Wir biegen auch links ab in die Musberger Straße und wandern auf ihr entlang, bis wir wieder in den Wald kommen. Dort wo rechts die Rohrhaldenstraße abgeht, wandern wir auf der Freibadstraße geradeaus wei-

Auf der Wanderung überquert man die Gäustrecke.

INFOS

Wanderkarte W228 Stuttgart, 1:25 000, Landesamt für Geoinformation und Landentwicklung Baden-Württemberg (LGL) in Zusammenarbeit mit dem Schwäbischen Albverein e.V.; Wanderkarte mit Radwegen Stuttgart Südwest Blatt 50-539, 1:25 000, NaturNavi

leinfelden-echterdingen.de

Bus bis Haltestelle Leinfelden Schmellbachtal

Leinfelden-Echterdingen, Wanderparkplatz Schmellbachtal, Schönbuchstraße/Vaihinger Straße, GPS 48.709039, 9.108355

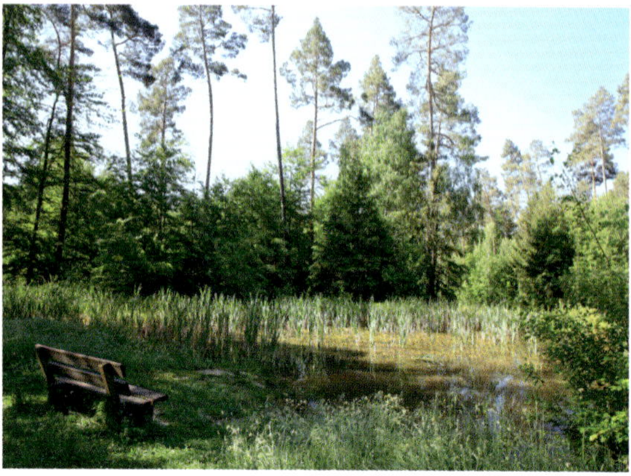

Auf dem Weg kommt man an einem idyllischen See vorbei.

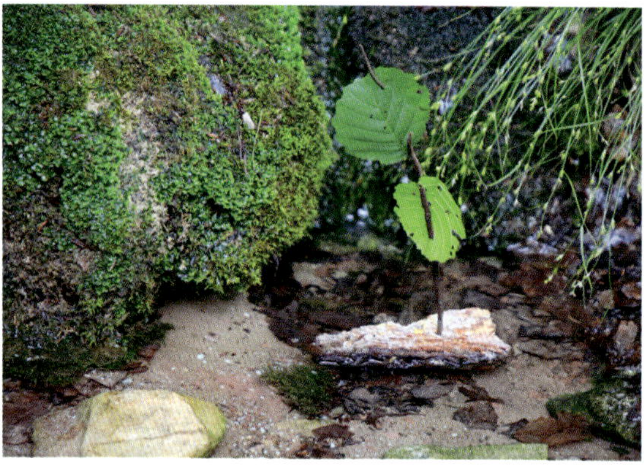

Kinderbastelei an den Drei Brunnen.

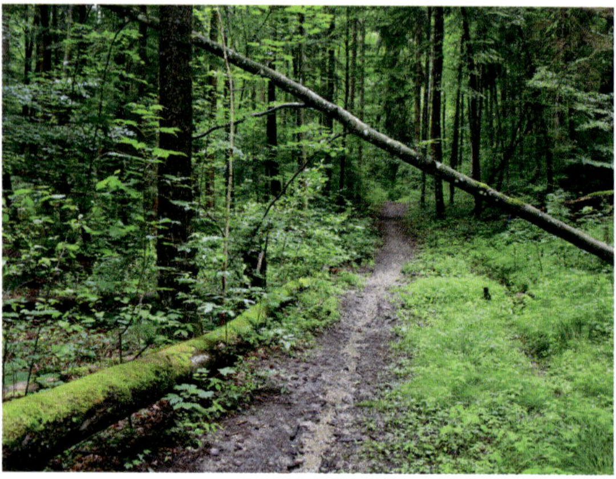

Der Wald bietet uns manchmal idyllische Szenen.

ter. Der Name weist darauf hin, dass sich früher an Stelle der jetzigen Gaststätte ein Freibad befand.

Nach einiger Zeit liegt rechts der Eingang zur **Gaststätte** 8. Hier überqueren wir die Zufahrtstraße und folgen dem Naturpfad. Wir überqueren gleich einen Weg und steigen auf einem Pfad weiter bergauf. Nach einem Querweg und einem Grenzstein mit dem württembergischen Wappen geht es etwas hinab zur Zufahrtstraße zwischen Parkplatz und Gaststätte. Wenn wir dem Pfad geradeaus weiter folgen, sind wir bald am Ausgangspunkt.

Naturschutzgebiet Waldwiese im Mahdental und Schmellbachtal

Das **Naturschutzgebiet Waldwiese im Mahdental** ist nur 1,9 Hektar groß und damit eines der kleinsten im Regierungsbezirk Stuttgart. Auf ihr wurden früher Einstreu und Futter gewonnen, 1971 hat man sie aber wegen ihrer zahlreichen Orchideen und seltenen Waldpflanzen – sie kommen sonst nur in höheren Lagen vor – unter Naturschutz gestellt. Hier findet man Pfeifengraswiesen, waldbinsenreiche Nasswiesen und Kohldistelwiesen; dazu Großseggenbestände und Mädessüß-Hochstaudenfluren; es gibt nährstoffliebende Hochstauden mit Giersch und Großem Springkraut, Acker-Kratzdistel, Wiesen-Bärenklau, Schlüsselblumen, Trollblumen, vor allem aber die Sibirische Schwertlilie und die Große Sterndolde. An Orchideen wachsen hier das Breitblättrige und das Gefleckte Knabenkraut und 1977 entdeckte man sogar den seltenen Lungen-Enzian. Etwas Besonderes ist auch die mit vielen Arten vertretene Amphibien- und Schmetterlingsfauna, zudem leben hier zahlreiche Heuschrecken, wie die Kleine Goldschrecke oder der Sumpfgrashüpfer.

Heute kann man sich in der Waldgaststätte im **Schmellbachtal** erfrischen. Sie geht auf die Notzeit 1926/27 mit ihrer hohen Arbeitslosigkeit zurück. Seinerzeit legten zahlreiche freiwillige Helfer ein Freibad an, das zuerst zwei – von Hand ausgegrabene! – Becken besaß. Das meiste Wasser kam von den Drei Brunnen, aber auch vom Namen gebenden Schmellbach. Zu Anfang hat man unter der Woche Wasser angestaut, um am Sonntag die Becken füllen zu können. Da es Quellwasser war, hatte es eine niedrige Temperatur; sie lag nie über 18 °C.

Trotzdem war das Bad beliebt und an heißen Tagen kamen schon einmal bis zu 3000 Besucher. Diese kamen teilweise sogar aus Stuttgart, von wo sie mit der Straßenbahn nach Rohr fuhren und hierher wanderten. Der Badeclub von Rohr verkaufte Kaffee und Kuchen. Bis Anfang der 1960er-Jahre wurde der Badebetrieb aufrechterhalten, das Bad kam aber an die katholische Kirche, die hier das Katholische Waldheim Schmellbachtal für Kinder erbauen ließ.

Mühlen und Naturschutzgebiete 11

Von der Mäulesmühle über den Seerosenweiher zum Eichberg

2 ½ Std
9,7 km
130 Hm

Leinfelden-Echterdingen-Musberg/ Parkplatz Eselsmühle – Seerosenweiher – Waldwiese im Mahdental – Eichberg – Parkplatz

Wir wandern überwiegend auf festen Wegen.

Mühlen, Seerosenweiher, Eichberg, Wald

Mäulesmühle, Eselsmühle

Bei dieser Wanderung erleben wir einige der Highlights der Wanderlandschaft um Leinfelden-Echterdingen. Wir starten zwischen den wohl bekanntesten Mühlen im Siebenmühlental, der Mäules- und der Eselsmühle, dann geht es durch den Wald hinauf zu einem kleinen, idyllischen See, der im Sommer mit einer wunderschönen Seerosenblüte erfreut. Zum Abschluss besuchen wir das Naturschutzgebiet Eichberg, von wo man durch die uralten Bäume einen prächtigen Blick über das Siebenmühlental hat.

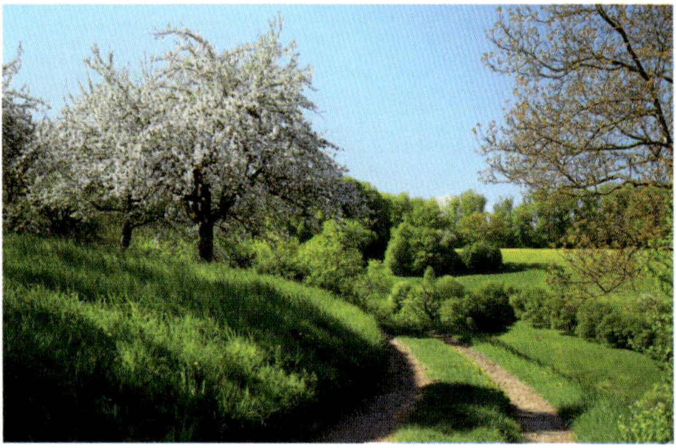

In den Streuobstwiesen über dem Siebenmühlental. Im Hintergrund liegt der „Piz Mus".

Wir gehen vom **Wanderparkplatz Eselsmühle** 1 auf die andere Straßenseite und durchqueren das Gelände der Mäulesmühle. Danach wieder an der Straße angelangt folgen wir dem Weg der einen weiten Linksbogen schlägt und wieder zur Straße zurückkehrt. Sie überqueren wir wieder zu den mächtigen Viadukten, über die früher ein Züglein fuhr und über die heute der beliebte Wanderweg durch das Siebenmühlental verläuft.

Auf der anderen Straßenseite gehen wir zum ganz linken Viadukt und folgen dort dem ansteigenden Bergweg. Nach einer Weile halten wir uns an einer Verzweigung rechts und erreichen bald den querenden **Bettelweg** 2. Auf ihm

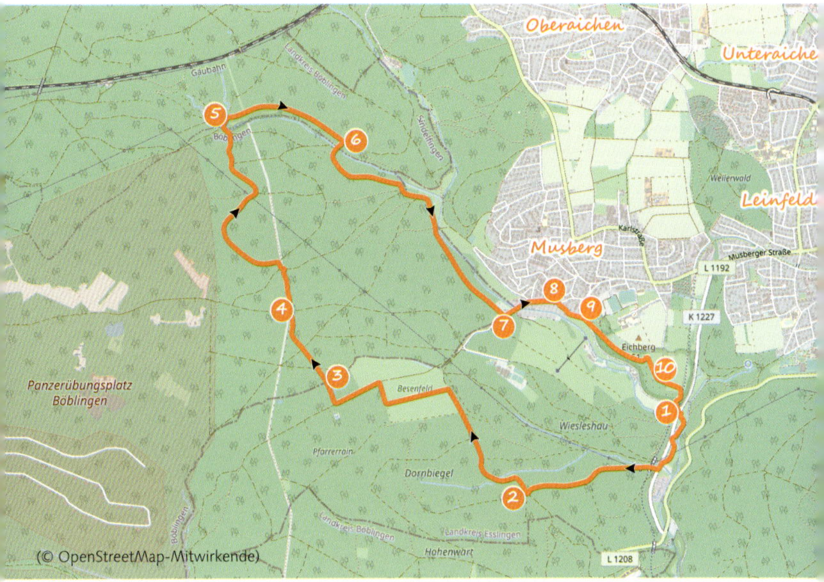

wandern wir nach rechts weiter. Nach dem Wald liegen links Streuobstwiesen, in die wir bei einem abgehenden Weg hineingehen. Am gegenüberliegenden Waldrand biegen wir rechts und kurz danach am querenden Stuttgarterweg links ab.

Kurz darauf biegen wir mit dem Zeichen blauer Strich in Richtung „Rohr" rechts in den Marderweg ab und kommen zu dem kleinen **Seerosensee** 3. Hier kann man eine erste Rast einlegen. Im Sommer macht er seinem Namen alle Ehre, aber auch in anderen Jahreszeiten ist er ein wunderbar idyllisches Plätzchen. Wir queren die Schmellenhauallee und den Wetzelweg. Dahinter führt uns das blaue Kreuz auf einem Pfad hinauf zum querenden **Musberger Weg** 4. Dahinter geht es, weiter auf dem Pfad, wieder bergab.

Wir treffen auf die Schafklingenstraße. Ihr folgen wir nach links und halten uns nach der Rechtskurve an dem querenden Schiessplatzweg mit dem blauen Kreuz links. An einer Kreuzung geht es geradeaus weiter, nun auf dem Beckenhäulesweg und bergab. Dort wo dieser nach rechts zieht, gehen wir mit dem Wanderzeichen auf dem links abzweigenden Pfad bergab bis wir auf den Unteren Beckenhäulesweg treffen. Wir folgen ihm nach links und stehen nach

INFOS

Wanderkarte W228 Stuttgart, 1:25 000, Landesamt für Geoinformation und Landentwicklung Baden-Württemberg (LGL) in Zusammenarbeit mit dem Schwäbischen Albverein e.V.; Wanderkarte mit Radwegen Stuttgart Südwest Blatt 50-539 (NaturNavi), 1:25 000

leinfelden-echterdingen.de

Bus bis Haltestelle Musberg Eselsmühle

Leinfelden-Echterdingen-Musberg, Wanderparkplatz Eselsmühle am Mühlweg/K1227, GPS 48.684708, 9.128065

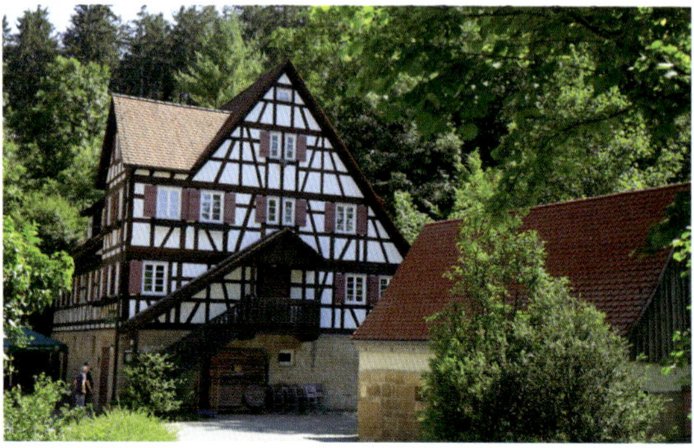

Eine der schönsten Mühlen im Siebenmühlental ist die Mäulesmühle.

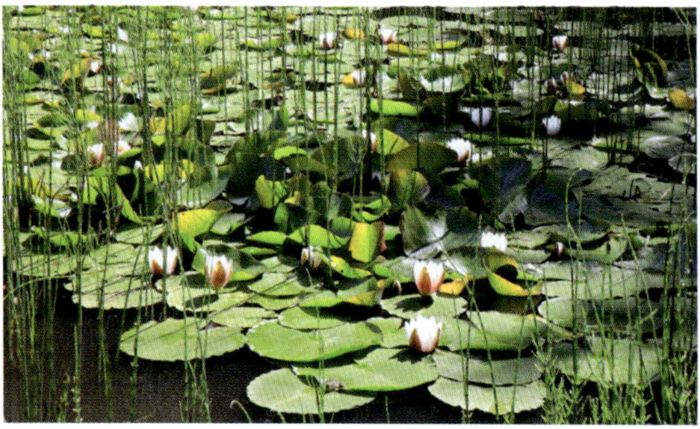

Im Sommer macht der Seerosenweiher seinem Namen alle Ehre.

einer Rechtskurve an der Kreuzung beim Naturschutzgebiet **Waldwiese im Mahdental** 5.

Wir biegen rechts ab und wandern an der Wiese entlang. Auf der linken Seite und später im Wald liegen neben dem Weg viele dick bemooster Baumstämme – Totholz, das liegenbleiben darf und für viele Kleinlebewesen Nahrungsgrundlage ist.

An der nächsten Verzweigung biegen wir mit dem Zeichen roter Punkt rechts in die **Rohrhaldenstraße** ab 6. Nach dem Bach halten wir uns mit dem Zeichen links. Nun wandern wir eine Weile auf diesem Weg bis wir beim **Aktivspielplatz AKI** 7 zur Häfnersteige kommen. Auf ihr gehen wir kurz nach links, bis rechts der Mühlweg abgeht 8.

Wir wandern noch kurz durch das Wohngebiet, jetzt befinden wir uns am Anfang des **Siebenmühlentals**. Bald sehen wir rechts die herrschaftlich wirkende Obere Mühle. Vor ihr müssen wir uns entscheiden. Der kürzeste Weg wäre, geradeaus weiterzugehen. Nach der Oberen Mühle kommen wir zur **Eselsmühle**, wo man einkehren und einkaufen kann und etwas später sind wir zurück am Parkplatz.

Viel schöner ist es allerdings, wenn wir nach den Häusern dem nach links am Hang hinaufführenden Weg folgen 9. Wir zweigen gleich darauf rechts ab und wandern eine Weile durch Streuobstwiesen bis zu einer Linkskurve. Nun gehen wir nach links auf Stufen hinauf zum oberen Weg und auf ihm nach rechts zu den Eichen am **Eichberg** 10. Nach rechts haben wir über das Siebenmühlental einen schönen Blick auf den gegenüberliegenden Hang – er war früher als „Piz Mus" im Winter ein beliebter Skihang. Es gab eine Sprungschanze und einen Skilift und hier wurden schon württembergische Meisterschaften ausgetragen.

Wenn wir dem Weg weiter folgen, geht es nach den Eichen hinab zum Bundeswanderweg, der auf dem ehemaligen Bahndamm in Richtung Waldenbuch führte. Rechts davon kommen wir auf einer Treppe hinab zum Parkplatz.

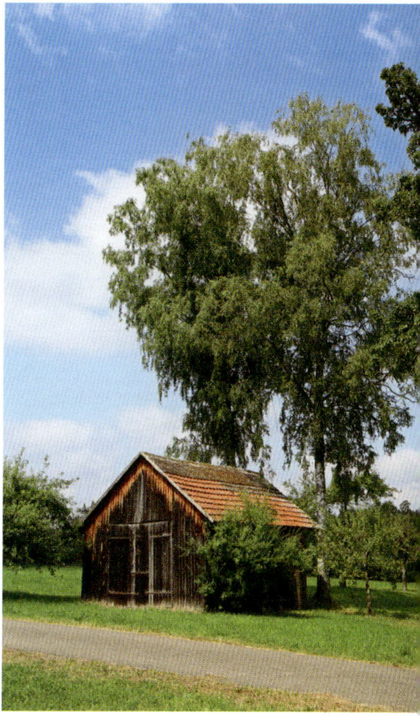

Auch Streuobstwiesen werden bei der Wanderung berührt.

Naturschutzgebiet Musberger Eichberg

Das **Naturschutzgebiet Musberger Eichberg** bestand ursprünglich aus einem lichten Eichenwald, weshalb es auch schon 1451 Eichberg genannt wurde. Als erstes wurden 1983 zwei Solitäreichen, eine davon über 200 Jahre alt, als Naturdenkmale geschützt. 1993 wurden weitere Bereiche unter Schutz gestellt. 2007 hat man diese Naturdenkmale in das neue Naturschutzgebiet „Musberger Eichberg" integriert. Hier wurden schon **136 verschiedene wildlebende Pflanzenarten** gezählt. Dazu gehören Besonderheiten wie Karthäuser-Nelke, Mücken-Händelwurz, Weidenblättriger Alant und Fransen-Enzian. An seltenen Tierarten fand man **40 Arten von Tag- und Nachtfaltern,** an Reptilien zum Beispiel die stark gefährdete Schlingnatter sowie **63 Vogelarten**.

Mäulesmühle und **Eselsmühle** siehe Tour 12.

Naturschutzgebiet und ehemaliger Skihang

12

Über den Eichberg zum Piz Mus

1¾ Std

6,5 km

110 Hm

Musberg/Parkplatz Eselsmühle/Mäulesmühle – Jakobsbrünnele – Leinfelden – Musberg Friedhof – Eichberg – Eselsmühle – Parkplatz Häfnersteige – Mäulesmühle – Mäulesmühle

Wir wandern auf festen Wegen und Pfaden.

Mühlen, Aussicht vom Piz Mus, Eichberg

Mäulesmühle, Eselsmühle, beim Parkplatz Häfner Steige im Schützenhaus und in der Clubhaus-Gaststätte Tennisplatz.

Zuerst führt uns diese Wanderung zum Jakobsbrünnele, das recht idyllisch im Wald liegt. Danach geht es durch den Wald und zum Ortsrand von Musberg. Als nächstes Ziel steuern wir den Eichberg mit seinen prächtigen Baummethusalemen an. Durch das obere Reichenbachtal und mit einem Anstieg erreichen wir danach die Sportplätze. Von dort aus geht es oberhalb des ehemaligen Skihangs „Piz Mus" wieder hinab. Ausklingen lassen kann man die Tour in der Mäules- oder der Eselmühle, bei denen man jeweils ein Mühlrad besichtigen kann. In der Mäulesmühle gibt es zudem ein interessantes Mühlenmuseum.

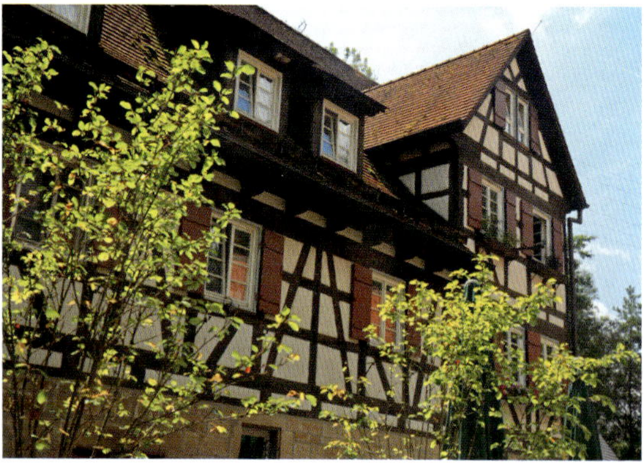

Fachwerkpracht an der Mäulesmühle.

Wir gehen vom **Parkplatz** 1 aus auf die andere Straßenseite in Richtung der Mäulesmühle. Kurz vor dem Gebäude biegen wir aber links ab und gehen über die Wiese und den Bach zum Waldrand. Dort treffen wir auf einen Weg.

Wir folgen ihm nach links, halten uns an der nächsten Verzweigung noch einmal links und überqueren einen kleinen Bach. Danach biegen wir rechts ab. Nun steigt es etwas an, bis zu einem querenden Weg. Ihm folgen wir nach

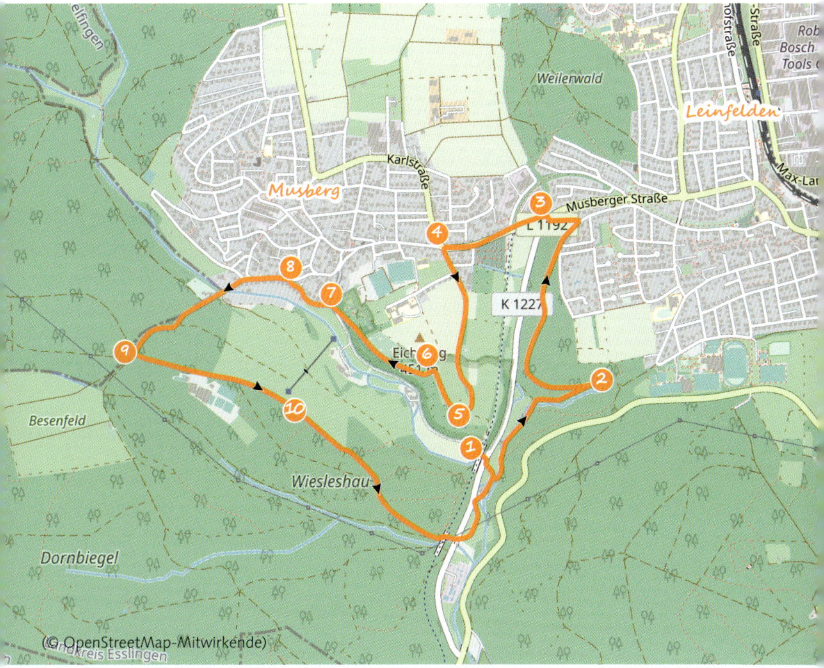

rechts. Kurz darauf liegt links des Weges das **Jakobsbrünnele** 2. Eine Bank für eine erste Rast nach dem Anstieg steht auch bereit.

Wir gehen von ihm aus aber wieder etwas zurück und dort, wo wir von links heraufgekommen sind, geradeaus weiter. Schließlich verlassen wir den Wald und stoßen auf die Beethovenstraße. Wir gehen kurz geradeaus weiter, dann biegen wir am Rechtsknick der Straße links ab und spazieren hinab zur Musberger Straße.

Nach dem **Kreisverkehr** 3 kommen wir am Parkplatz für den Bundeswanderweg und danach am **Friedhof** vorbei. Kurz darauf biegen wir dort, wo die Filderstraße in einer Rechtskurve in die Karlstraße übergeht, links ab in den Eichbergweg 4. Ihm folgen wir immer geradeaus nach Süden bis zu den mächtigen Eichen des **Eichbergs** 5. Dort bietet sich eine weitere Rast auf der Bank unter der größten Eiche an.

Danach biegen wir rechts ab und folgen dem Weg auf dieser, idyllisch zwischen Wiesen und mächtigen Bäumen verlaufenden, Strecke oberhalb des Reichenbachtals, wie das Siebenmühlental eigentlich heißt. Von oben hat man schöne Blicke auf den ehemaligen Skihang „Piz Mus“ und den dahinterliegenden Wald.

Bald geht links ein Weg ab 6. Wir gehen auf Stufen etwas hinab. Danach zieht der Weg nach rechts. Ihm folgen wir. Er bringt uns zu einem querenden Weg, auf dem wir nach links hinab ins **Siebenmühlental** 7 gehen. Nach links ginge es nun zur Eselsmühle, wo man einkehren kann. Ansonsten halten wir uns rechts und wandern im Mühlweg zur querenden **Böblinger Straße** 8. Dort orientieren wir uns links, überqueren bei den letzten Häusern den Reichenbach und wandern hinauf zum Parkplatz **Häfnersteige** 9. Unterwegs liegt links ein kleiner Brunnen.

Am Parkplatz biegen wir links ab und wandern an den Sportanlagen vorbei; auch hier kann man einkehren. Danach verläuft der Weg am oberen Rand des ehemaligen Skigebiets „Piz Mus“ 10. Nach der Wiese führt uns der Hauweg in den Wald. Nun geht es bergab. Vor der K1227 unterqueren wir den Viadukt, über dem der Bundeswanderweg durch das Siebenmühlental verläuft. Auf der anderen Seite folgen wir dem schmalen Weg nach links, entweder direkt parallel zur Straße oder etwas rechts davon in einem Bogen. Es geht durch die Anlage der **Mäulesmühle** hindurch, danach erreichen wir wieder die Landstraße mit dem dahinter liegenden Parkplatz.

Nun hat man zwei Möglichkeiten. In der Mäulesmühle ist hinter dem Gebäude das mächtige Mühlrad zu bewun-

INFOS

Wanderkarte W228 Stuttgart, 1:25 000, Landesamt für Geoinformation und Landentwicklung Baden-Württemberg (LGL) in Zusammenarbeit mit dem Schwäbischen Albverein e.V.; Wanderkarte mit Radwegen Stuttgart Südwest Blatt 50-539, 1:25 000, NaturNavi

leinfelden-echterdingen.de

Bus bis Haltestelle Musberg Eselsmühle

Leinfelden-Echterdingen-Musberg, Parkplatz Eselsmühle/Mäulesmühle, K1227/Mühlweg, GPS 48.684983, 9.128146

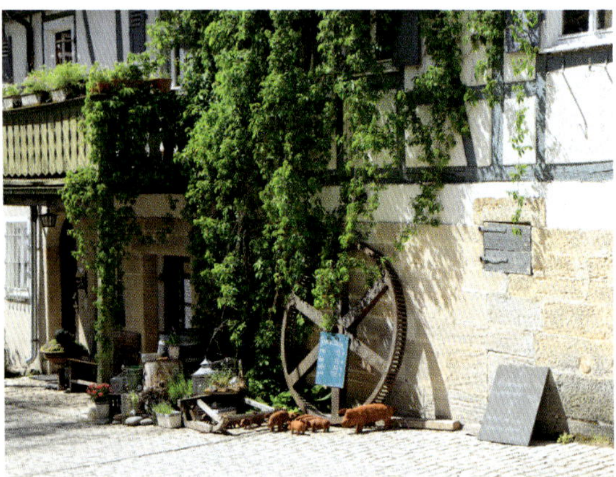

Idyllische Ecke an der Eselsmühle.

dern. In der Mühle kann man einkehren oder das Mühlenmuseum besichtigen. Man kann aber auch nach dem Parkplatz noch ein paar Minuten dem Mühlweg folgen. Er bringt uns zur Eselsmühle, auch dort kann man einkehren, im Laden Demeterprodukte einkaufen oder sich das im Nebengebäude befindliche Mühlrad ansehen.

Piz Mus, Mäulesmühle und Eselsmühle

Der sogenannte **Piz Mus** war früher ein beliebter Skihang im Einzugsgebiet von Stuttgart. Es gab einen Skilift, von dem noch Reste zu sehen sind und sogar eine Sprungschanze. Auch Württembergische Meisterschaften wurden hier schon ausgetragen.

Die **Mäulesmühle** wurde 1383 erstmals erwähnt. Im ältesten Urbar von Württemberg ist aber unter der Rubrik „Cenus in Mosberg" von einem gewissen „Rudger Müller" die Rede, womit die heutige Mäulesmühle gemeint war. Der Name kommt von der Familie Maylen, die 1694–1764 die Metzgermühle, wie sie damals hieß, bewohnte. Sie hatte auch noch andere Namen, z. B. Stierlinsmühle oder Joachimsmühle nach dem Besitzer Joachim Stäbler. Metzgermühle wurde sie von 1645–1665 genannt, da sie in dieser Zeit im Besitz von Echterdinger Metzgern war. Nach 1771 bis in die zweite Hälfte des 19.Jahrhunderts hieß sie Jörglesmühle, da die Besitzer alle mit Vornamen Georg hießen – aber verschiedene Nachnamen hatten. Der heutige Bau stammt von 1819, nach Umbauten ist sie heute wohl die am besten erhaltene Mühle der Umgebung.

Im Mühlenmuseum sind Geschichte und Technik des Müllerhandwerks dokumentiert, hier gibt es auch ein funktionsfähiges Mahlwerk von 1819, das zu bestimmten Zeiten in Betrieb genommen wird. Das große Mühlrad kann auch außerhalb der Öffnungszeiten hinter dem Haus besichtigt werden.

Die **Eselsmühle** wurde im Jahre 1451 als „Milin am Eychberg" genannt, 1524 war nur noch von einer Hofstatt die Rede, also ist sie wohl vor dieser Zeit vorübergehend abgegangen, vielleicht abgebrannt. Danach wurde sie als „wüste Mühle" bezeichnet. Der Name Eselsmühle kam zum ersten Mal 1582 auf. Ab 1680 hieß sie eine Zeitlang Krausenmühle nach dem Besitzer, dem Rentkammerrat und späteren Kammerprokurator Wilhelm Kraus. Von 1795–1937 war sie im Besitz der Familie Lorenz, deren Söhne alle Karl hießen; deshalb wurde sie in dieser Zeit Karlesmühle genannt. Der vierte Karl (1839–1912) riss das alte Anwesen ab und baute neu. Von ihm ging sie an den aus Reutlingen stammenden Rudolf Gmelin über. 2023 brannte die Mühle teilweise ab, ein Wiederaufbau war zum Redaktionsschluss im Gang. In der Wasserkammer befinden sich ein zu besichtigendes oberschlächtiges Wasserrad und der Wasserkasten. Die Eselsmühle ist die einzige Mühle im Siebenmühlental, in der noch gemahlen wird.

Über den Venusberg

13

Durchs Heckengäu wandern

2½ Std
9 km
110 Hm

Aidlingen/Parkplatz Kirchtalhof – Blähhalde – Station Bodenlehrpfad – Wasserbehälter – Venusberg – Berghof – Parkplatz Kirchtalhof

Wir wandern auf festen Wegen und Pfaden. Vor allem beim komplizierten Wegverlauf durch die Hecken muss man gut auf das Wanderzeichen gelbe Raute achten, das uns auf der ganzen Tour begleitet.

Landschaft

Café am Ausgangspunkt, Aidlingen

Das Heckengäu ist eine reizvolle und reich strukturierte Wanderlandschaft westlich von Stuttgart mit Wacholderheiden, einer bewegten Topographie, die durch viele Hecken gegliedert ist, und immer wieder einem Aussichtspunkt. Zu seinen schönsten Teilen gehört der Venusberg. Diese Erhebung ist eine der schönsten Ecken im ohnehin landschaftlich reizvollen Heckengäu. Die Gegend steht als Naturschutzgebiet Venusberg-Wolfsäcker-Besental/Heide unter Naturschutz.

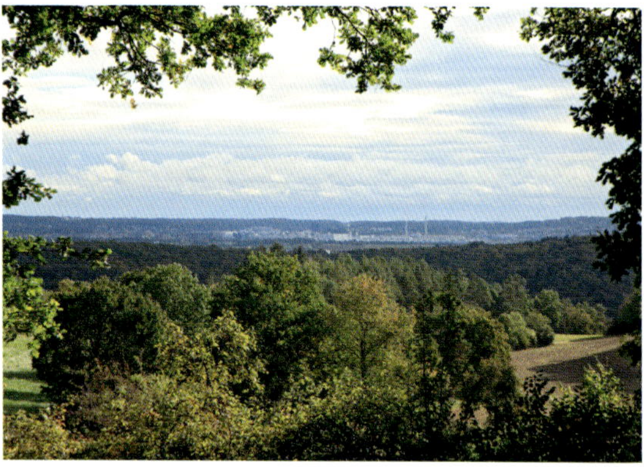

Im Wald gibt es immer wieder Stellen mit herrlicher Aussicht.

Wir folgen ab dem zwischen dem Kirchtalhof und dem Vereinsheim der Kleintierzüchter liegenden **Wanderparkplatz** 1 der Zufahrtsstraße etwas abwärts. Dann halten wir uns unterhalb des Kleintierzüchterheims am Wanderschild **Kleintierzüchter** (461 m) links. Der Feldweg bringt uns zum Schild **Kirchweg** (506 m), danach knickt der Weg links ab. Es folgen Streuobstwiesen, zudem bietet sich uns ein prächtiger Blick hinab ins Würmtal und auf Döffingen. Später passieren wir die **Blähhalde** 2, wo wir auch eines der Landschaftsportale des Landkreises Böblingen finden.

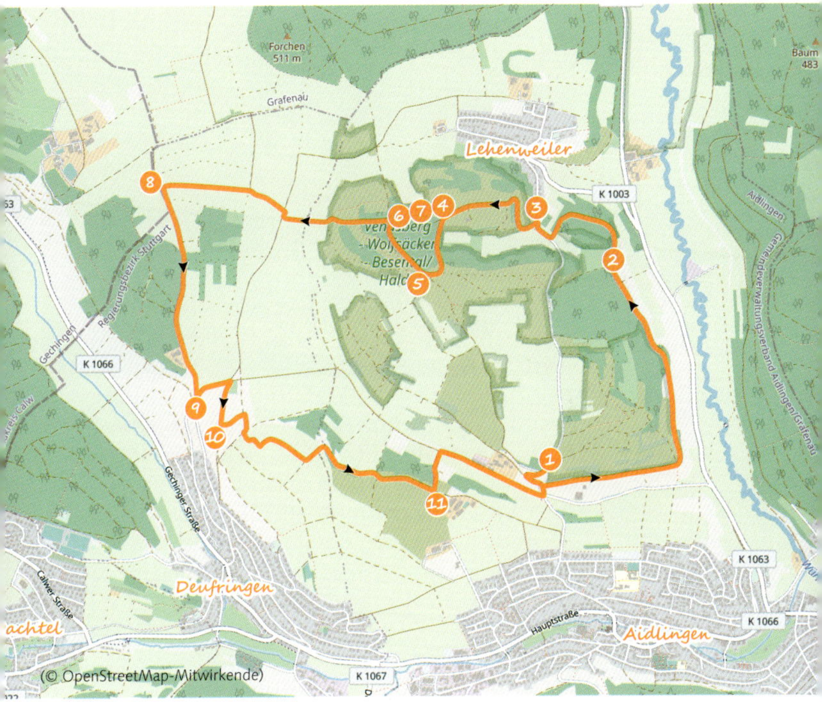

Später zieht der Weg im Wald nach links. Nachdem wir ihn verlassen haben, liegt rechts die **Station Braunerde des Bodenlehrpfads.** An der dahinter verlaufenden Straße sehen wir das Kunstwerk Phönix – Mensch//Technik/Natur und wieder ein Landschaftsportal. Hier können wir uns auch über Wacholderheiden informieren und auf einer Bank ausruhen. Nun orientieren wir uns rechts, dann aber gleich wieder links 3. Der Weg zieht noch etwas nach oben, dann erreichen wir mit einem Linksbogen einen **Wasserbehälter**, wo wir ebenfalls ein Kunstwerk sehen. Dazu können wir uns an einer schönen Wacholderheide erfreuen.

Am Waldrand haben wir beim Schild **Beim Hochbehälter** (528 m) 4 verschiedene Möglichkeiten. Entweder wir folgen dem markierten Wanderweg nach links oder wir nehmen die Abkürzung, die uns geradeaus zum Schild Venusberg führt 6. Wenn man die längere und schönere Variante nimmt, wandert man am Waldrand entlang, dann

INFOS

Wanderkarte 227 Calw, 1:25 000, Landesamt für Geoinformation und Landentwicklung Baden-Württemberg (LGL) in Zusammenarbeit mit dem Schwäbischen Albverein e. V. und dem Schwarzwaldverein e. V.; Wanderkarte mit Radwegen Calw Weil der Stadt Blatt 48-539, 1:25 000, NaturNavi

schoenbuch-hecken-gaeu.de, aidlingen.de

Bus bis Lehenweiler oder Aidlingen, Haltestelle kath. Kirche

Aidlingen, Wanderparkplatz beim Kirchtalhof/Kleintierzüchterheim, erreichbar über die Straße Furtholz, GPS 48.685712, 8.889035

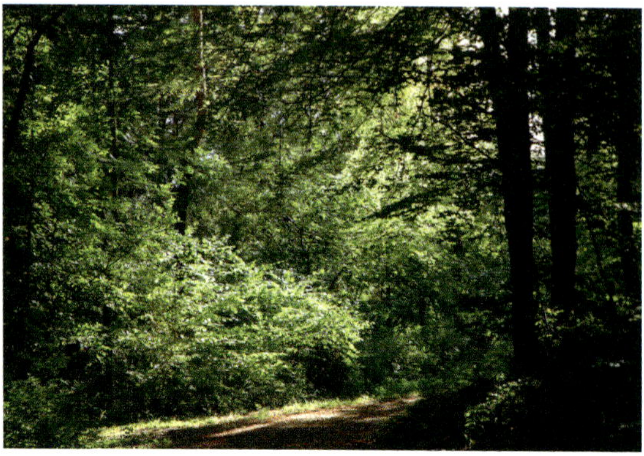

Ein Sonnenstrahl bricht durch die Bäume.

zieht der Weg nach rechts zu einer großen Wiese. Dort biegen wir mit der gelben Raute rechts ab und wandern zum Schild **Wolfsäcker** (529 m) 5, danach geradeaus zum Schild **Venusberg** (535 m) 6. Hier biegen wir links ab. Wer will macht aber vorher noch an der Kreuzung einen kurzen Abstecher nach rechts in den Wald zur **Bernhards-Anlage**, einem Relikt aus der Zeit des Zweiten Weltkriegs 7.

Danach gehen wir wie erwähnt mit der blauen Raute nach links, halten uns an einem Querweg nach rechts, dann wieder nach links zum **Harthäusle**. Geradeaus gehend erreichen wir einen Querweg, an dem es nicht mehr weitergeht 8. Hier biegen wir links ab. Danach passieren wir das Schild Hart und gehen weiter bis zum Schild **Lindenallee** (500 m) 9. Hier orientieren wir uns links, gleich danach halten wir uns mit der gelben Raute rechts.

Ab dem Schild **Grubbank** (515 m) 10 wird der Wegverlauf etwas komplizierter, weil wir auf Wegen wandern, die man ohne Beschilderung wohl gar nicht finden oder sich auf ihnen wie in einem Labyrinth verlaufen würde. Deshalb sollten wir uns strikt an die zahlreichen Schilder mit der gelben Raute halten. Als Ausgleich bekommen wir aber einen guten Einblick in das prägende Landschaftselement Hecken. Zuerst halten wir uns links und folgen einem Wiesenweg zu einem querenden Schotterweg, wo wir rechts abbiegen. Es folgt eine Rechtskurve, nach der wir links auf einen Grasweg abbiegen. Vor der quer stehenden Hecke orientieren wir uns links, passieren einen Durchlass zwischen den Hecken und halten uns vor der nächsten querenden Hecke links.

Dem querenden Feldweg folgen wir nach links. Er zieht vor dem Wald nach rechts, danach wandern wir eine Zeitlang geradeaus und ignorieren die links hinab ins Kirchtal abgehenden Wege. Vor dem **Berghof** halten wir uns links 11 und gehen hinab ins Kirchtal. Nun halten wir uns rechts und gehen unterhalb des **Kirchtalhofs** zum Kleintierzüchterheim. Hier geht es links zurück zum **Ausgangspunkt.**

Venusberg, Landschaftsportale, Bernhards-Anlage

Woher der Name **Venusberg** kommt, weiß man nicht und früher wurde er in Aidlingen auch nur „Berg" genannt. Vielleicht entstand er in der Zeit der Landvermessung 1830, als man für die Erhebung eine Bezeichnung suchte. In einer amtlichen Beschreibung hieß es einmal: „Die offene Heidelandschaft, durchsetzt mit säulenförmigen Wacholdern, Rosen, Hecken auf alten Steinriegeln und mit den knorrig bewachsenen Solitärkiefern bewirken ein eigentümliches, überaus reizvolles Landschaftsbild." In dem 1985 als Naturschutzgebiet Venusberg–Wolfsäcker–Besental/Halde ausgewiesenen Gebiet findet man eine beweidete Heide, zudem wachsen und leben hier seltene Pflanzen und Tiere.

Die großen hölzernen Rahmen, auf die man im Heckengäu immer wieder trifft, sind die sogenannten **Landschaftsportale**. Durch sie gesehen bietet uns die Landschaft ein ganz anderes Bild. Der Blick wird auf natürliche und kulturhistorische Besonderheiten gelenkt und Texttafeln an den Rahmen weisen auf markante landschafts- und lebensprägende Orte vergangener Zeiten hin.

Die Ruine im Wald ist die ehemalige **Bernhards-Anlage**. Sie wurde ab 1944 von der Organisation Todt für ein Funknavigationsgerät für Flieger erbaut, dazu kamen Ende desselben Jahres noch Flakgeschütze. Die ganze Anlage wurde im April 1945 von Pionieren der Wehrmacht gesprengt.

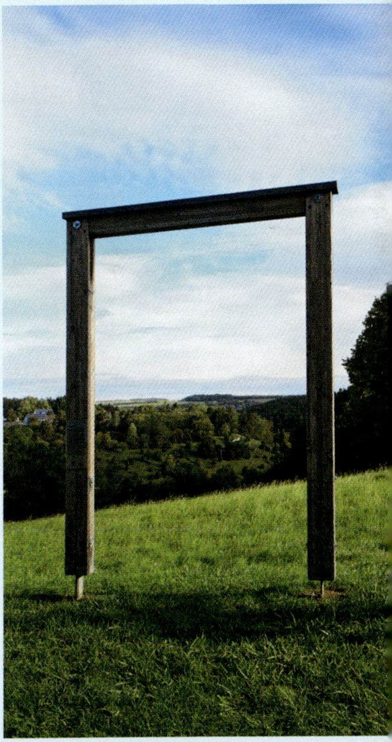

Von Schönaich durch den Wald 14

Idylle am Sulzbachsee

2½ Std
9 km
160 Hm

Schönaich/Parkplatz Roter Berg – Stuttgarter Weg – Sulzbachstausee – Waldsee – Parkplatz

Wir wandern auf festen Wegen und Pfaden.

Wald, Sulzbachstausee

Restaurant Sulzbachtal

Der Sulzbachsee am Rande des Schönbuchs ist zwar ein Stausee, aber so schön in die Umgebung eingewachsen, dass er wie ein natürlicher See wirkt. Auch der Sulzbach selbst, an dem wir bei der Tour vorbei kommen, zeigt seine natürliche und teils wilde Schönheit. Beide Ziele erreichen wir in einer Waldwanderung, in der wir ebenfalls noch viel naturnahen Wald sehen.

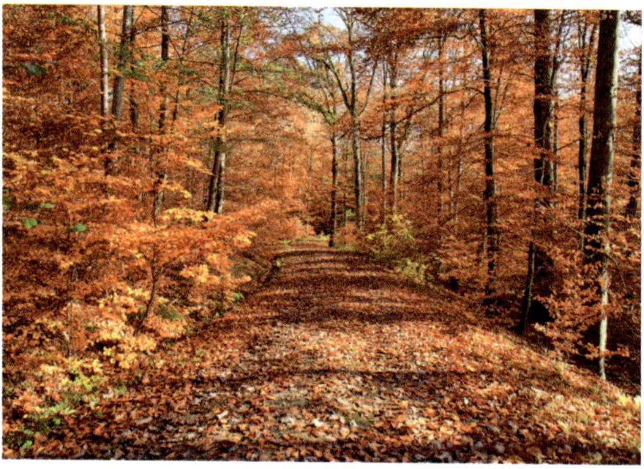

Am schönsten ist eine Wanderung im Laubwald vielleicht im Herbst, wenn die Blätter zu glühen scheinen.

Wer am **Waldparkplatz** 1 geparkt hat, geht am Wanderschild **Roter Berg** (438 m) kurz nach Norden. Am nächsten Querweg steht das Schild Roter Berg (440 m), links vor dem Wald befindet sich der kleinere Parkplatz.

Hier gehen wir auf dem Weg Am Tor geradeaus in Richtung Norden bzw. biegen vom kleineren Parkplatz kommend links ab. Bald kommen wir zur **K1051** 2, wo sich auch die Bushaltestelle Roter Berg befindet. Wir überqueren die Straße und gehen geradeaus durch den Wald bis zu einem querenden Asphaltsträßchen mit dem **Schild Sulzbach** (445 m). Nach rechts führt es hinab zur **Gaststätte Sulzbachtal**. Wir halten uns auch rechts, biegen aber kurz danach links ab in die Straße Am Esslinger Tor.

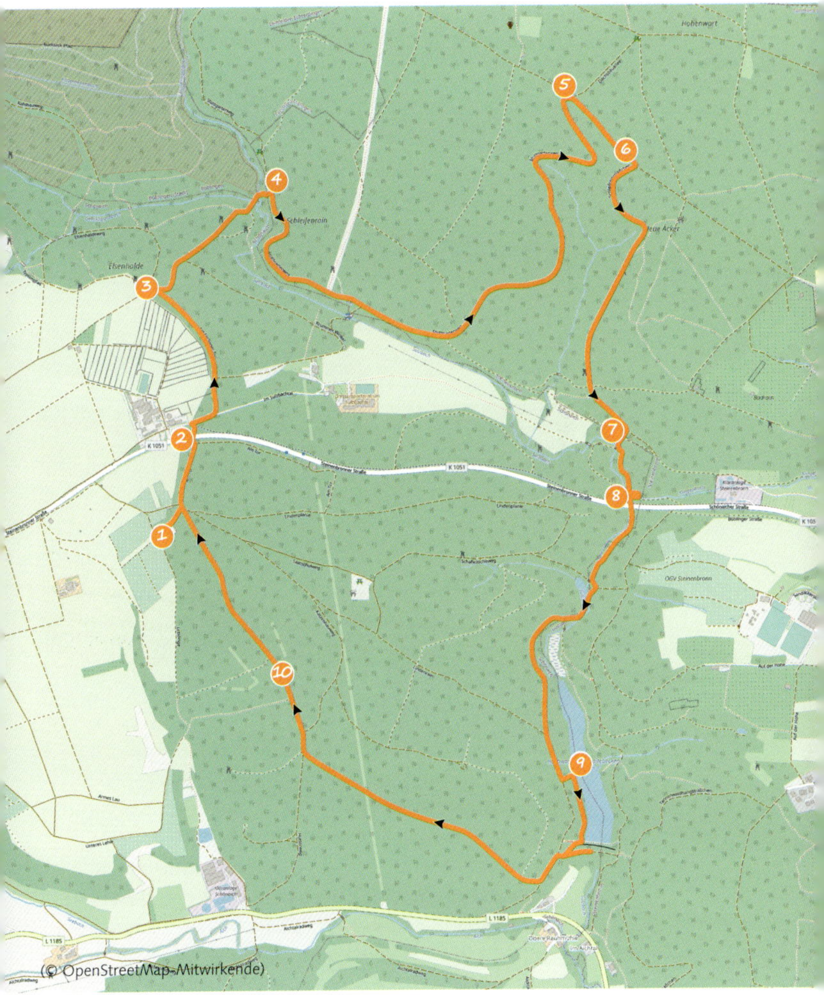

Wir wandern kurz entlang von Weiden, dann kommen wir in den Wald. Den nächsten rechts abgehenden Weg ignorieren wir und wandern mit dem Zeichen blauer Punkt geradeaus weiter. Bevor wir zum Waldrand kommen, zweigen wir scharf rechts ab in den Weg Krummer Winkel 3, nun mit dem Zeichen blauer Balken. Nach etwas Bergab geht es in einer Rechtskurve links ab. Auf einem Pfad kommen wir zu zwei Brücken über den Sulzbach. Nach der

INFOS

Wanderkarte W228 Stuttgart, 1:25 000, Landesamt für Geoinformation und Landentwicklung Baden-Württemberg (LGL) in Zusammenarbeit mit dem Schwäbischen Albverein e.V. oder Wanderkarte mit Radwegen Blatt 50-539 Stuttgart Südwest, 1:25 000, NaturNavi

schoenaich.de, steinenbronn.de

Bus bis Haltestelle Roter Berg

Schönaich, Parkplatz Roter Berg, Steinenbronner Straße, GPS 48.663368, 9.084570

Es gibt vor dem Wald einen Parkplatz und im Wald dahinter noch einen etwas Größeren.

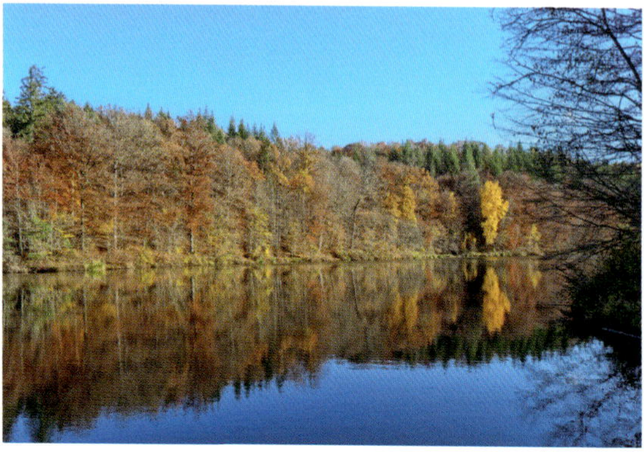

Herbstlicher Blick zum Sulzbachsee.

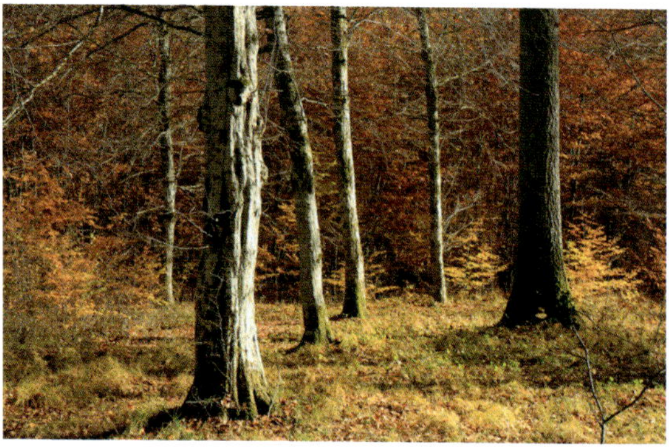

Kleine Waldszene.

zweiten steigt es an und wir erreichen den **Stuttgarter Weg** 4, wieder einen breiten Forstweg.

Wir biegen rechts ab. Später steigt der Weg an und nach einer ausgeprägten Rechts-, dann Linkskurve kommen wir zur Dachsbauallee 5. Hier halten wir uns rechts. Dieser Weg zieht jedoch gleich nach links, wir gehen aber auf einem schmäleren, unbefestigten Weg geradeaus weiter.

Nach einer Weile nehmen wir den ersten rechts abgehenden Weg 6. Er fällt in weiten Schwüngen ab. Danach dürfen wir etwas später nicht den mit dem blauen Balken markierten Pfad verpassen, der rechts abzweigt 7. Er führt steil hinab, wir überqueren einen Weg und gehen entlang des **Sulzbachs** bis zu einem Querweg. Hier halten wir uns am Schild **Oberes Sulzbachtal** (380 m) links. Weiter entlang des Baches kommen wir zu einer **Unterführung** unter der Straße 8. Um sie zu erreichen, gehen wir kurz nach links, überqueren den Bach auf Trittsteinen und orientieren uns danach rechts bis zum Durchlass.

Auf seiner anderen Seite gehen wir noch kurz am Bach entlang, dann treffen wir bei einem querenden Weg auf das Schild **Sulzbachtal Maiermahd** (376 m). Wir halten uns links, dann gleich darauf am Schild Maiermahd (378 m) rechts. Nun folgen wir dem Bach, überqueren ihn und sehen zwei Wappensteine, u.a. mit dem württembergischen Wappen mit den Hirschstangen.

Etwas später vereinigt sich unser Weg mit dem Weg Lindenrain. Links liegt nun der **Sulzbachstausee**. Wir können dem breiten Forstweg geradeaus weiterfolgen, schöner ist es aber, wenn wir kurzer Zeit später nach links hinaus zum See 9 gehen und am Ufer entlang wandern. Vor der Staumauer gehen wir nach rechts hinauf zur **Staumauer**. Hier kann man sich kurz links halten und den ganzen See überblicken. Dann gehen wir zurück und auf der Treppe weiter hinauf zu dem querenden Weg. Hier biegen wir am Schild **Sulzbachsee Staumauer West** (389 m) links ab. Gleich darauf halten wir uns am Schild Sulzbachhalde (394 m) rechts. Nun folgen wir dem blauen Punkt. Nach einer Weile halten wir uns am querenden Lettenweg rechts. Den gleich danach rechts abgehenden Weg ignorieren wir und wandern geradeaus weiter. Etwas später können wir rechts hinaus zu einem kleinen, idyllischen **See** 10 gehen.

Danach folgen wir dem Weg weiter. Er bringt uns zu der Kreuzung, hinter der der Parkplatz am Waldrand liegt. Wer zum Parkplatz im Wald muss, hält sich hier links.

Immer wieder bildet der Sulzbach kleine Wasserfälle und Kaskaden.

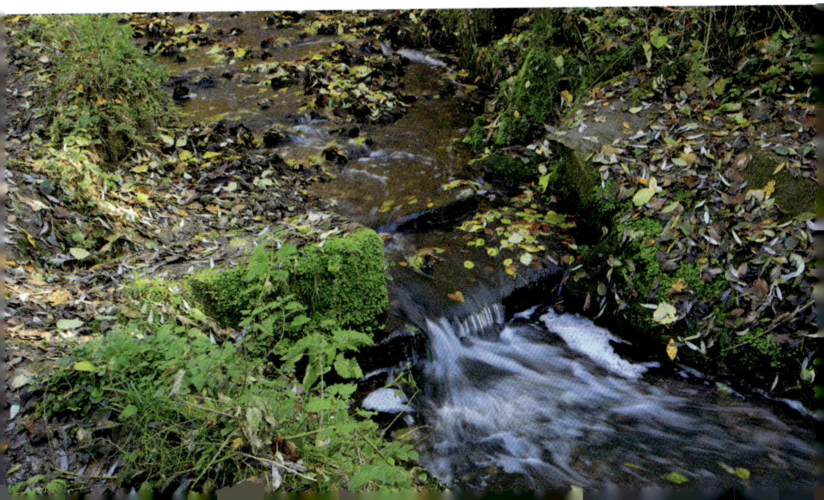

Durch die Stettener Streuobstwiesen

15

Von Stetten nach Plattenhardt

2½ Std
9,3 km
50 Hm

Stettener Hütte – Stetten – Streuobstwiesen – Plattenhardt – Bernhäuser Forst – Stettener Hütte

Wir wandern auf festen Wegen. Weitere Parkmöglichkeit finden wir beim Theater unter den Kuppeln bevor der Gräbleswiesenweg quert und bei der Weilerhauhalle.

Landschaft

Sportplatzgaststätten am Ausgangspunkt

Streuobstwiesen während der Blütezeit zählen zum Schönsten, was die Natur dem Wanderer bieten kann. Und diese Tour führt durch und entlang solcher Streuobstwiesen. Aber nicht nur im Frühjahr, wenn die Hänge durch die Blüten weiß wie von frisch gefallenem Schnee „überzuckert" sind, hat er seine Reize. Im Sommer und im Herbst kann man sich an den wachsenden bzw. reifen Früchten erfreuen, und in der kahlen Jahreszeit zeigen die Bäume ihre bizarr gewachsenen Äste. Außerdem bietet uns die Tour zeitweise einen schönen Blick zur Schwäbischen Alb.

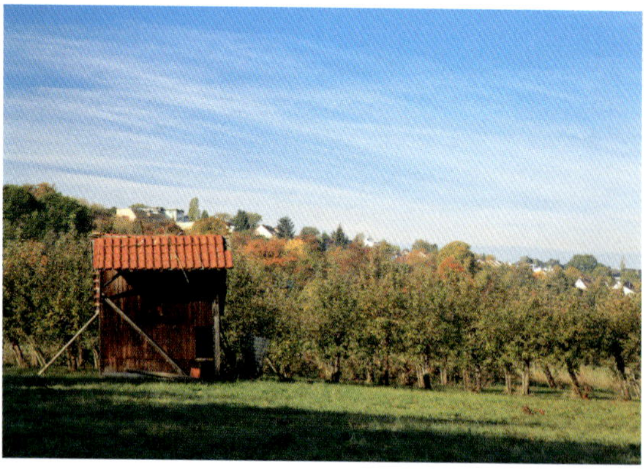

In den Streuobstwiesen zwischen Stetten und Plattenhardt.

Wir gehen vom **Parkplatz** 1 zur Gaststätte, halten uns rechts und dann gleich links. Nach den Parkplätzen des Theaters unter den Kuppeln quert der Gräbleswiesenweg. Wir wandern aber geradeaus weiter zum Wald. Dort knickt der Weg rechts ab. Danach folgen wir dem Asphaltweg nach rechts zu den **Häusern** von Stetten. Noch vor ihnen biegen wir rechts ab und gehen bis links der **Hasenhofweg** 2 abgeht. Auf ihm spazieren wir bis zur Jahnstraße, überqueren sie und gehen in der Weidacher Steige abwärts.

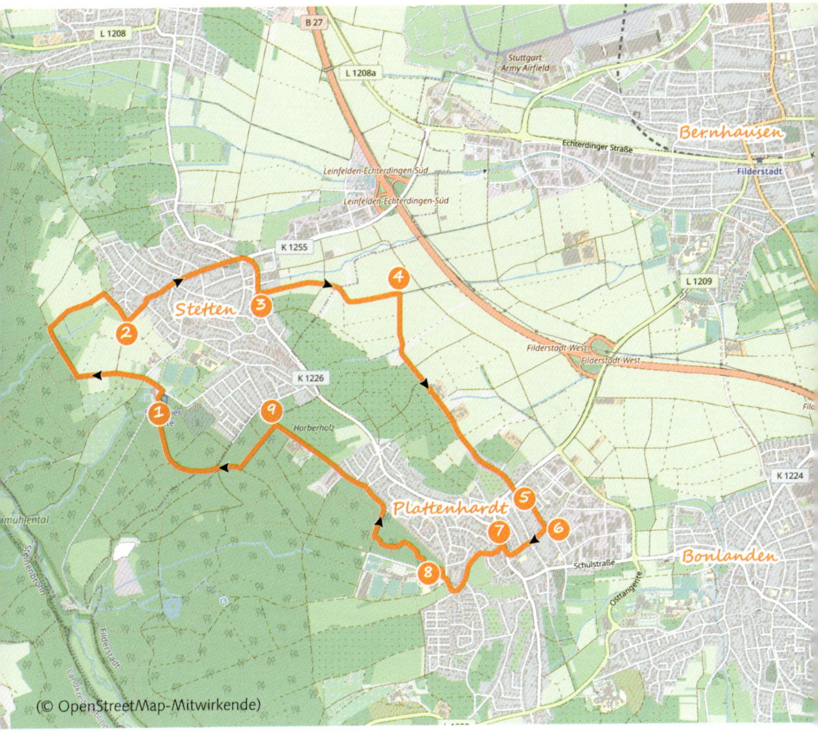

Unten halten wir uns rechts in die Stettener Hauptstraße. Zwischen den Gebäuden 103 und 107 3 folgen wir dem Weg hinaus in die Felder. Bei einem Querweg, der von links von den Gewächshäusern kommt, spazieren wir weiter geradeaus und biegen nach einer Rechts-links-Kurve rechts ab 4.

Wir folgen nun dem Sträßchen, vorbei an einer als Naturdenkmal geschützten Feldhecke, später vorbei am **Halden-** und am **Schulzenhof**. Nach den Höfen folgen wir der Scherlachstraße, überqueren die **Hohenheimer Straße** 5 und spazieren danach ein Stück in der Goethestraße bis zur Kreuzung mit der **Mörikestraße** 6. Ihr folgen wir nach rechts bis zur **Uhlbergstraße**. Wir biegen rechts ab, dann links in die **Römerstraße** 7. Sie bringt uns auf die Höhe. Nach dem Kreisverkehr biegen wir rechts ab in die **Finkenstraße**. Links des Weges sehen wir eine mächtige **Linde mit umlaufender Bank** 8.

INFOS

Wanderkarte W228 Stuttgart, 1:25 000, Landesamt für Geoinformation und Landentwicklung Baden-Württemberg (LGL) in Zusammenarbeit mit dem Schwäbischen Albverein e. V.; Wanderkarte mit Radwegen Stuttgart Südwest Blatt 50-539 und Stuttgart Südost Blatt 52-539 (NaturNavi)

leinfelden-echterdingen.de, filderstadt.de

Bushaltestellen Stetten (F) Forststraße oder Lindachschule

Leinfelden-Echterdingen-Stetten, Wanderparkplatz Stettener Hütte, GPS 48.663442, 9.166180

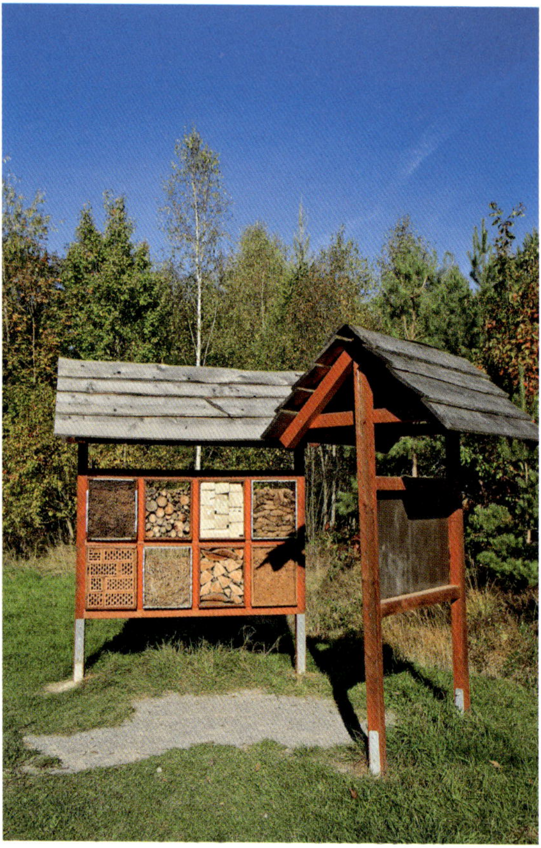

Ein Bienenhotel höchster Klasse.

Gleich darauf geht es nach links („Weilerhau"), dann aber am Zebrastreifen nach rechts in den Wald. Wir folgen dort dem schmalen Pfad bis zu einem Schotterweg. Auf ihm gehen wir nach rechts an den Ortsrand. Dort biegen wir links ab.

Immer an den Häuser entlang gehend verlassen wir schließlich Plattenhardt. Nach einem **Gewerbegebäude** kommen wir wieder in Streuobstwiesen. Hier haben wir nach rechts einen schönen Blick über die Fildern zu der in der Ferne liegenden Schwäbischen Alb.

Bald geht es am Tagungszentrum **Bernhäuser Forst** vorbei. Danach biegen wir links in die Straße Im Riedenberg ab 9. Nach den Häusern kommen wir in den Wald und gehen bis zur nächsten Kreuzung. Hier werden wir in Richtung „Stetten" nach rechts in den **Erlachweg** verwiesen. Er bringt uns zurück zur Stettener Hütte. Vor dem Parkplatz liegt eine große Spielwiese, auch eine überdachte Schutzhütte und eine Grillstelle gibt es.

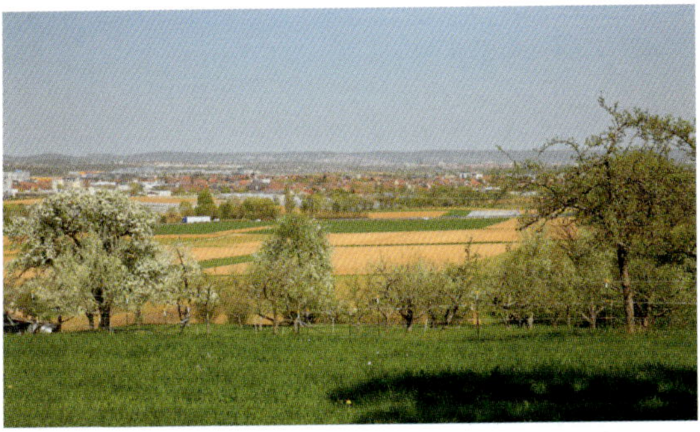

Blick über die Filder in Richtung Flughafen.

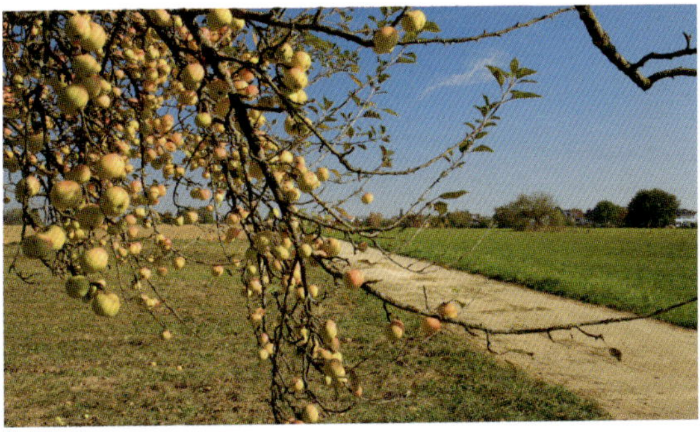

Nach dem Frühling zeigen sich Streuobstwiesen im Herbst von ihrer schönsten Seite.

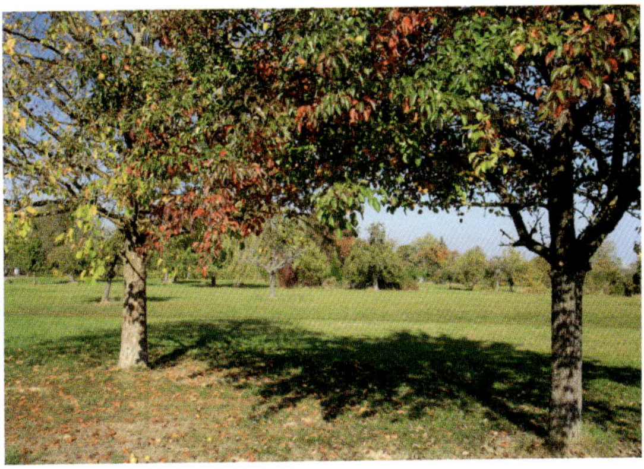

Von der Fachwerkstadt in den Schönbuch

16

Auf die Höhen um Waldenbuch

2¼ Std

8,6 km

150 Hm

Waldenbuch – Bonholz – Betzenberg – keltische Viereckschanze – Buchenhof – Waldenbuch

Wir wandern bis ein kurzes Stück auf Naturpfaden auf festen Wegen.

Wald, Mammutbaum, Aussicht, Waldenbuch

Waldenbuch

Zu den schönsten Städten im Schönbuch gehört Waldenbuch, außerdem hat es mit dem Museum Ritter und dem Museum der Alltagskultur im Schloss viel zu bieten, das man nach der Wanderung genießen kann. Diese führt anfangs zwischen Wiesen in den prächtigen Schönbuchwald und weiter hinauf auf den Betzenberg. Gruppen von Habitatbäumen und Waldrefugien zeugen von der Urtümlichkeit des Waldes. Wir passieren einen mächtigen Mammutbaum und eine keltische Viereckschanze, bevor es wieder bergab in die Stadt geht.

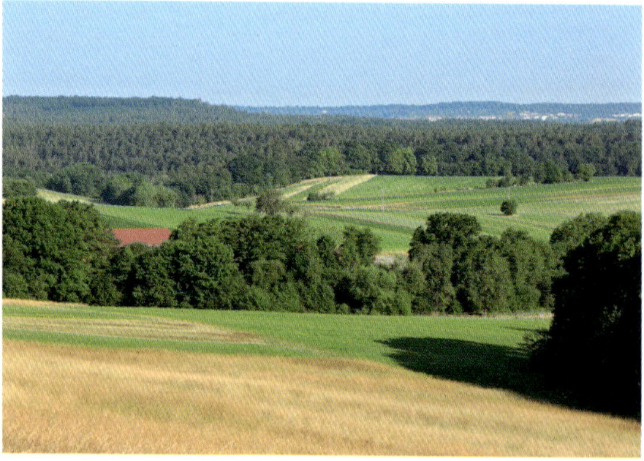

Ein Blick von der Höhe zeigt, wie abwechslungsreich die Landschaft strukturiert ist.

Wir gehen vom **Parkplatz** 1 aus zwischen den Häusern zur Straße Auf dem Graben. Am Wanderschild Waldenbuch Stadtmitte (347 m) wandern wir geradeaus auf dem Neuen Weg weiter, als Zeichen können wir uns für eine Weile am blauen Punkt orientieren. Später geht er in die Bahnhofstraße über. Nach dem **Haus der Begegnung** halten wir uns rechts in die Schloßgartenstraße. Etwas später folgen wir der Ramsbergstraße nach rechts, jetzt bergauf.

Nach dem Wohngebiet erreichen wir das **Gewerbegebiet Bonholz**. Dort wandern wir am Schild **Bonholz**

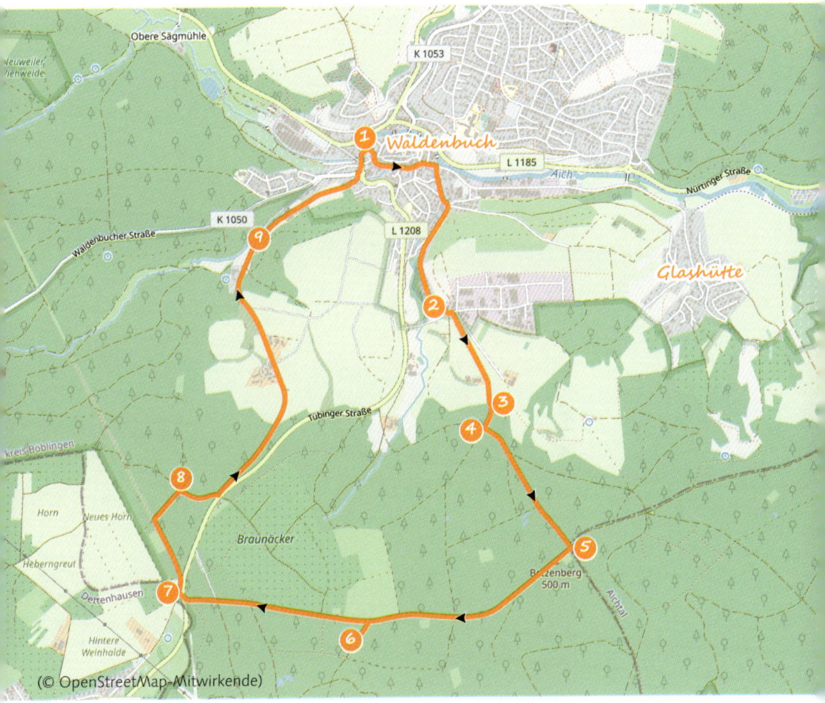

Straße (394 m) 2 in Gehrichtung rechts des Gehölzstreifens auf einem Schotterweg weiter. Etwas später liegt links der **Hof Bonholz**, wo man sich am Regiomat verschiedene Lebensmittel herauslassen kann.

Wo bei einer Gruppe Kirschenbäumen der Weg aufhört, gehen wir geradeaus auf Pfadspuren auf den Wald zu. Gleich nach dem **Waldrand** 3 passieren wir das Schild Auchtert (430 m), danach zieht unser Weg nach rechts und wir kommen am Schild Auchtert (431 m) vorbei. Am Querweg beim Schild **Kühnerin** (450 m) 4 biegen wir, immer noch mit dem blauen Punkt, links ab. An einer Verzweigung etwas später nehmen wir den zweiten Weg nach links, der nun ansteigt und uns zu einem Querweg mit dem Schild **bei der Doschete Buch** (499 m) 5 bringt.

Links sehen wir den Sendemast, wir biegen aber rechts ab. Nachdem wir etwas später den Wald verlassen haben, wandern wir am Waldrand entlang. Am Schild **Mammutbaum** (492 m), wo es auch einen Rastplatz mit Grill-

INFOS

Wanderkarte W237 Tübingen, 1:25 000, Hrsg.: Schwäbischer Albverein e.V., Kartographie: Landesamt für Geoinformation und Landentwicklung Baden-Württemberg (LGL); Wanderkarte mit Radwegen Naturpark Schönbuch Tübingen Blatt 50-538, 1:25 000, NaturNavi

waldenbuch.de

Bus bis Haltestelle Waldenbuch Schloss

Waldenbuch, Stuttgarter Straße, Parkplatz Auch-Areal, Stuttgarter Straße/Tübinger Straße, GPS 48.637318, 9.128980

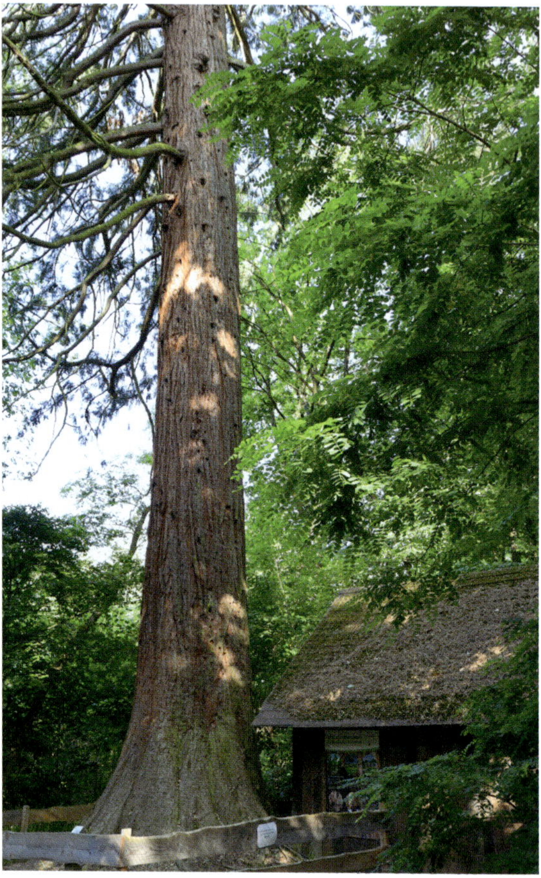

Immer wieder trifft man im Schönbuch auf Mammutbäume.

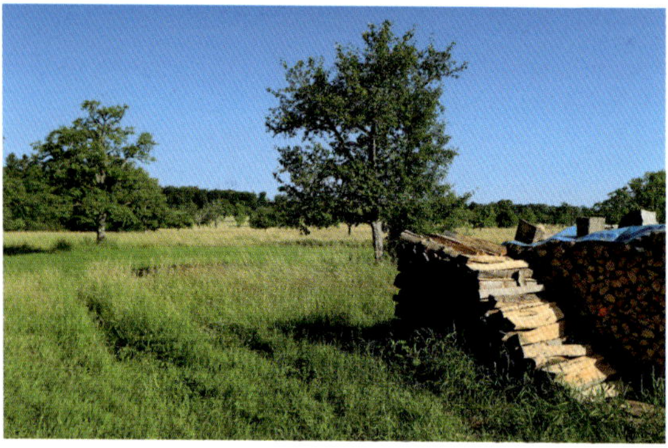

Brennholzstapel zwischen Wald und Streuobstwiesen.

stelle gibt, können wir nach links einen kurzen Abstecher von 100 Metern zu einem großen Mammutbaum 6 machen, der auch ausführlich auf einer Infotafel erklärt wird. Zurück am Waldrand gehen wir in der ursprünglichen Richtung weiter. Rechts sehen wir ausgedehnte Streuobstwiesen. Nun passieren wir die Schilder nordwestlich Mammutbaum (487 m) und bei der keltischen Viereckschanze (472 m), später im Wald auch noch eine

Waldenbuch, Habitatbaumgruppe und Waldrefugien

Sehenswert in **Waldenbuch** ist das 1562/65 von Herzog Christoph anstelle einer älteren, abgetragenen Burg im Renaissancestil erbaute Jagdschloss. Da von der Residenz leicht erreichbar, war es ein häufiger Treffpunkt fröhlicher Jagdgesellschaften. Da das Schloss den jagdlustigen Stuttgarter Herrschern zu klein wurde, baute man es mehrmals aus: 1607 unter Herzog Friedrich I. musste sogar das Kirchenschiff versetzt werden! Heute beherbergt es das Museum der Alltagskultur, einen Zweig des Württembergischen Landesmuseums. Weiter sehenswert sind die ev. Stadtkirche (1275 erstmals genannt), das ehemalige Pfarrhaus, um 1720, jetzt Musikschule, daneben die ehemalige Schlossscheuer und zahlreiche weitere Fachwerkhäuser, vor allem des 17. und 18. Jahrhunderts. Berühmte Gäste sah der ehemalige Gasthof Post (Grabenstr. 22): Schiller (1793), Goethe, (1797), Erzherzog Karl (1799) und Ludwig Uhland. Vor dem Rathaus steht ein Sandstein-Marktbrunnen von 1728. Teilweise erhalten ist die Burg und die die Stadt umschließende Ringmauer (Straße „Unter der Mauer"). Danneckergasse 1 ist das Haus der Großeltern des Bildhauers Heinrich Dannecker (1620), der in seiner Jugend hier wohl oft zu Besuch war.

Weiße Wellenlinien an Baumstämmen weisen auf sogenannte **Habitatbaumgruppen** hin. Diese bestehen aus 10 bis 15 Bäumen. Einer oder mehrere davon besitzen eine besondere Struktur, die manche Arten von Lebewesen zum Überleben benötigen. Zu den Bäumen gehören Horst- und Höhlenbäume, Bäume mit dürren Ästen in der Krone oder faulen Stellen, besonders alte und dicke Bäume, Bäume mit Insektenbefall, Bäume mit starkem Moos- oder Efeubewuchs und Bäume mit ungewöhnlicher Form. In diesen Baumgruppen werden keine Bäume gefällt; sie sollen auf natürliche Art absterben und zerfallen.

Waldrefugien sind Waldteile, in denen die Natur sich selbst überlassen bleibt. Sie zeigen eine ursprüngliche Natur, so wie sie überall aussehen würde, wenn der Mensch nicht eingreifen würde. In diesen Refugien bleiben umgestürzte, abgestorbene Bäume liegen, werden von Moos überwuchert und bieten neuen Lebensraum für Fauna und Flora, die auf solche verfallenden Baumstämme angewiesen sind.

Tafel zur dort befindlichen Schanze. Schließlich treffen wir auf die L1208.

Auf ihrer anderen Seite 7 biegen wir rechts ab und folgen dann mit dem blauen Punkt dem nach links in den Wald ziehenden und teilweise unbefestigten Weg. Nach einer Forsthütte biegen wir rechts ab. Etwas später halten wir uns am nächsten Querweg am Schild **Teufelsbruch Greuthald** (468 m) rechts 8. Später verlassen wir den Wald und wandern zwischen Weiden und mit schönem weitem Blick nach Waldenbuch bergab. Wir lassen den Hof **Waldeck**

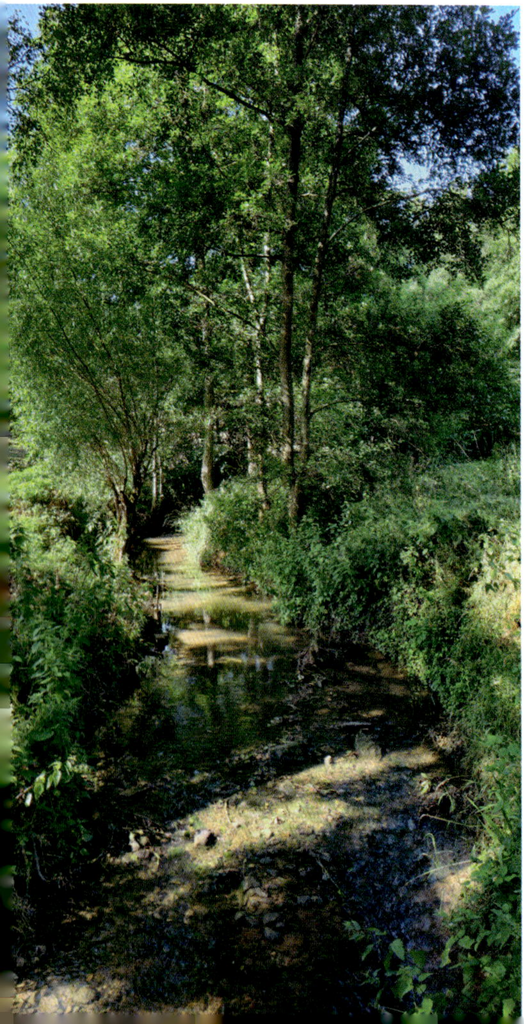

Am Seitenbach.

links liegen und kommen etwas später am **Buchenhof** vorbei, der auch über einen Regiomat verfügt.

Weiter dem Sträßchen folgend passieren wir das Schützenhaus und zweigen etwas später rechts ab 9 zur **Seitenbachmühle**, die über einen Mühlenladen verfügt. Nach ihm geht es auf einem Pfad bzw. anfangs schmalen Weg entlang des Seitenbachs und der hinter ihm am Hang aufgebauten Häuser entlang bis wir in Waldenbuch auf einen **Kreisverkehr** treffen. Nach links kommen wir zurück zum Ausgangspunkt.

Ein schmaler Pfad führt zwischen Feldern zum Wald.

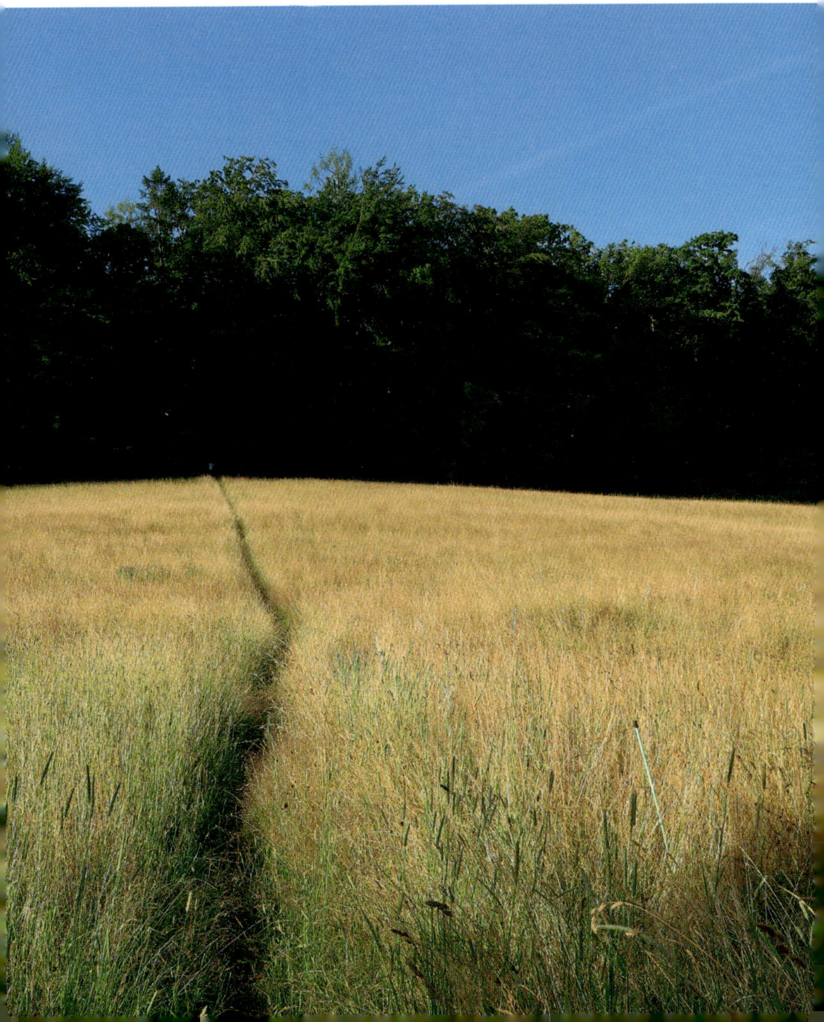

Im und über dem Aichtal

17

Von Aich nach Harthausen

2½ Std

9,5 km

90 Hm

Aichtal-Aich – Grötzingen – Harthausen – Aich

Wir wandern auf festen Wegen. Wer will kann nach etwa zwei Drittel der Strecke in Harthausen die Wanderung beenden und mit dem Bus zurückfahren.

Aussicht, Grötzingen

Aich, Grötzingen, Harthausen

Bei dieser Wanderung bieten sich uns einige Höhepunkte. Zum einen wandern wir durch eine abwechslungsreich gegliederte Landschaft, die uns über Felder und Wiesen weite Blicke zur „Blauen Mauer" der Schwäbischen Alb bietet. Auch die Strecke entlang der Aich bietet einige idyllische Szenen an dem Flüsschen. Dazu können wir in Grötzingen das eine oder andere alte Gebäude bewundern.

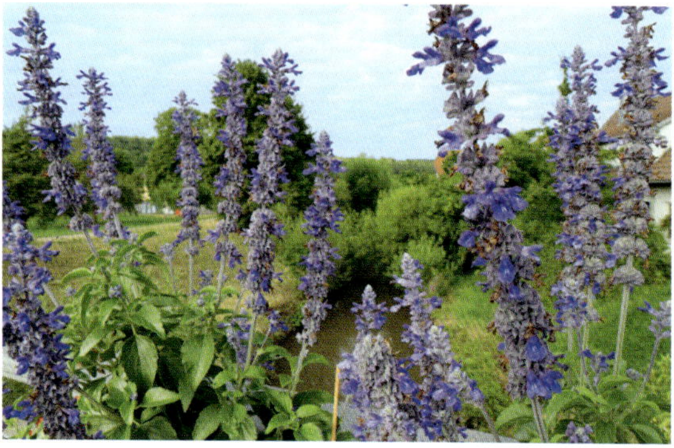

Die Aich wird fast durch die Blüten auf der Brücke verdeckt.

Wir gehen vom Parkplatz bei der **Festhalle** 1 in der Straße Mühläcker zum Feuerwehrhaus und biegen dort ab in den Schlaitdorfer Weg. Auf ihm gehen wir nach links zur Neckartailfinger Straße, der wir in Gehrichtung über die Brücke bis zur Grötzinger Straße 2 folgen.

In diese biegen wir rechts ein, halten uns aber gleich wieder rechts in die **Hintere Gasse**. Nun gehen wir immer geradeaus weiter. Wir wandern links an Haus Nr. 27 vorbei, danach am Friedhof und verlassen anschließend den Ort. Auf einem unbefestigten Weg kommen wir zur großen Brücke der **B31** 3 und stoßen gleich danach auf ein querendes Sträßchen.

Es bringt uns nach links hinauf zur **L1185**. Auf ihr kommen wir rechts nach **Grötzingen**. Beim Ortschild biegen

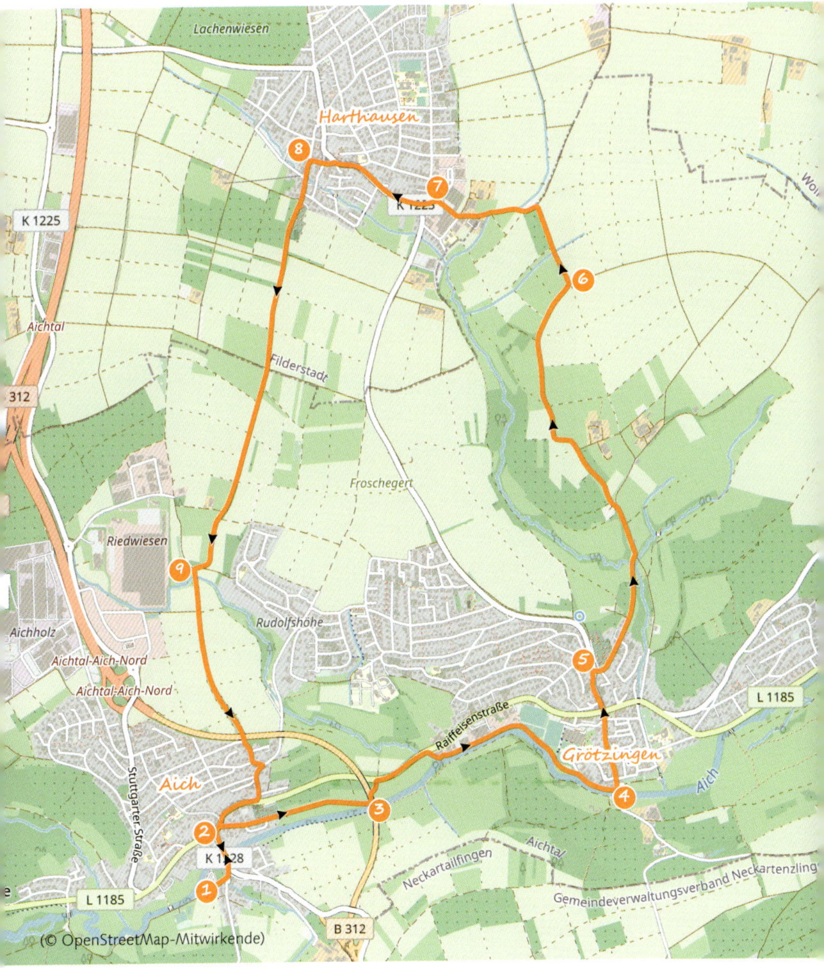

wir rechts ab und folgen dem links des Baches verlaufenden schmalen Weg. Nach dem Gewerbegebiet passieren wir einige schöne, naturnahe Stellen an der Aich. Dort wo wir auf die Uferstraße treffen, folgen wir ihr in Gehrichtung.

Dann biegen wir links in die querende **Hindenburgstraße** 4 ab. Kurz danach erreichen wir das Ortszentrum mit der **Kirche**, die inmitten einiger schöner Fachwerkhäuser steht. Wir spazieren geradeaus weiter, später in der

INFOS

Wanderkarte W228 Stuttgart, 1:25 000, Landesamt für Geoinformation und Landentwicklung Baden-Württemberg (LGL) in Zusammenarbeit mit dem Schwäbischen Albverein e. V.; Wanderkarte mit Radwegen Stuttgart Südost Blatt 52-539, 1:25 000, NaturNavi

aichtal.de

Bus bis Haltestelle Aich Ort

Aichtal-Aich, Parkplatz Festhalle, Mühläcker, GPS 48.621350, 9.240271

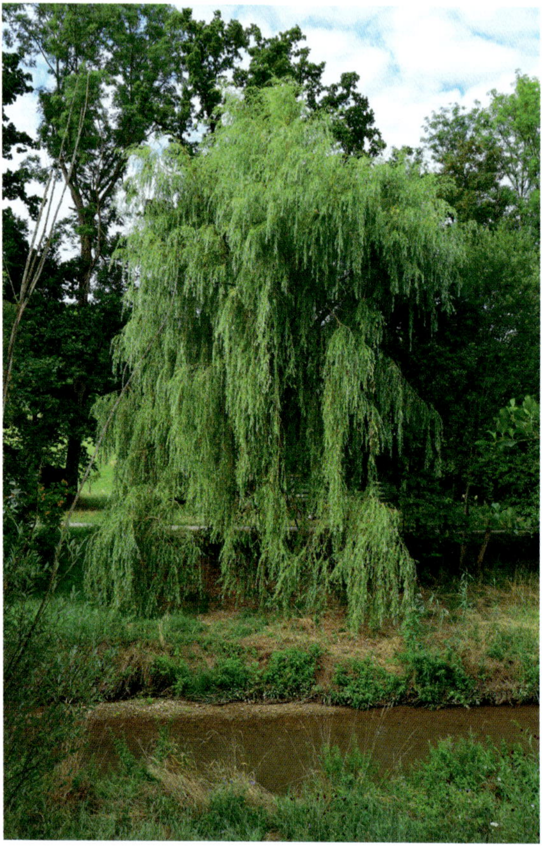

Szene an der Aich.

Harthäuser Straße. Nun steigt es an. Ziemlich auf der Höhe biegen wir am Friedhof rechts ab in den **Höhenweg** 5. Kurz nach den Häusern treffen wir auf ein querendes Sträßchen. Ihm folgen wir nach links.

Bald führt uns der Weg zwischen Pferdeweiden hindurch, wobei wir ab und zu zurückschauen sollten, denn wir haben hier einen wunderbaren Blick zur Schwäbischen Alb. Kurz nach einer religiösen Skulptur folgen wir dem Radwegschild nach links in Richtung Harthausen 6. Am nächsten Querweg biegen wir noch einmal nach links ab und kommen nach **Harthausen** hinein.

Im Ort treffen wir auf die Robert-Bosch-Straße, der wir in Gehrichtung folgen. Bei der vorfahrtsberechtigten Carl-Zeiss-

Grötzingen

Die mächtige spätgotische Kirche St.Otmar in **Grötzingen** wurde Mitte des 15.Jahrhunderts erbaut, vermutlich auf Fundamenten des 13.Jahrhunderts, der Turm selbst stammt wohl auch noch aus dieser Zeit. Um die Kirche herum sieht man schöne Fachwerkhäuser aus dem 16.Jahrhundert. Die Stadtmauer ist noch teilweise erhalten.

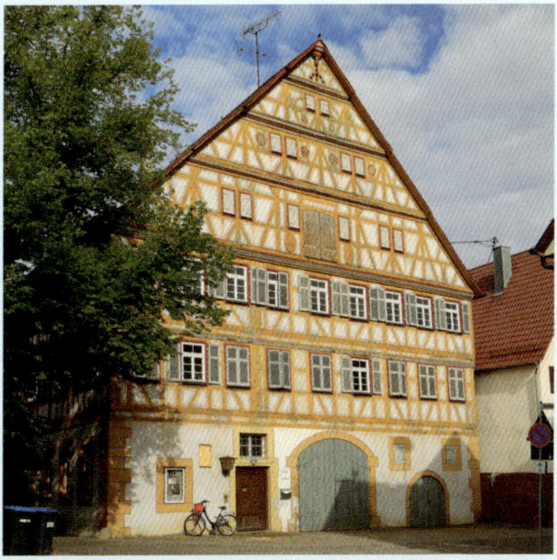

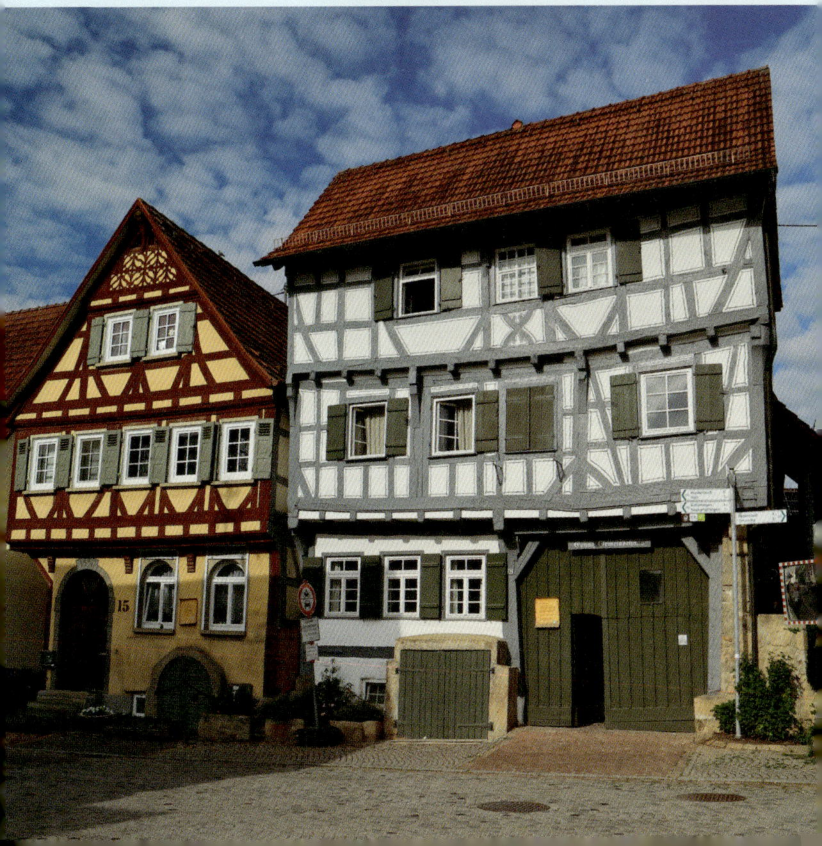

Weiter Himmel über den reifen Getreidefeldern.

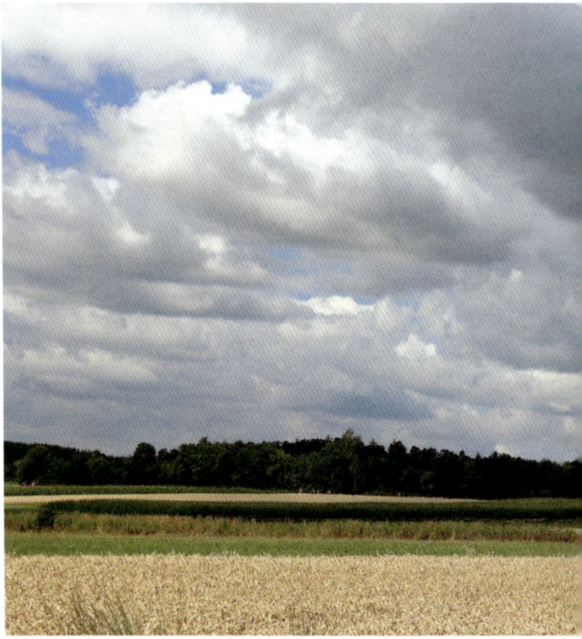

Straße treffen wir auf die gleichnamige **Bushaltestelle** 7 – wer will kann hier auf etwa dreiviertel der Strecke die Tour abbrechen. Danach treffen wir auf die Grötzinger Straße und folgen ihr. An der sanften Rechtskurve vor der Kirche zweigen wir links ab in die Aichtalstraße und wandern geradeaus bis zur querenden **Hirschgasse** 8. In sie biegen wir in Richtung „Friedhof" nach links ein. Nun wandern wir immer geradeaus, nach dem Ort am **Friedhof** vorbei und durch eine fruchtbare Felderlandschaft mit weiter Aussicht.

Nach einem Hof und einer Rechtskurve treffen wir auf den links abgehenden **Filderweg** 9. Ihm folgen wir mit dem Wanderzeichen rotes Kreuz. Bald fällt der Weg ab und nach einer Weile unterqueren wir die große **Brücke** der B312 und kommen in das Wohngebiet von Aich. An der querenden Karl-Mörike-Straße biegen wir links, kurz darauf wieder rechts in die **Straße zur Rudolfshöhe** ab. An der querenden Grötzinger Straße orientieren wir uns rechts und kommen kurz darauf zu der von Anfang her bekannten **Brücke** 2. Hier gehen wir auf bekanntem Weg in der Neckartailfinger Straße und der Straße Mühläcker zurück zum Ausgangspunkt.

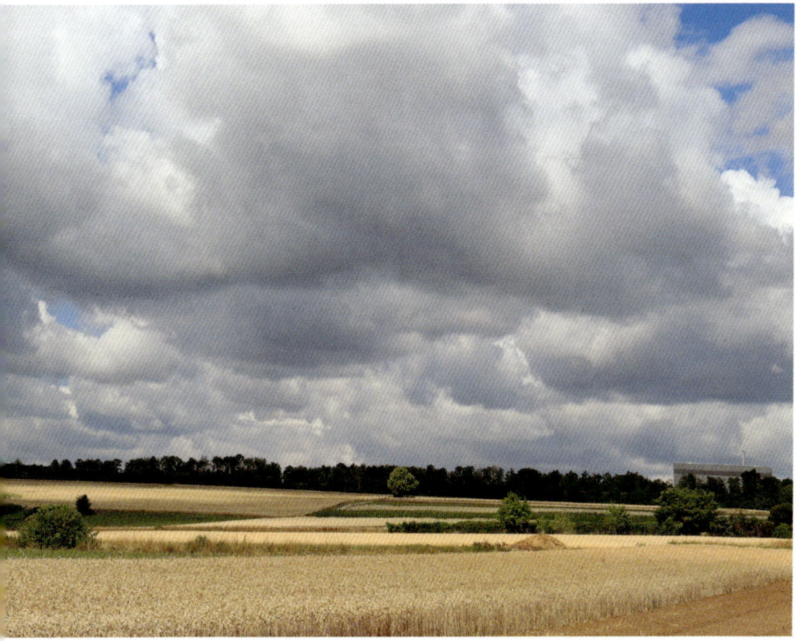

Durch den Wald zum Aussichtsturm

18

Vom Herrenberger Waldfriedhof in Schönbuch

1¾ Std

6,6 km

90 Hm

Herrenberg/Parkplatz Schönbuchturm – Aussichtspunkt Alter Rain – Rotes Meer – Autobahndurchlass – Kalter Brunnen – Schönbuchturm – Parkplatz

Wir wandern überwiegend auf festen Wegen. Steiler Anstieg vom Kalten Brunnen zum Schönbuchturm auf einem Pfad.

Wald, Aussicht

Naturfreundehaus

Wir wandern bei diesem Vorschlag nicht nur durch ein schönes Stück Schönbuch, sondern haben auch immer wieder Aussicht, was es im Schönbuch nicht allzu oft gibt. Der absolute Höhepunkt ist natürlich der Schönbuchturm, zu dem wir am Ende der Wanderung vorbeikommen.

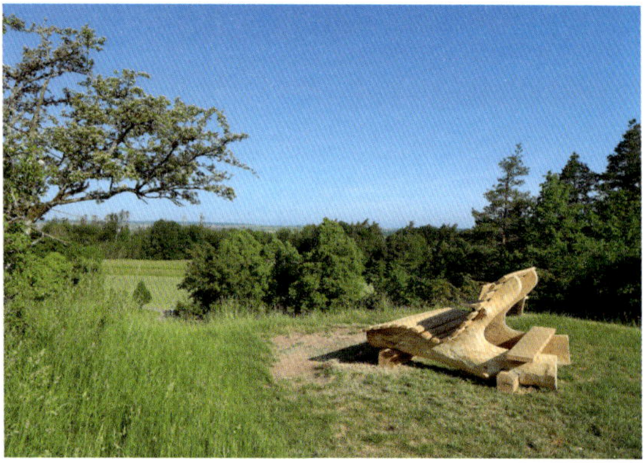

Blick vom Kapf am Alten Rain.

Wir gehen vom Parkplatz zum Naturfreundehaus und dem links davon stehenden Wanderschild Naturfreundehaus Herrenberg (551 m) 1. Von hier aus nehmen wir den Weg, der rechts der Straße verläuft. Gleich darauf sehen wir linker Hand das idyllische Steighäusle. Etwas später können wir auf einem Pfad nach links hinausgehen zu einem Aussichtspunkt, der uns über die Autobahn einen Blick ins Gäu ermöglicht. Zurück zum Hauptweg gehen wir weiter nach links. Wir passieren das Schild Aussichtspunkt am Alten Rain, einen weiteren Aussichtspunkt, dann geht es an der rechts liegenden Jahnhütte und ihrem Spielplatz vorbei und schließlich zieht der Weg nach einem weiteren Aussichtspunkt nach rechts.

Bald erreichen wir das Schild Kapf am Alten Rain (535 m) 2. Links davon sehen wir bereits Bänke, von ihnen aus hat

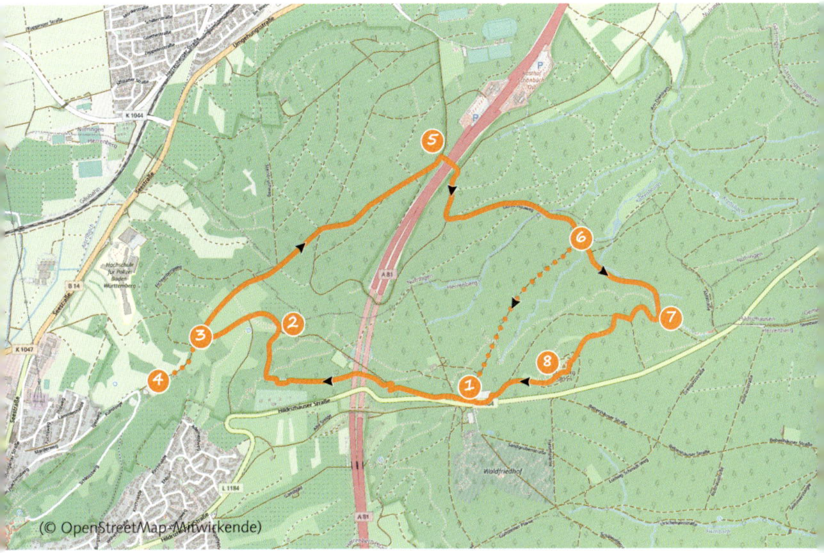

man wieder einen schönen Blick über die Landschaft. Da der Abstieg über die Trockenwiese diese schädigen würde gehen wir von den Bänken wieder zurück zum Schild, halten uns links und folgen dem asphaltierten Weg abwärts. Wir wandern nun bis zum Schild Äußere Ebene (509 m) 3. Hier biegen wir rechts ab, vorher sollten wir vielleicht noch einen Abstecher zur Eiche am Roten Meer 4 machen, hierzu gehen wir etwa 200 Meter geradeaus, kehren aber anschließend wieder hierher zurück.

Wir folgen am Abwzeig dem Weg in Richtung Wald. Bald sehen wir links einen als Naturdenkmal geschützten großen Aufschluss von Schilfsandstein. Im Wald halten wir uns an einer Verzweigung an den rechten Weg, der mit dem gelben Radwegschild markiert ist. Nach etwas bergab treffen wir auf ein Sträßchen dem wir geradeaus folgen. Etwas später unterqueren wir die Autobahn nach rechts 5 und halten uns danach wieder rechts.

Bald stoßen wir auf den querenden Dunkelhauweg, in den wir links einbiegen. Wir wandern nun relativ eben und mit sanften Windungen durch einen schönen Mischwald. Es geht vorbei am Schild Dunkelhau (509 m), danach weist ein Wanderschild nach rechts zum „Naturfreundehaus" 6. Hier könnte man die Tour abkürzen. Ansonsten treffen wir

INFOS

Wanderkarte W237 Tübingen, 1:25 000, Hrsg.: Schwäbischer Albverein e. V., Kartographie: Landesamt für Geoinformation und Landentwicklung Baden-Württemberg (LGL); Wanderkarten mit Radwegen Calw Weil der Stadt Blatt 48-539 und Stuttgart Südwest Blatt 50-539, 1:25 000, NaturNavi

herrenberg.de

Bus bis Haltestelle Herrenberg Waldfriedhof

Herrenberg, Parkplatz Schönbuchturm beim Waldfriedhof/ Naturfreundehaus, Hildrizhauser Straße/ L1184, GPS 48.602574, 8.903868

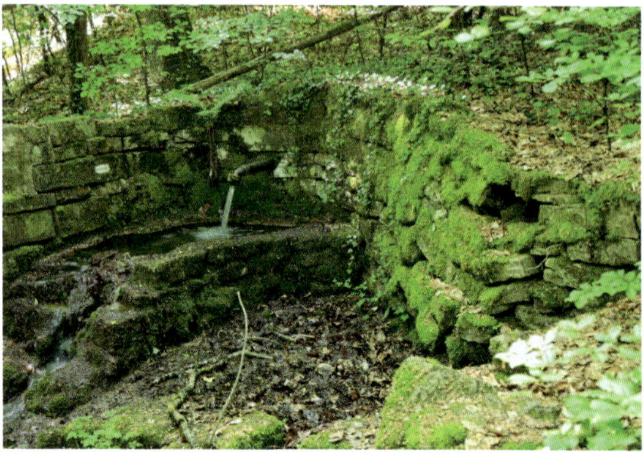

Am Kalten Bronnen.

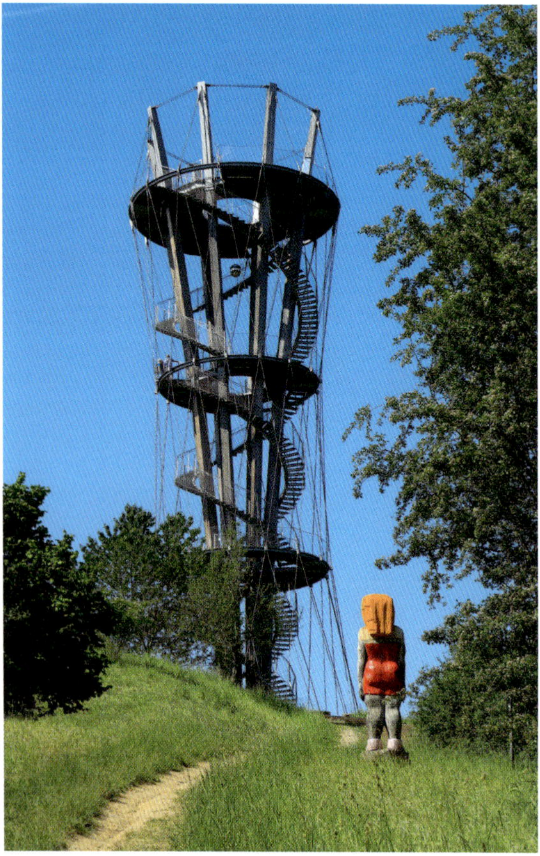

Eine Besteigung des Schönbuchturms lohnt sich auf jeden Fall.

bald auf einen Art Verkehrsdreieck. Hier gehen wir am Schild Kaltes Tal (504 m) auf dem rechten Weg weiter.

Bald begleitet uns ein Bach, der Weg zieht nach rechts und steigt an bis zum Schild Kalter Bronnen (541 m) 7. Links davon liegt die gleichnamige Quelle, wir biegen aber rechts an. Nun steigt es steil an. Der Pfad bringt uns zu einem querenden Forstweg, dem wir nach rechts folgen. Kurz danach geht es nach links auf einem Naturpfad weiter.

Etwas später verlassen wir den Wald und gehen auf einer Schneise weiter aufwärts. Bald ist der Schönbuchturm zu sehen, wir queren einen Weg und haben kurz darauf den Turm erreicht 8. Ihn sollte man auf jeden Fall besteigen. Danach folgen wir dem vom Schönbuchturm wegführenden Weg hinab und sind in wenigen Minuten zurück am Ausgangspunkt.

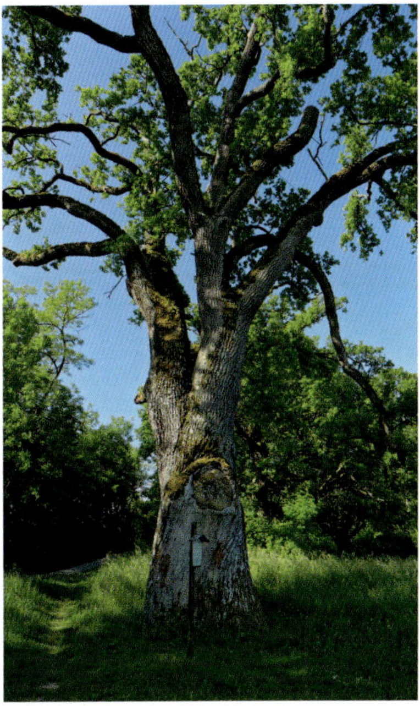

Steighäusle, Eiche am Roten Meer und Schönbuchturm

Das Steighäusle beim Waldfriedhof bzw. Naturfreundehaus war früher eine Unterkunft für Förster und Waldarbeiter. Es ist ein pittoreskes altes Fachwerk-Backsteinhäuschen mit Schnitzwerk.

Die Eiche am Roten Meer ist eine alte Hute-Eiche, die früher dem Schutz des Weideviehs vor der Hitze diente. Dieser größte Baum der Herrenberger Markung hat einen Umfang von über fünf Meter, das Alter wird auf über 350 Jahre geschätzt. Auf früheren Weidebetrieb weist auch der Name des von Nufringen zum Baum führenden Weges hin: Kuhsteige, außerdem gibt es in der Nähe die Bezeichnungen Kuhsteigbrunnen und Lämmleshalde. Hinter ihr finden Kinder eine Kugelbahn.

Der 35 Meter hohe Schönbuchturm wurde 2018 eröffnet. Er besteht aus einer Konstruktion aus heimischem Lärchenholz und gespannten Stahlseilen. Zwei gegenläufige Treppen winden sich spiralförmig nach oben zu den drei Plattformen. Hier sehen die Besucher über den Schönbuch, ins Heckengäu, zum Schwarzwald und zur Schwäbischen Alb.
Höhe des Standorts: 580 üNN
Höhe Turm: 35 Meter
Anzahl Treppenstufen: 348
Gewicht: Turm: 110 Tonnen, Fundament 400 Tonnen
www.schönbuchturm.de

Zwei Täler und ein Aussichtspavillon

19

Hinab ins Goldersbachtal

3 ¼ Std
12,7 km
200 Hm

Altdorf/Sportplatz – Kohlweiner – Goldersbachtal – Falkenkopf – Bromberg – Sportplatz

Wir wandern auf festen Wegen.

Kohlweiher, Falkenkopf, Gedenksteine, Wald mit mächtigen Bäumen

Sportplatzgaststätte, Altdorf, Hildrizhausen

Es gibt nicht viele Aussichtspunkte im Schönbuch. Der Falkenkopf mit seinem kleinen Pavillon ist einer davon. Zu ihm führt diese Wanderung, bei der wir erst durch das Lindach-, dann durch das Goldersbachtal wandern. Unterwegs sehen wir einige der uralten, markanten Bäume, für die der Schönbuch bekannt ist. Aber nicht nur die Natur hat einiges zu bieten – wir kommen auch an Erinnerungen an frühere Zeiten vorbei. Dabei wird uns auffallen, dass es in keinem anderen Gebiet oder Naturpark in Baden-Württemberg eine derartige Vielzahl von Gedenksteinen oder Bäumen gibt, die bestimmten Persönlichkeiten der Vergangenheit gewidmet sind.

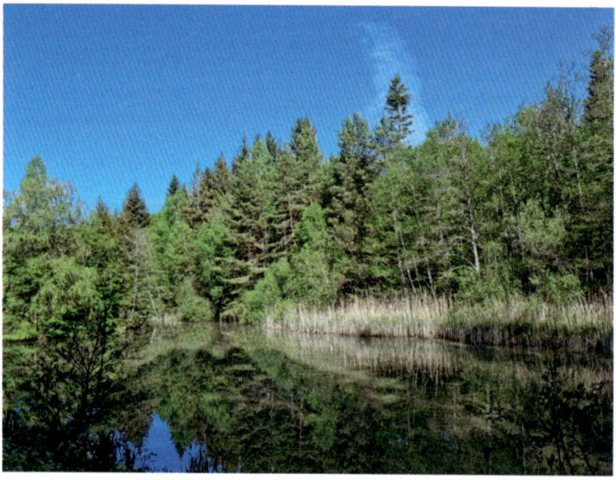

Idylle am Kohlweiher.

Wir folgen vom Parkplatz bei den **Sportplätzen** ① aus dem Weg in den Wald hinein. Es steigt etwas an, wo der Weg aber nach rechts zieht, wird es etwas ebener. Am nächsten Querweg biegen wir beim Schild Eselstrittweg (554 m) rechts ab. Kurz darauf kommen wir an dem **Gedenkstein zum Eselstritt** und dem „Abdruck" des Eselshufes vorbei ②.

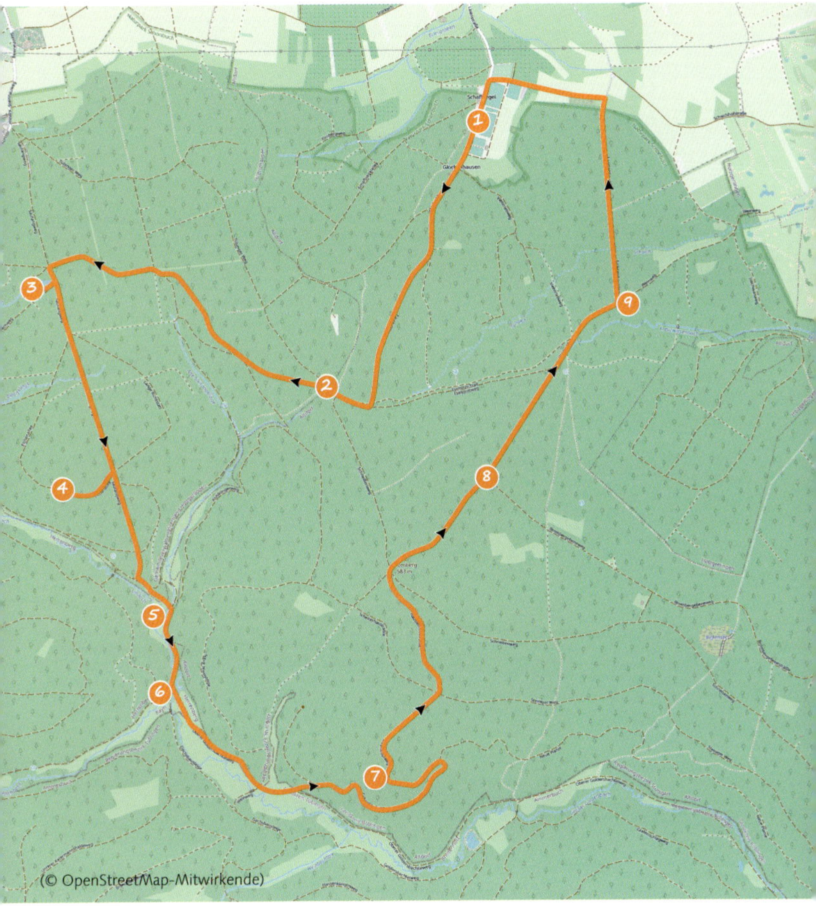

Kurz darauf an der Verzweigung beim Schild Eselstritt (556 m) halten wir uns links. Vorher sollten wir aber den alten Markungsstein beachten, rechts dahinter steht auch die mächtige **Gabeleiche**. Danach folgen wir dem abwärts führenden Weg.

An der nächsten Verzweigung nehmen wir den rechten, eben weiterführenden Weg. Am nächsten Querweg halten wir uns rechts, dann gleich wieder links. An der nächsten Kreuzung biegen wir am Schild Saufang (516 m) links in den Saufangweg ein. Gleich danach steht rechts die Lausterers Eiche, anschließend kann man am Schild Kohlwei-

INFOS

Wanderkarte W237 Tübingen Schönbuch, 1:25 000, Hrsg.: Schwäbischer Albverein e. V., Kartographie: Landesamt für Geoinformation und Landentwicklung Baden-Württemberg (LGL); Wanderkarte mit Radwegen Naturpark Schönbuch Tübingen Blatt 50-538, 1:25 000, NaturNavi

altdorf.de, hildrizhausen.de, naturpark-schoenbuch.de

Bus bis Altdorf Haltestelle Bachstraße

Altdorf, Sportplatz, Laienstraße, GPS 48.615811, 8.997359

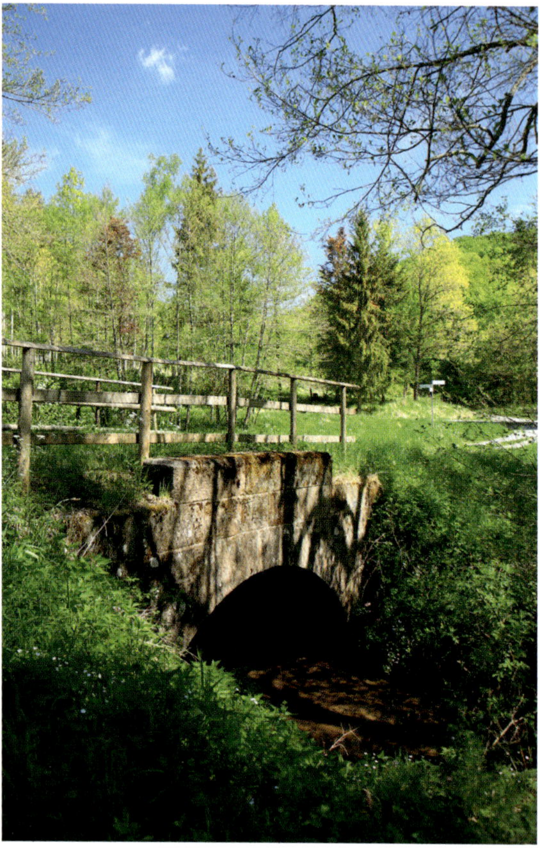

Brücke im Goldersbachtal.

her (519 m) nach rechts zum **Kohlweiher** 3 gehen. Tische und Bänke laden zu einer ersten Rast.

Danach wandern wir immer geradeaus weiter. Wir passieren das Schild Klafterbuckel (524 m), später sehen wir links die mächtige **Hirschteicheiche** – sie ist wie die Gabeleiche in der Höhe in zwei Hauptstämme gespalten. An der nächsten Kreuzung können wir beim Schild Eichenallee (522 m) einen kurzen Abstecher nach rechts machen. Er führt uns zum **Försterstein** und zur **Förstereiche** 4.

Zurückgekehrt biegen wir rechts ab. Gleich danach gehen wir an der Verzweigung rechts, also geradeaus, mit dem Wanderzeichen blaues Kreuz weiter. Der Weg geht bald in einen schmalen Pfad über, der steil abfällt. Kurz danach stehen rechts im Wald die Neuratheiche und der **Neurathstein**.

Danach überqueren wir einen Forstweg und erreichen nach weiterem steilen bergab das **Lindachtal**. Wir gehen zum zweiten querenden Weg und folgen ihm nach links. Kurz danach sehen wir rechts einen **Gedenkstein** mit der Inschrift „Kaiserstand 8. Nov. 1893“. Kurz danach erreichen wir die **Lindachspitzhütte** 5. Als Schutzhütte und mit Ti-

Oben: Neurathseiche und -stein, Gabeleiche.

Unten: Förstereiche und -stein.

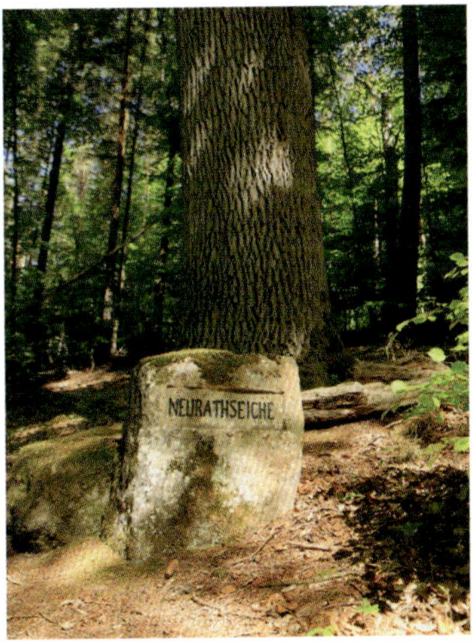

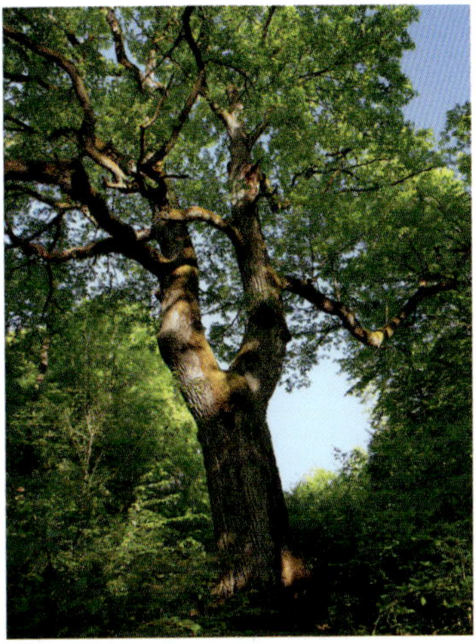

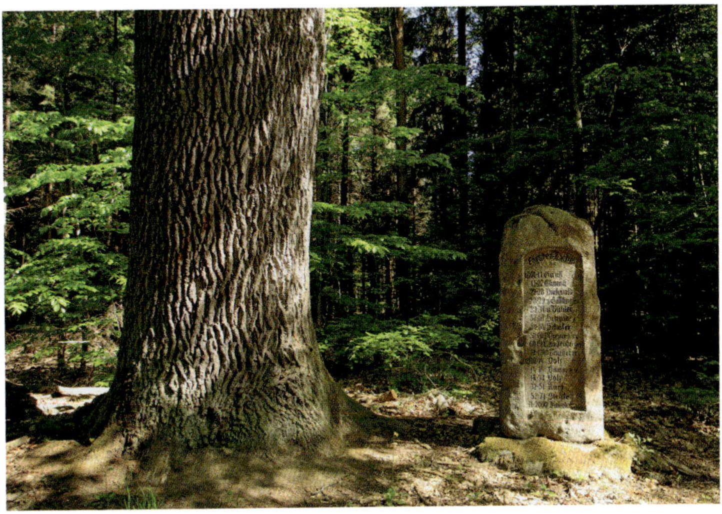

schen, Bänken und einer Grillstelle versehen lockt sie etwa in der Mitte der Wanderung zu einer Rast.

Danach biegen wir am Schild Lindachspitzhütte (463 m) rechts ab. Wir wandern nun im Lindachtal bis zur **Neuen Brücke** (456 m), wo ebenfalls eine Schutzhütte steht 6. Hier gehen wir an der Verzweigung auf dem linken Weg weiter, nun im Oberen Goldersbachtal.

Wir überqueren die Kreuzung mit dem Weinweg und gehen noch kurz weiter. Links des Weges sehen wir einen weiteren Rastplatz mit Schutzhütte und Tischen und Bänken. An der nächsten Verzweigung nehmen wir den links abgehenden Falkenkopfweg. Nun steigt es an. Wir durchqueren den Schonwald Diebsteig und erreichen nach einer scharfen Linkskurve die pavillonartige **Falkenkopfhütte** 7. Sie gewährt uns einen prächtigen Blick auf die dichten Wälder des Schönbuchs. Später sehen wir an einer Kreuzung den **Dürrstein**, der an einen von Wilderern ermordeten Förster erinnert. Hier gehen wir geradeaus weiter. Nun wandern wir über die Hochebene des Brombergs.

An der Kreuzung mit dem Schneißenweg gehen wir geradeaus weiter und haben bald nach einem etwas weiterem Anstieg die höchste Stelle des **Brombergs** mit 583 Metern erreicht 8. Später kommen wir am **Wiebkestein** 8 vorbei.

Die kleine Schutzhütte an der Neuen Brücke besitzt ein interessantes Flechtwerk als Wand.

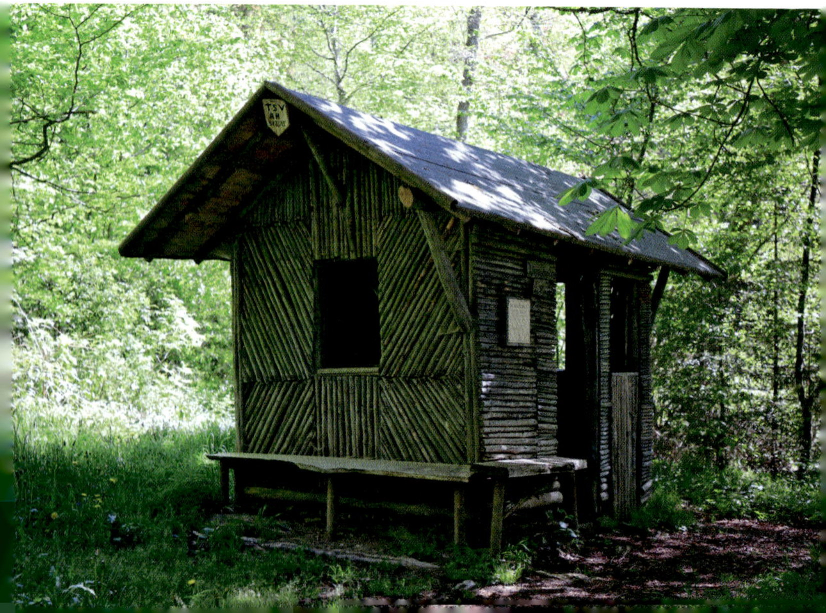

Etwas später verlassen wir durch das Gatter den geschützten Bereich des Naturparks. Am Schild **Sulzackereichle** (539 m) gehen wir geradeaus weiter, danach passieren wir die Sulzackereiche. Kurz danach biegen wir am Schild **Weinweg Hildrizhausen** (524 m) 9 links ab, nun wandern wir auf einem Asphaltweg weiter.

Bald verlassen wir den Wald, biegen aber gleich danach links ab 10. Etwas später sind wir bei den Sportplätzen. An der querenden Laienstraße biegen wir am Schild Altdorf Sportplatz (508 m) links ab und kommen zurück zum Parkplatz.

Im Goldersbachtal.

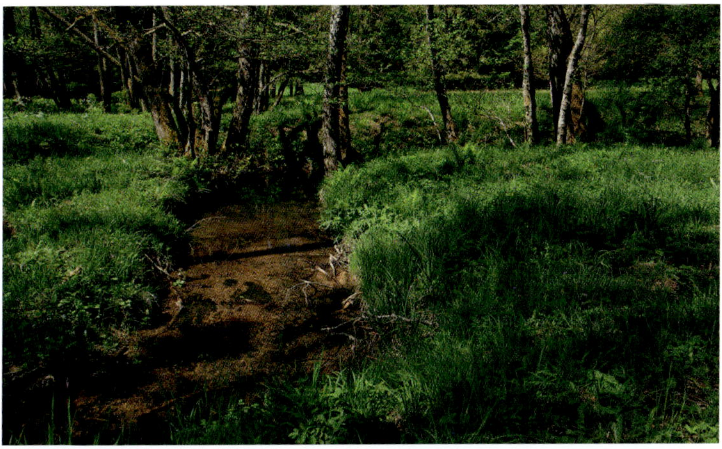

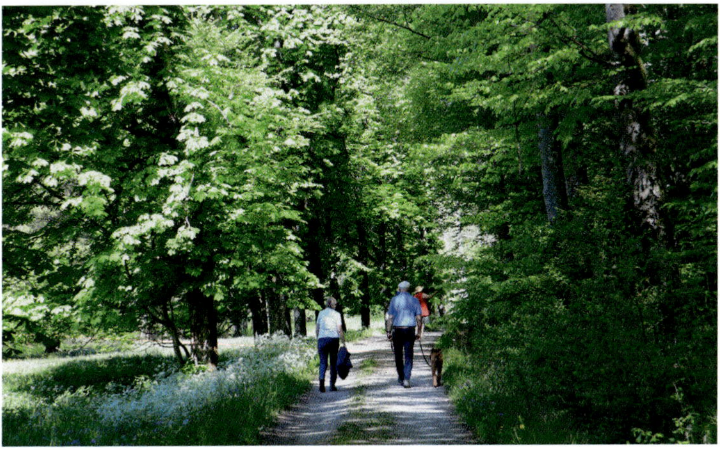

Eselstritt, Gabeleiche, Förstereiche, von-Neurathstein, Kaiserstand, Falkenkopf, Dürrstein, Bromberg und Wiebkestein

Der **Eselstritt** ist bereits auf einer der Karten von Georg Gadner (1522–1605) über Württemberg als Besonderheit eingezeichnet Der Volkssage nach soll hier Jesus auf einem Esel geritten sein. Um die Stelle genau zu bezeichnen, hat 1840 der Bebenhausener Oberförster Vogelmann eine Sandsteinplatte mit einer eingemeißelten Eselsfährte setzen lassen. Daneben befindet sich die Eselstrittlinde.

Die rund 27 Meter hohe **Gabeleiche** ist eine rund 400 Jahre alte Traubeneiche. Ihr Stammumfang beträgt ungefähr 4,50 Meter, ihr Kronenumfang etwa 21 Meter. In cirka vier Meter Höhe gabelt sich der Stamm in zwei Teile.

Die **Förstereiche** ist eine rund 380 Jahre alte und etwa 33 Meter hohe Traubeneiche mit einem Stammumfang von cirka 4,50 Meter und einer Krone von etwa 26 Meter. Der Stamm teilt sich in etwa zehn Metern Höhe. Auf dem danebenstehenden Försterstein sind die Namen der Leiter der Forstamts Herrenberg ab 1801 eingemeißelt.

Der **von-Neurathstein** und die gleichnamige Eiche erinnern an den Minister und Hofjägermeister Freiherr von Neurath auf. Er jagte hier oft, lebte in dieser Zeit primitiv in der Kohlhauhütte und war beim einfachen Volk sehr beliebt. Der Baum ist rund 400 Jahre alt und hat einen Stammumfang von etwa 3,30 Meter.

Der **Kaiserstand** ist ein Gedächtnisstein bei der Lindachspitzhütte und erinnert an den Besuch von Kaisers Wilhelm II. Er trägt die Inschrift „Kaiserstand 8. November 1893". Der

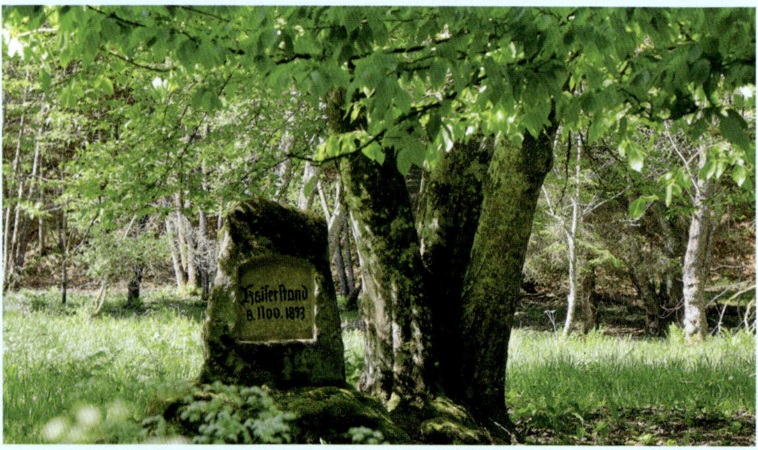

Kaiserstand.

Kaiser nahm seinerzeit auch an der württembergischen Hofjagd teil, die alljährlich im November im Schönbuch abgehalten wurde. Bei dieser Gelegenheit wurde auch die Kaiserlinde gepflanzt. Der Gedenkstein wurde 1907 von Forstmeister Volz, dem damaligen Leiter des Forstamts Herrenberg, gestiftet und aufgestellt.

Der **Falkenkopf** ist eine hervorspringende Terrasse aus Stubensandstein am Südrand des Brombergs. Von dem hier stehenden Pavillon aus hat man eine prächtige Aussicht über die Wälder des Naturparks Schönbuch.

Der **Dürrstein** bei der ehemaligen Schindereiche erinnert an den Unterförster Ludwig Dürr, der am 28. April 1813 von einem Wilderer erschossen wurde. Er lebte noch bis zum 21. Mai, gestorben ist er in Altdorf. Inschrift: „Ludwig Dürr Unterförster der Weil im Schönbuch Huth fiel hier am 28. April 1813 als Opfer seines dinsteifers durch einen Schus von einem Wilderer dis Denckmal sezt ihm der Rev. Förster Bechtner".

Der **Bromberg** ist mit 583 Meter die höchste Erhebung des Schönbuchs, gebildet von einer Tafel (Deckschicht) aus Rätsandstein, die mit einer deutlichen Stufenkante ins über 150 Meter tiefere Goldersbachtal abfällt. Der Name kommt vielleicht vom mittelhochdeutschen „Brame", schwäbisch brom, was für Brombeeren spricht. Oder auch für Bremsen, da diese Stechmückenart hier auf der teils sumpfigen Hochfläche zu finden ist. Der Wald erinnert ein wenig an die Fichten-Forchenbestände der höheren Gebiete des Nordschwarzwalds. Der Grund liegt vor allem im kalkarmen Untergrund aus Rätsandstein. Der Schwarzwaldcharakter der Bromberghochebene ist auch an Pflanzen wie Besenginster, Adlerfarn, Heidelbeeren oder Heidekraut zu erkennen.

Der **Wiebkestein** erinnert an den Sturm Wiebke am 1. März 1990, der hier schwere Schäden verursacht hat.

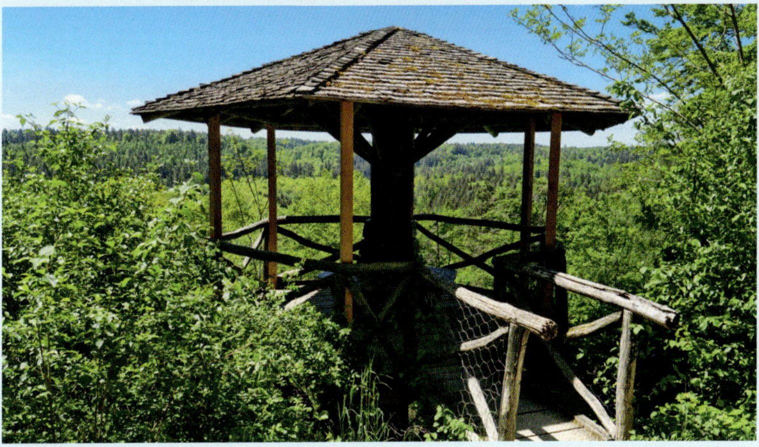

Hütte am Falkenkopf.

Mit Aussicht nach Weil im Schönbuch

20

Von der Weiler Hütte zum Dörschachsee

1¾ Std

7 km

90 Hm

Weil im Schönbuch/ Wanderparkplatz Weiler Hütte – Weil im Schönbuch – Dörschachsee – Weißer Stein – Wanderparkplatz

Wir wandern auf festen Wegen.

Wald, Aussicht, Dörschachsee

Weil im Schönbuch, Weiler Hütte

Kurz nach dem Beginn dieser Wanderung erwartet uns ein Traumblick auf Weil im Schönbuch, das wie eine Krone auf dem Bergrücken über dem Schaichtal liegt. Ebenso schön ist der idyllische Dörschachsee, an dem wir später vorbeikommen. Dazwischen führt uns die Tour durch einen prächtigen Wald.

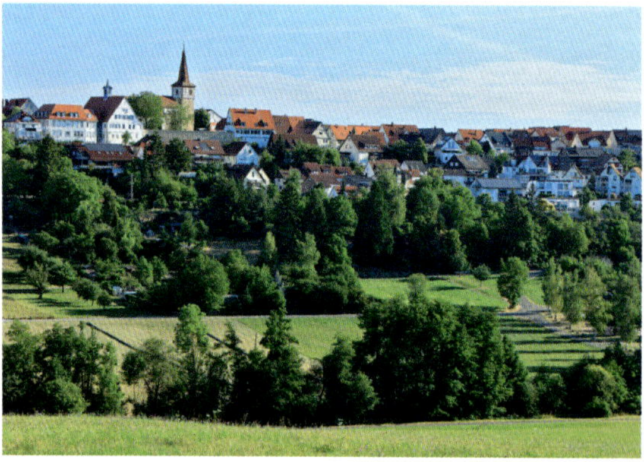

Blick aus dem Tal auf Weil im Schönbuch.

Wir parken auf dem parallel zur Tübinger Straße liegenden **Wanderparkplatz** 1 und folgen den Wanderzeichen blauer Strich und Rundweg nach Norden, in etwa parallel zur Straße. Am Schild Weiler-Hütten-Weg (508 m) wandern wir geradeaus weiter, erst mäßig, dann steil abfallend bis zum Waldrand. Hier bietet sich uns ein herrlicher Blick über das Schaichtal nach Weil im Schönbuch. Nun biegen wir am Schild **Hauberg** (476 m) 2 rechts ab und wandern zwischen Wald und Wiesen und weiter mit prächtigem Blick bis zu einem Querweg vor dem Tennisplatz. Dort biegen wir links, dann gleich wieder rechts ab in die **Jahnstraße** 3.

An ihrem Ende halten wir uns rechts in die Tübinger Straße, passieren die **Bushaltestelle Jahnstraße** und bie-

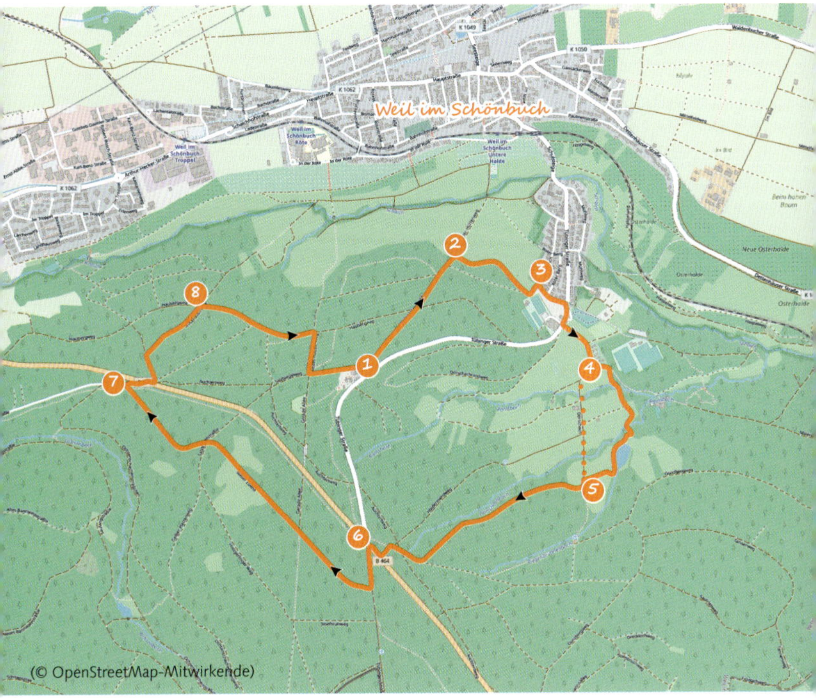

gen gleich links ab in die Straße Dörschach. Am Schild Abenteuergolf (439 m) gehen wir rechts der Anlage der Kleintierzüchter geradeaus weiter. Am Ende dieser Anlage haben wir zwei Möglichkeiten 4. Entweder wir folgen dem Sträßchen Dörschach, das gleich nach links zieht. Etwas später sehen wir links des Weges den idyllischen Dörschachsee 5, gehen aber noch geradeaus weiter und folgen dem Weg in den Wald. Oder wir biegen links ab und halten uns vor dem Waldrand, der nach rechts zu dem Gebäude führt. Der Weg schwingt sich nun durch Waldstücke und Wiesen bis zum **Dörschachsee**. Vor ihm halten wir uns rechts und gehen weglos zu der Fischerhütte und dort nach rechts zur Straße Dörschach 5. Hier vereinigen sich beide Varianten wieder.

Wir biegen links ab und kommen gleich danach nach rechts in den Wald. Nach einer Weile treffen wir auf einen querenden Weg. Ihm folgen wir nach rechts, überqueren erst einen Weg und halten uns danach links zur B464. Auf

INFOS

Wanderkarte W237 Tübingen, 1:25 000, Hrsg.: Schwäbischer Albverein e.V., Kartographie: Landesamt für Geoinformation und Landentwicklung Baden-Württemberg (LGL); Wanderkarte mit Radwegen Naturpark Schönbuch Tübingen Blatt 50-538, 1:25 000, NaturNavi

weil-im-schoenbuch.de

Schönbuchbahn bis Haltestelle Weil im Schönbuch Untere Halde oder Bus bis Haltestelle Jahnstraße

Weil im Schönbuch, Tübinger Straße, Wanderparkplatz Weiler Hütte, GPS 48.610672, 9.054539

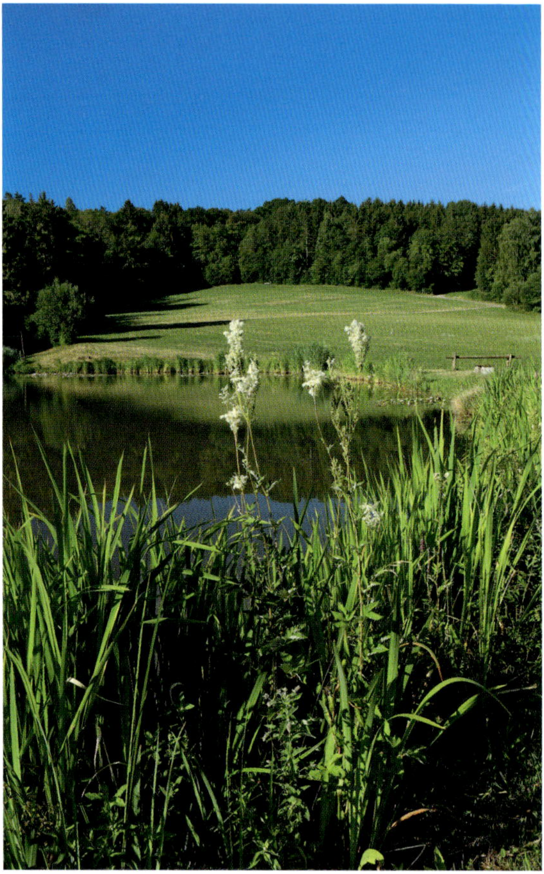

Idylle am Dörschachsee.

ihrer anderen Seiten gehen wir nach rechts zum **Weißen Stein** 6, biegen aber noch vor ihm links ab in den gleichnamigen Wanderparkplatz. An seinem Ende kommen wir durch das Wildgatter. Dem nächsten Weg folgen wir nach rechts. Dieser Weiler-Ebene-Weg führt nun eine ganze Weile geradeaus, bis wir wieder durch das Wildgatter hinaus zum **Franzensträßle** kommen 7.

Wir biegen rechts ab und überqueren kurz danach die B464. Auf der anderen Seite folgen wir dem linken Weg in Richtung „Schaichhof". Kurz nach der Schranke biegen wir rechts ab in das Stockhausträßle. Am Wanderschild **Stockhauweg** (512 m) 8 biegen wir rechts ab in den Haubergweg. Ihm folgen wir, bis wir am Schild **Zweites-Häusle-Weg** (516 m) nach rechts in den gleichnamigen Weg verwiesen werden.

An der nächsten Kreuzung biegen wir am Schild **Salzbiegelsträßle** (516 m) links ab. Bald liegt rechts die **Weiler Hütte**, danach erreichen wir unseren Parkplatz.

Gemütliches Wandern auf bequemem Weg.

Blick in eine Lichtung in den weiten Schönbuchwäldern.

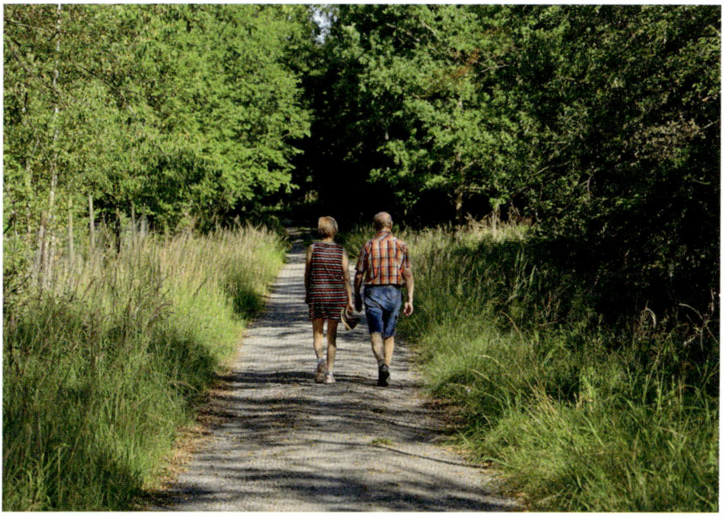

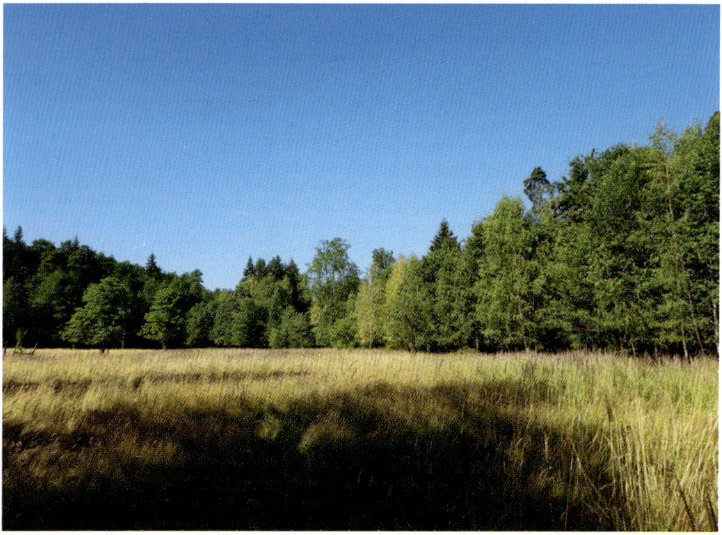

Ein idyllischer Schönbuchsee

21

Zum Ochsenweiher

2¼ Std
8,3 km
100 Hm

Weil im Schönbuch/ Parkplatz Franzensträßle – Ochsenweiher – Rotwildgehege – Weißer Stein – Weiler Hütte – Parkplatz

Wir wandern auf festen Wegen und Pfaden.

Wald, Ochsenweiher

Weiler Hütte

Wir bewegen uns durch ein schönes Stück des Naturparks Schönbuch. Prächtige Laubwälder begleiten unsere Wanderung, bei der wir bald nach dem Start an einem idyllischen See vorbeikommen. Danach treffen wir auf ein Rotwildgehege, das man auch umrunden kann, bevor wir auf die gastliche Weiler Hütte treffen, in der man einkehren kann. Auf dem Rückweg erleben wir erneut einen wunderschönen Wald.

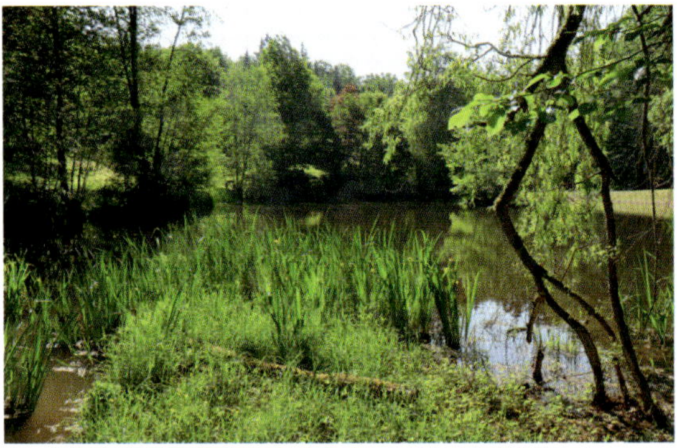

Der Ochsenweiher ist romantisch in seine Umgebung eingewachsen.

Wir gehen am Parkplatz zum **Wanderschild Parkplatz Franzensträßle** (518 m) ①. Hier biegen wir links ab in das Ochsenschachensträßle, durchqueren das Wildgatter und folgen nun diesem Weg eine ganze Weile bergab. Wir passieren das Schild Ochsenbach (515 m) und wandern entlang dieses Baches bis zum idyllischen **Ochsenweiher** ②. Hier findet man Tisch und Bänke, um eine Rast zu halten, es gibt vor dem See eine große Wiese und wer will kann den See sogar umrunden.

Danach folgen wir dem Weg eine ganze Weile weiter. Schließlich zweigt links das **Stoffelskohlsträßle** ab ③, das Radwegschild weist hier nach „Dettenhausen“. Wir halten uns an dieses Sträßchen und wandern entlang des Kleinen

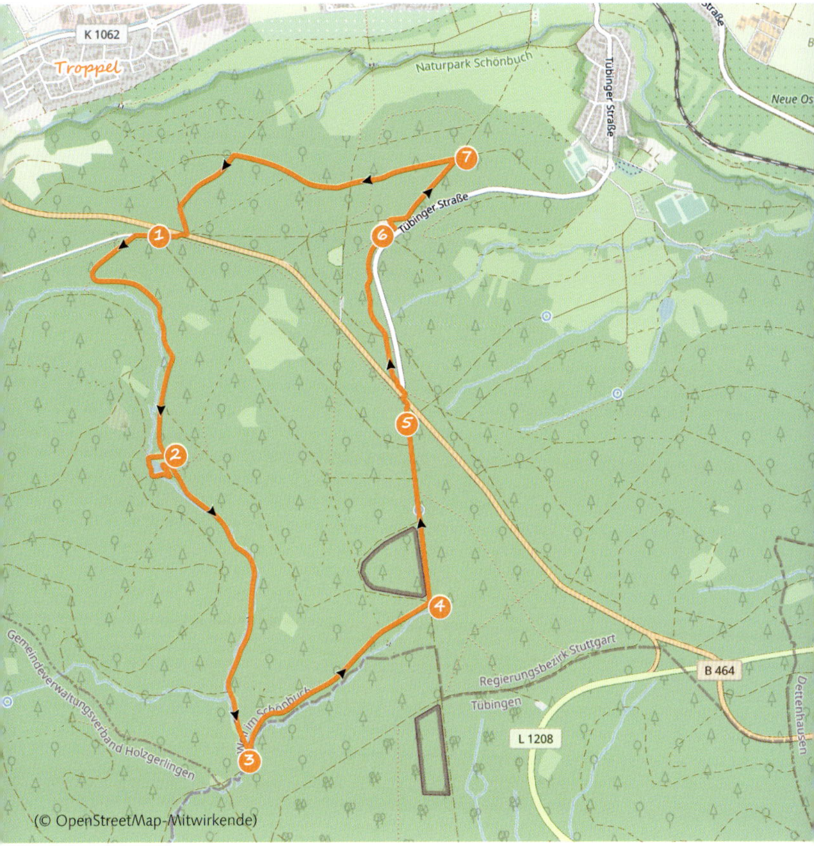

Goldersbaches etwas aufwärts bis wir am Schild Rotwildgehege (463 m) auf das **Tübinger Sträßle** treffen 4. Auf ihm gehen wir nach links bergauf. Wer will kann aber das Wildgehege nach links umrunden und trifft am Schild Josefsruhe (496 m) wieder auf das Tübinger Sträßle.

Vorbei am Schwaben Treue-Brunnen und am Schluss mit einem kurzen Stück mit kräftigerem Bergauf durchqueren wir das Wildgatter, danach den **Parkplatz Weißer Stein** 5. Danach überqueren wir die B464 links der abgehenden Tübinger Straße. Auf der anderen Seite gehen wir mit dem Zeichen blauer Balken in den Wald und auf einem Pfad weiter.

Bald queren wir am Schild Auchtertweg (518 m) diesen Weg und folgen danach dem Pfad weiter. Nach einem Was-

INFOS

Wanderkarte W237 Tübingen, 1:25 000, Hrsg.: Schwäbischer Albverein e. V., Kartographie: Landesamt für Geoinformation und Landentwicklung Baden-Württemberg (LGL); Wanderkarte mit Radwegen Stuttgart Südwest Blatt 50-539, 1:25 000, NaturNavi

weil-im-schoenbuch.de

keine geeignete Möglichkeit

Weil im Schönbuch, B464, Parkplatz Franzensträßle, GPS 48.610179, 9.040132

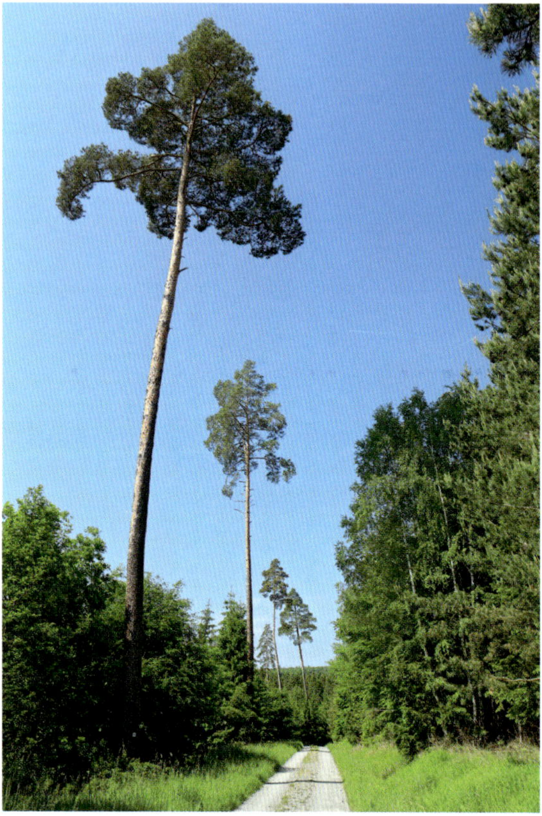

Einzelne hohe Bäume haben die Stürme der vergangenen Jahrzehnte überstanden.

Rechts: Rast im Wald.

Im Goldersbachtal.

Viele der altem hölzernen Wegweiser haben die Zeit gut überstanden und versehen noch treu ihre Dienste.

sertretbecken erreichen wir die **Weiler Hütte** 6. Wir halten uns im Gelände vor dem Anwesen rechts und kommen zum Parkplatz. Dort halten wir uns links zum Schild Weiler Hütte (505 m).

Wir gehen nach rechts weiter und zweigen am Ende des Parkplatzes, kurz vor der Tübinger Straße, mit dem blauen Balken links ab in den Weiler Hüttenweg. Am Schild **Weiler Hüttenweg** (508 m) halten wir uns links in den Haubergweg 7. Am Schild Zweites-Häusle-Weg (516 m) gehen wir geradeaus weiter bis zum Schild **Stockhauweg** (512 m) 8. Hier folgen wir dem gleichnamigen Weg nach links. Der nächste Querweg bringt uns nach links zur B464. Auf der anderen Seite etwas nach rechts versetzt liegt unser Ausgangspunkt.

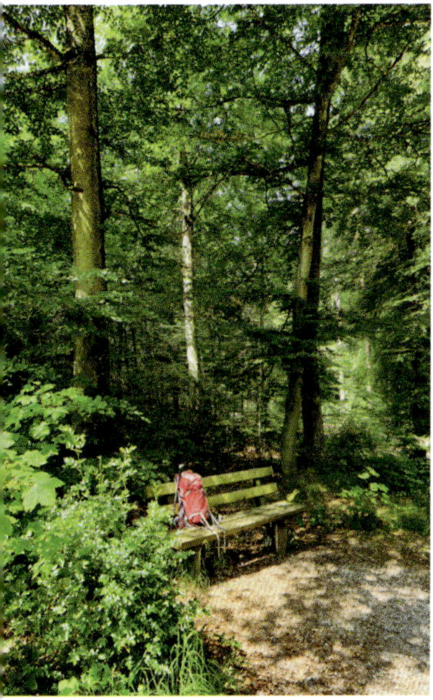

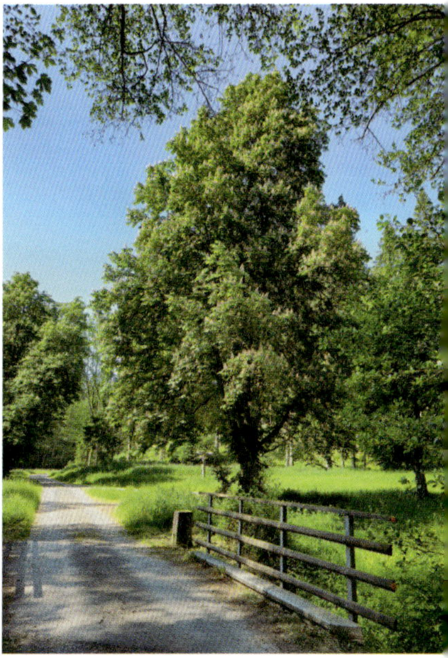

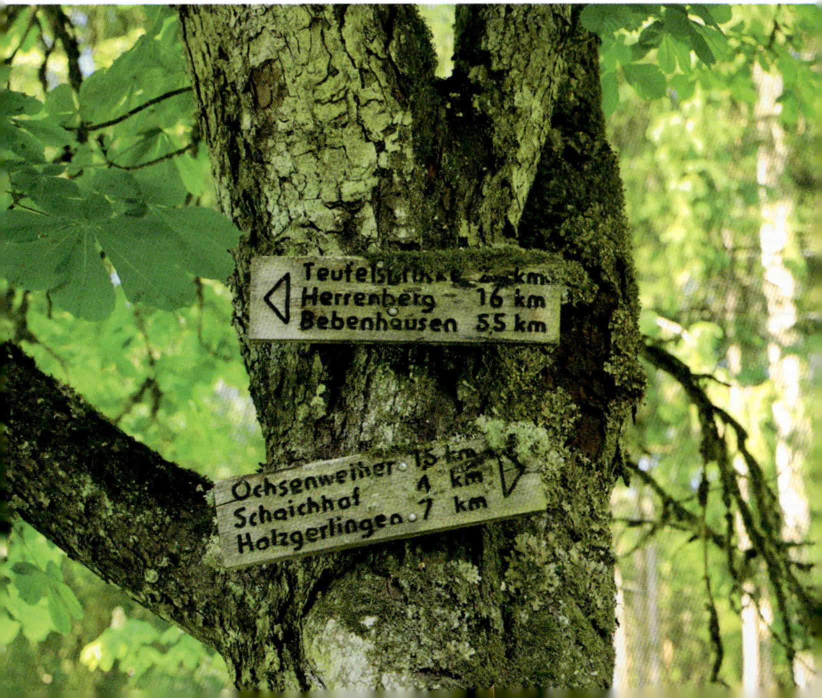
Teufels
Herrenberg 16 km
Bebenhausen 5,5 km
Ochsenweiher 1,5 km
Schaichhof 4 km
Holzgerlingen 7 km

Um den Jordan

22

Von Bebenhausen in den stillen Wald

2 Std

6,6 km

140 Hm

Bebenhausen – Schwarzwildgehege – Fohlenweide – Ilgenloch – Goldersbachtal – Bücherbaum – Bebenhausen

Die Wanderung verläuft auf guten Wegen.

Ort und Kloster Bebenhausen

Bebenhausen

Die von Bebenhausen, dem kulturellen und historischen Highlight des Schönbuchs, aus in den Naturpark führenden Wege, insbesondere das Große Goldersbachtal, gehören nicht zu den stillsten im Naturpark. Aber auch wir müssen anfangs und am Schluss auf ihnen wandern. Trotzdem sind wir bald weit weg vom Trubel in diesem herrlichen Waldgebiet und können ziemlich alleine die Natur genießen. Erst am Schluss, auf einem letzten Abschnitt im Großen Goldersbachtal, vereinen wir uns wieder mit dem Gros der Wanderer. Dazwischen wandern wir durch einen Wald, der einen urtümlichen Charakter zeigt, kommen durch das Fohlenweide/Jordan genannte Waldstück und erreichen die belebte Wanderstrecke erst wieder beim idyllischen Ilgenloch.

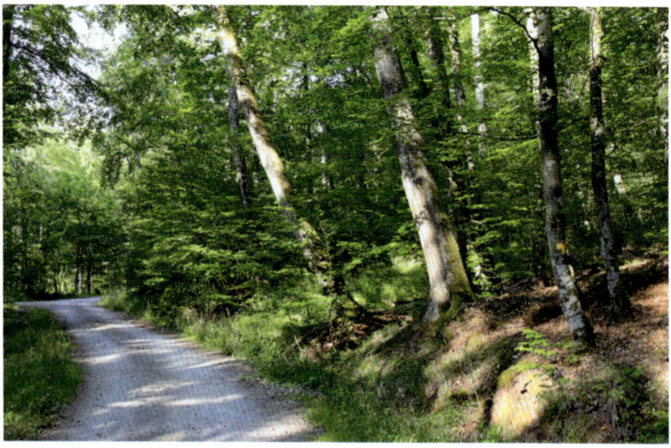

Man wird auf dieser Tour nicht vielen Menschen begegnen.

Der große **Parkplatz Bebenhausen** (351 m) ① liegt südlich des Ortes in Richtung Tübingen. Von ihm gehen wir entlang des Goldersbaches auf den Ort zu und biegen an dessen Anfang am Wanderschild **Alte Straße** (353 m) ② rechts ab. Gleich danach orientieren wir uns am Schild Schönbuchstraße (353 m) links, dann aber gleich rechts in die Straße Klostermühle.

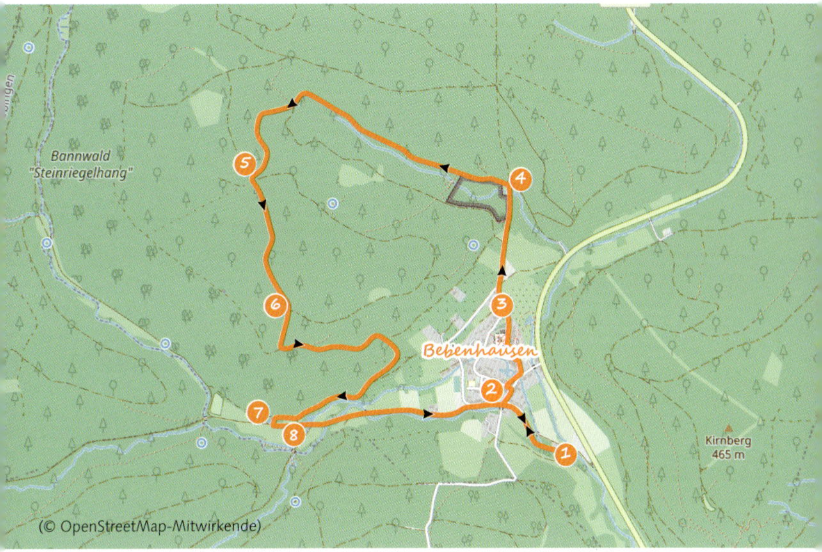

Nun folgen wir, flankiert von einigen historischen Häuser, der Straße bis nach einer Linkskurve, dort gehen wir nach rechts durch den Torbogen und spazieren auf das **Fachwerkhaus** zu. Vor ihm gehen wir nach links die Treppe hinauf, orientieren uns oben zweimal rechts und durchqueren den Durchlass unterhalb der prächtigen Uhr. Anschließend gehen wir rechts der Kirche mit dem fein gearbeiteten Dachreiter weiter geradeaus und kommen links der Häuser zur **Klostermauer**. Hier verlassen wir durch eine Holztüre Bebenhausen. Danach passieren wir das Schild **Böblinger Sträßchen** (383 m) 3.

Nach den Streuobstwiesen geht es hinab zum Wald. Wir kommen durch ein Gattertor in den geschützten Bereich des Naturparks und folgen dem eingezäunten Schwarzwildgehege hinab zu einer Kreuzung. Dort halten wir uns am Schild **Schwarzwildgehege** (397 m) 4 links, jetzt ansteigend.

Nach einem Brunnen ignorieren wir den links abgehenden Weg. Wir behalten unsere Richtung bei und wandern bald mit vielen Windungen hoch zu einer Kreuzung mit dem **Fohlenweideweg** 5. Hier halten wir uns an den zweiten Weg von links und kommen zu einer Verzweigung beim Schild **Fohlenweide** (477 m) 6. Dort geht es nach rechts weiter. Etwas später quert der Hauffweg. Auf ihm gehen wir

INFOS

Wanderkarte W237 Tübingen, 1:25 000, Hrsg.: Schwäbischer Albverein e. V., Kartographie: Landesamt für Geoinformation und Landentwicklung Baden-Württemberg (LGL); Wanderkarte mit Radwegen Naturpark Schönbuch Tübingen Blatt 50-538, 1:25 000, NaturNavi

naturpark-schoenbuch.de, kloster-bebenhausen.de

Bus bis Haltestelle Bebenhausen Waldhorn – Tübingen

Tübingen-Bebenhausen, Parkplatz südlich des Ortes an der L1208, GPS 48.557786, 9.064856

Ausweichparkplätze findet man etwas nördlich von Bebenhausen an der L1208 in Richtung Dettenhausen oder wenn man in den Ort hinein fährt, gleich rechts, unterhalb des Schlosses.

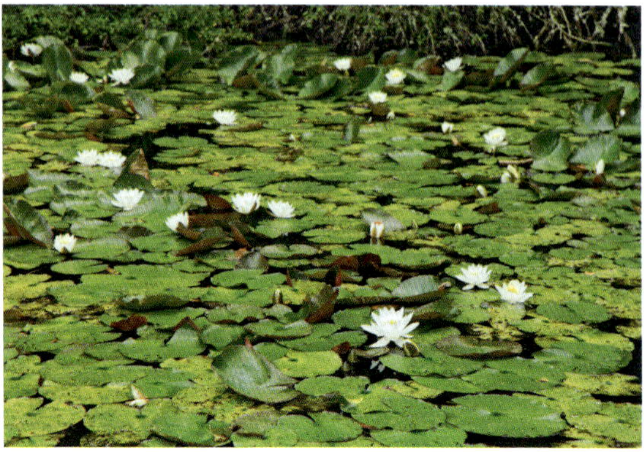

Seerosen am Ilgenloch.

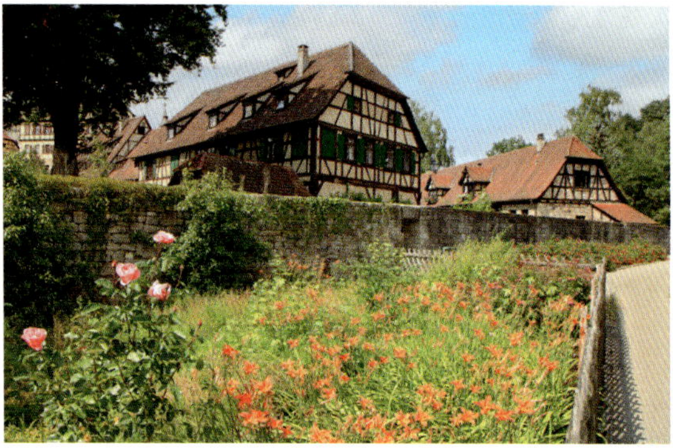

Blick auf die Fachwerkpracht in Bebenhausen.

nach links hinab, durchqueren das Wildgatter und wandern weiter geradeausgehend abwärts.

Ab dem Schild **Schwefelbrünnele** (370 m) sind wir im Großen Goldersbachtal, das nun etwas belebter sein wird. Wenn wir gleich zurück wandern wollen, gehen wir noch ein paar Meter vor und halten uns dann links. Interessant ist aber noch ein kleiner Abstecher. Dazu gehen wir nach rechts in den Wald hinein. Kurz darauf können wir nach links hinab zum **Schwefelbrünnele** und dem idyllischen **Ilgenloch** 7 gehen. Nun nehmen wir den vor dem Weiher verlaufenden Weg und wandern durch das Goldersbachtal nach links. Wir passieren den **„Bücherbaum“** 8 und kommen zum bekannten Schild **Alte Straße** 2. Hier kann man jetzt nach rechts zurück gehen oder wir sehen uns noch das alte Zentrum Bebenhausens mit Kloster und Schloss genauer an. Dorthin kommt man wie eingangs beschrieben.

Jordanberg, Fohlenweide, Bebenhausen

„Auf dem Jordan. Derselbe verdient wahrhaftig seinen Ruhm." so schwärmte schon Eduard Mörike in seinem Tagebuch am 2.September 1863. Der **Jordanberg** wurde schon 1714 als Fundort für versteinerte Knochen genannt. Die Wasser der hier am Hang entspringenden Quellen leitete man früher in Holzdeichelleitungen ins Kloster Bebenhausen, der Name entstand wohl deshalb in Anspielung an den Fluss in Israel.

Das Waldstück **Fohlenweide** kam zu seinem Namen, weil hier früher die jungen Pferde des Klosters Bebenhausen weideten.

Im alten Zisterzienserkloster **Bebenhausen** gibt es einiges zu besichtigen. Es ist eine der am besten erhaltenen Klosteranlagen Deutschlands. Sie liegt in für Zisterzienser typischen Lage einsam in einem weiten Talkessel, für Wasser sorgte der Goldersbach. Das Kloster wurde vermutlich 1181 gegründet und erhielt 1305 Reichsunmittelbarkeit. Die Mönche wirtschafteten gut, denn von allen Klöstern, die 1534/35 von Herzog Ulrich bei der Einführung der Reformation in Württemberg aufgelöst wurden, war Bebenhausen mit seinen 8600 Untertanen das reichste. Ab 1556 bis 1807 war hier eine der evangelischen Klosterschulen, ein „Höheres Seminarium", untergebracht. 1868 wurde das ehemalige Gästehaus in ein königliches Jagdschloss umgebaut und im einstigen Herren- oder Gästehaus richtete man 1868 – 1870 private Räume für das Königspaar Karl und Olga ein. Ab 1918 wohnte der letzte König Wilhelm II. im Jagdhaus, indem er 1921 auch verstarb, ebenso 1946 seine Witwe, Königin Charlotte. Nach dem Zweiten Weltkrieg war von Juni 1947 bis 1952 auf Anweisung der französischen Besatzungsmacht der Landtag von Württemberg-Hohenzollern im Kloster untergebracht. Er war damals das billigste Landesparlament in Deutschland, denn er kostete jeden Einwohner nur 22 Pfennige im Jahr! Heute befindet sich im Kloster ein Zweigmuseum für mittelalterliche Kunst des Württembergischen Landesmuseums. Seit 1975 ist die gesamte Ortschaft Bebenhausen unter Denkmalschutz gestellt und mit Bauverbot belegt – damals war dies einmalig in Baden-Württemberg.

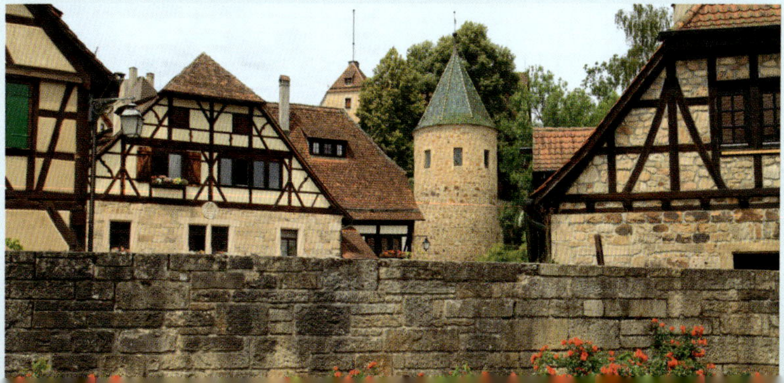

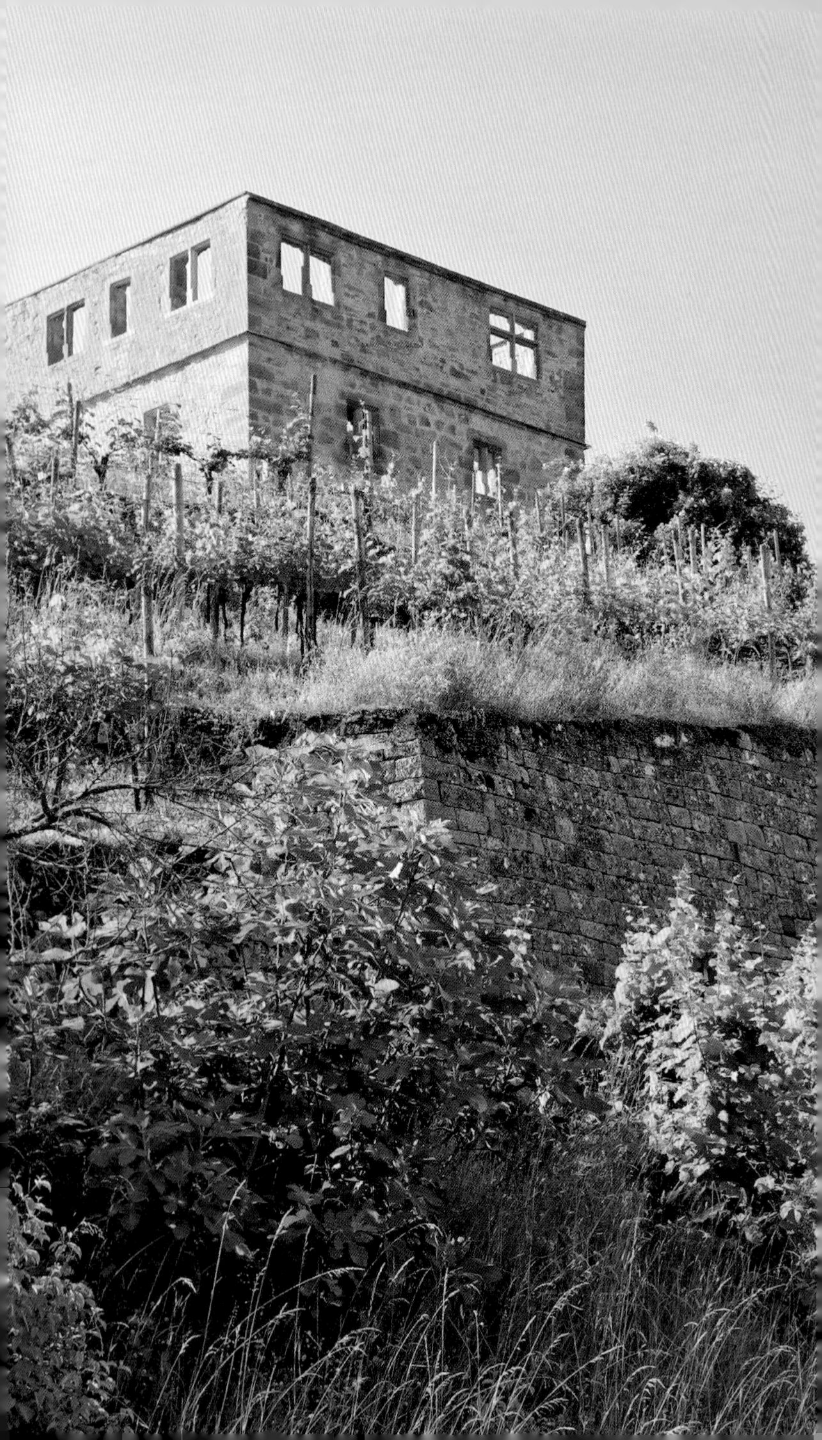

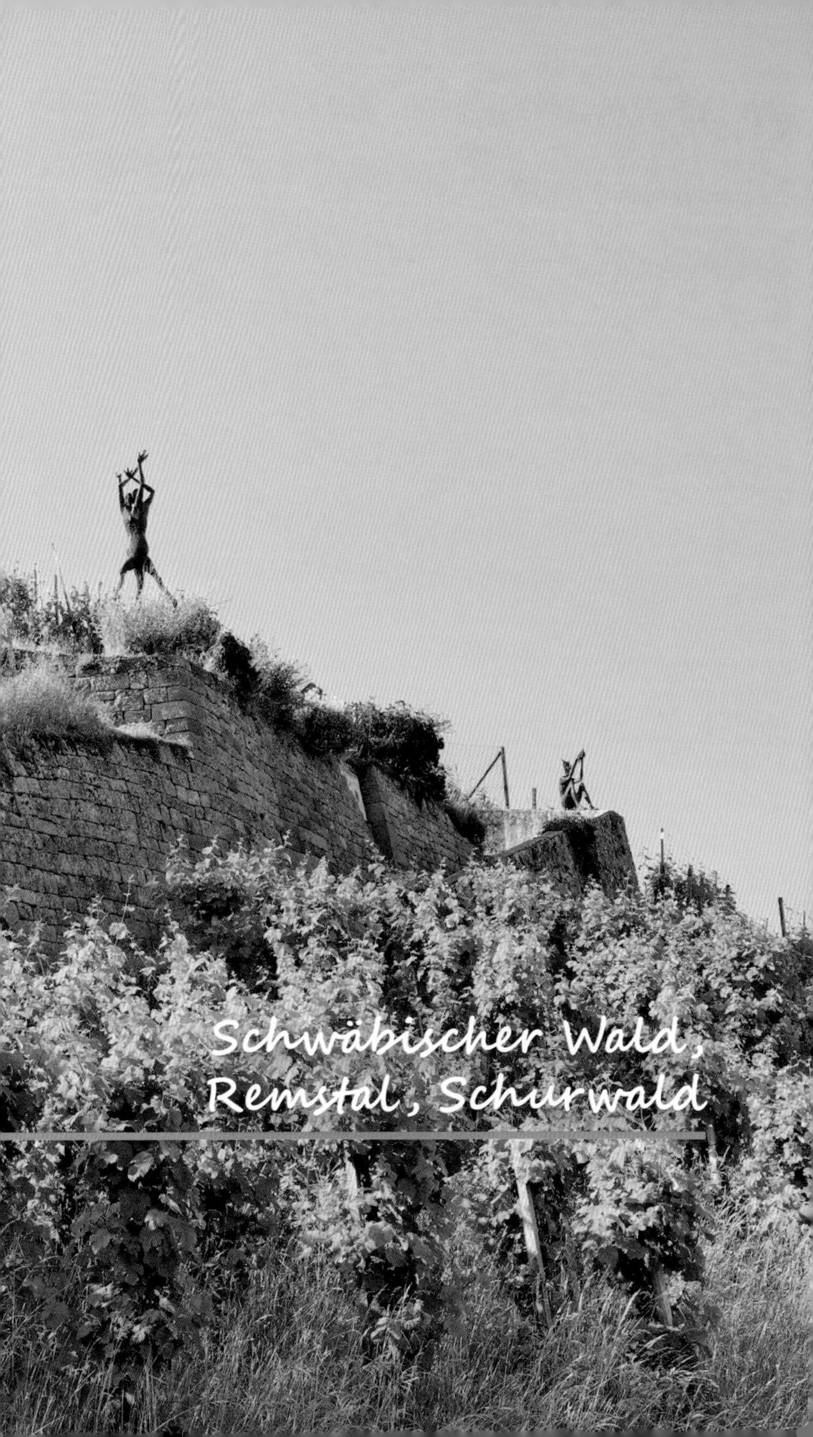

Schwäbischer Wald, Remstal, Schurwald

Wilde Klinge und Seeidylle 23

Von Steinenberg zur Glasklinge

2 Std
6,7 km
180 Hm

Rudersberg-Steinenberg/Wanderparkplatz – Glasklinge – Obersteinenberg – See – Wanderparkplatz

Die Wanderung verläuft auf festen Wegen, nur der kurze Abstieg zur Glasklinge auf einem steilen und erdigen Weg. Bei Nässe, Eis und Schnee sollte man auf diesen Abstecher verzichten.

Wald, Landschaft, Glasklinge, See

Steinenberg, Rudersberg, Schorndorf

Mit der Glasklinge erleben wir bei dieser Tour eine zwar kleine, aber für den Schwäbischen Wald typische wilde Klinge. Von ganz anderem Charakter ist der eher liebliche kleine See, an dem wir am Schluss vorbeiwandern. Naturfreunde werden sich an der Landschaft mit Wald und Streuobstwiesen erfreuen, und wer historisch interessiert ist, kann gleich drei alte Grubbänke am Wegesrand bewundern.

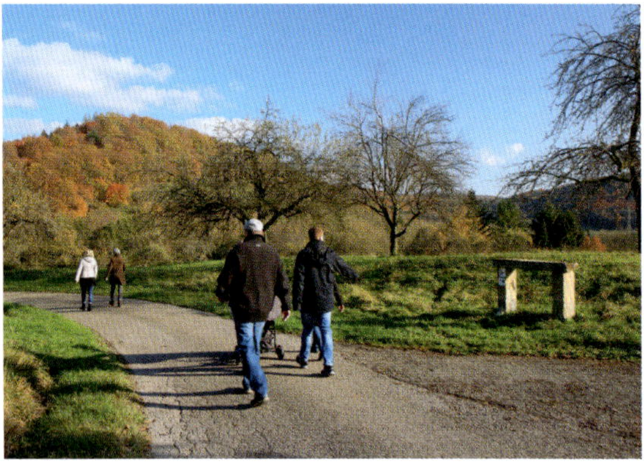

Gleich zu Beginn der Wanderung passiert man eine alte Grubbank.

Wir folgen ab dem **Wanderparkplatz** an der Stürzenhütte 1 dem ortsauswärts führenden Weg. Gleich darauf sehen wir rechts die erste der **Grubbänke**, die uns auf der Tour begegnen werden. An der nächsten Verzweigung halten wir uns an den linken Weg in Richtung „Glasklinge". Etwas später folgt die nächste **Grubbank**, dieses Mal eine zweiteilige, wie sie früher üblich waren. Danach kommen wir in den Wald 2 wo wir dem Geigelsbergweg folgen. Etwas später steigt es an.

Wir dürfen nach einigem Anstieg den rechts abgehenden schmalen Pfad nicht verpassen. Er ist mit einem Wanderschild des Geologischen Pfads Welzheim markiert. Es geht

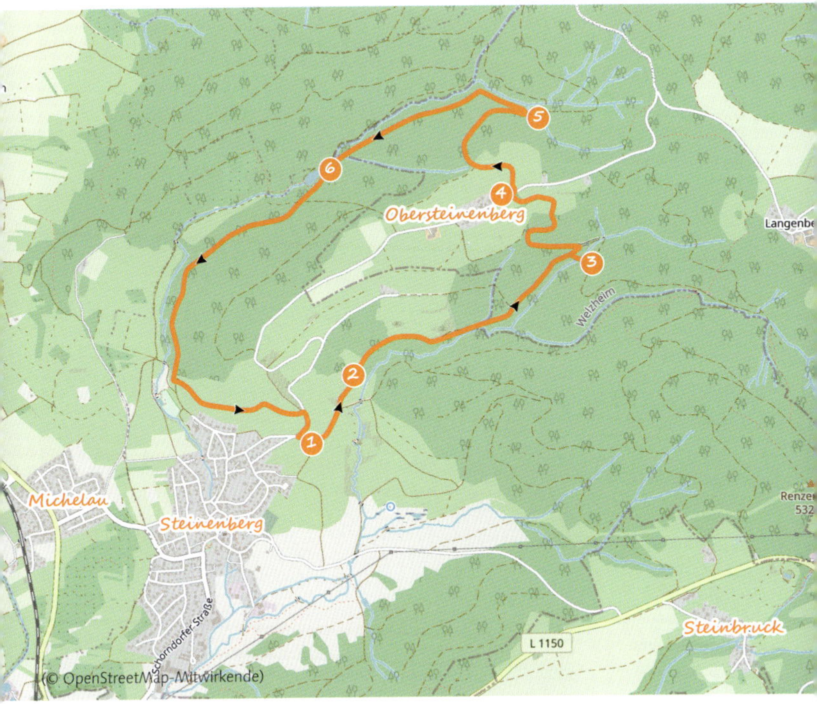

kurz steil hinab, dann stehen wir vor der kleinen Schlucht der **Glasklinge** 3. Zurück auf dem Weg folgen wir ihm noch etwas nach rechts, dann zweigen wir scharf links ab. Nun steigt es nur noch mäßig an.

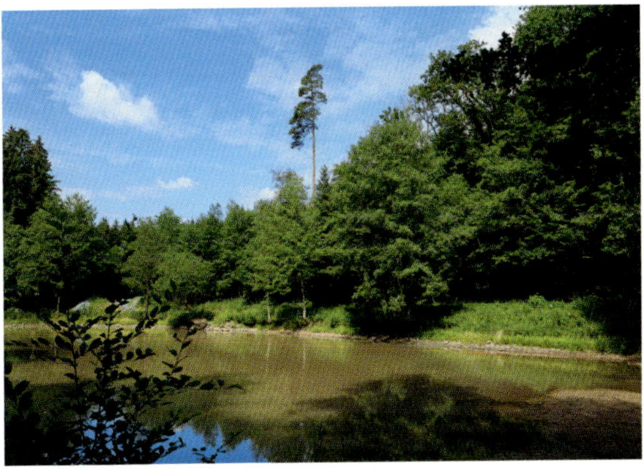

INFOS

Wanderkarte W220 Welzheim, 1:25 000, Landesamt für Geoinformation und Landentwicklung Baden-Württemberg (LGL) in Zusammenarbeit mit dem Schwäbischen Albverein e.V.; Wanderkarte mit Radwegen Schorndorf Göppingen Blatt 54-540, 1:25 000, NaturNavi

rudersberg.de

S-Bahn bis Schorndorf, Bus bis Haltestelle Steinenberg Turnhalle

Rudersberg-Steinenberg (Verzweigung beim Wasserbehälter Richtung Obersteinenberg, Obersteinenberger Straße/Am Bommerlesberg 22), GPS-Koordinaten: 48.863391, 9.555906

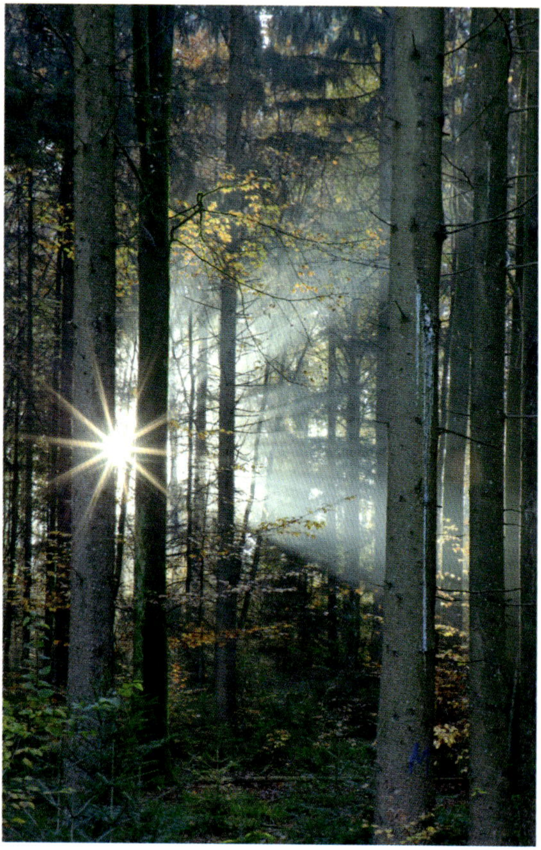

Schließlich erreichen wir rechts von **Obersteinenberg** 4 ein querendes Sträßchen. Wir biegen rechts, dann gleich wieder links ab. Nun wandern wir mit teilweise schöner Aussicht und entlang von Streuobstwiesen zum Waldrand, wo wir bei einem Brunnen und einer mächtigen Eiche den Wald betreten. Etwas später bringt uns der Weg Rossbuckelabzweig an der Bergschmidt Eiche vorbei. Bald führt der Weg bergab zu einem **querenden Weg** 5. Ihm, immer noch Rossbuckelabzweig genannt, folgen wir nach links. Später geht er in den Bronnengehrenweg über. Danach können wir nach rechts hinab zu einem kleinen aufgestauten **See** 6 gehen, wo wir eine Pause einlegen können.

Grubbank und Glasklinge

Der Name **Grubbank**, auch Ruhbank, Gruh-, Krugstatt genannt kommt vom schwäbisch gruaba = ruhen. So werden Sandsteinbänke genannt, die für Lastenträger, Händler, Handwerker oder Marktfrauen gebaut wurden und die an vielbegangenen Wegen und nach Steilstrecken stehen. Da die Leute früher arm waren, erfolgten Transporte oft auf dem Kopf, außerdem waren die Straßen in einem schlechten Zustand. Die Frauen erleichterten sich das Tragen durch ein „Bäuschle" auf dem Kopf, eine Art gepolsterter

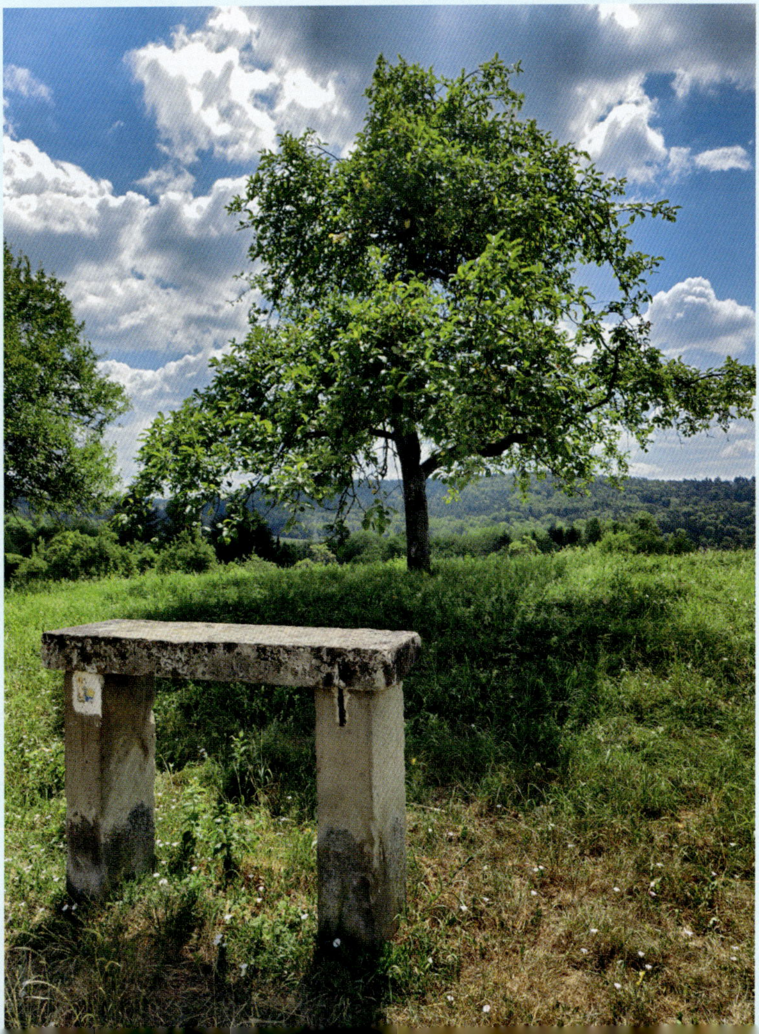

Untersetzer. Meist sind die Bänke im 17. und 18. Jahrhundert, die Mehrzahl wohl zwischen 1780 und 1840, entstanden, es sind aber auch schon 300 Jahre alte bekannt. Sie sind etwa 2,5 Meter lang, 1,3 bis 1,5 Meter hoch, haben zwei Stufen und erleichtern das Absetzen der auf dem Rücken getragenen oder dem Kopf balancierten Warenkörbe. Daneben befindet sich eine etwa 50 Zentimeter hohe Sitzbank. Über zwei mächtigen Pfeilern liegt der Sturzstein, befestigt mit einer steinernen Verzapfung oder Klammern oder Bolzen aus Eisen. Zu finden sind sie im Neckarland zwischen Calw und Böblingen bis Heilbronn und Bretten, nach Osten bis in den Rems-Murr-Kreis, wenige auch im Tübinger/Reutlinger Raum, außerdem im Nordelsaß.

Der etwas abgegriffene Begriff „wildromantisch" passt bestens für das urwüchsige Stück Natur der **Glasklinge**. Sie ist eine typische Schlucht im Schwäbischen Wald. Hier findet man unterhöhlte Felsvorsprünge, mächtige Gesteinsbrocken aus Kieselsandstein, Bäume, die sich in den Fels krallen, umgestürzte, bemooste Baumstämme und einen kleinen Wasserfall. Ihr Name kommt von der einstigen Glasmacherei im 16. und 17. Jahrhundert im Welzheimer Wald. Die Glasmacher benötigten Quarzsand und Pottasche; diese wurde aus den dichten Wäldern hier gewonnen.

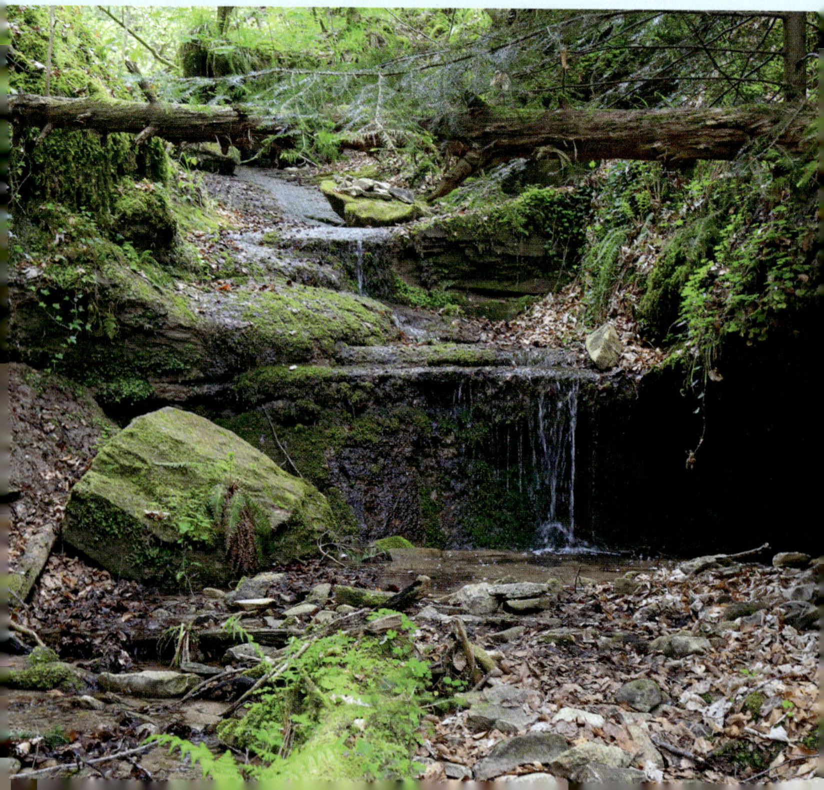

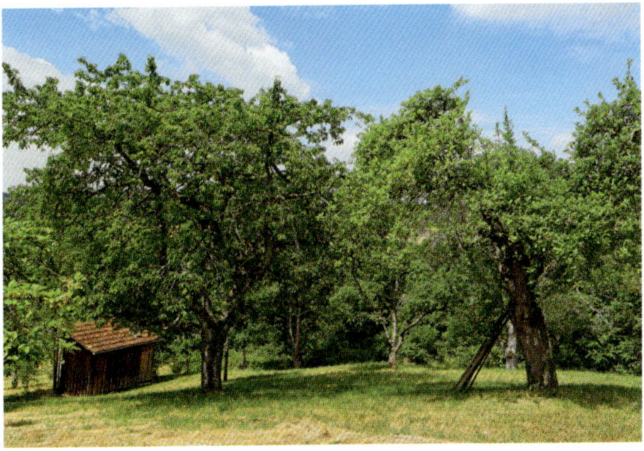

Danach folgen wir dem Weg weiter bis zum **ersten Haus** von Steinenberg 7. Dort biegen wir links ab auf den Gotthilf Bay Weg. Er steigt erst sanft an und bietet uns eine herrliche Aussicht auf Steinenberg und die umliegenden Höhen. Schließlich treffen wir auf eine Querstraße. Rechts sehen wir noch einmal eine zweiteilige **Grubbank**. Wir biegen rechts ab und sind kurz darauf zurück am Ausgangspunkt.

Aussicht und Wald

24

Zwischen Buoch und Reichenbach durch die Berglen

2½ Std

9 km

160 Hm

Remshalden-Buoch – Reichenbach – Wald – Buoch

Bis auf ein kurzes Stück wandern wir auf festen Wegen.

Aussicht, Wald, Buoch

Buoch

Der Ausgangsort Buoch war schon früh bekannt, und auch heute noch hat er mit seinem Museum und seinen Wandermöglichkeiten einiges zu bieten. Wir wandern zwischen Baumwiesen, Feldern und Wald von dort nach Reichenbach, wobei wir unterwegs immer wieder eine schöne Aussicht über die Berglen haben.

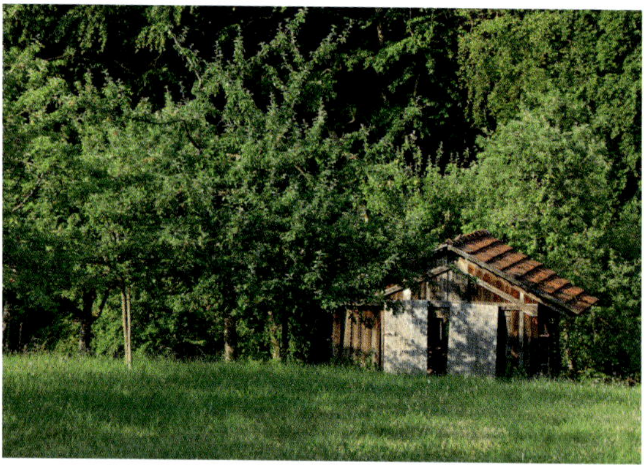

Immer wieder sieht man kleine Geräteschuppen in den Streuobstwiesen.

Wir folgen vom Ausgangspunkt mit dem **Wanderschild Buoch Steinacher Straße** (513 m) 1 dieser Straße. Bald kommen wir am Schild Steinacher Straße Ost (497 m) vorbei, danach ignorieren wir am Schild Hohenstaufenstraße (496 m) diese geradeaus führende Straße und halten uns an die leicht abfallende Steinacher Straße. Am Ortsende gehen wir mit dem Wanderzeichen rotes Kreuz geradeaus weiter. Am Waldrand treffen wir auf eine mächtige Eiche mit einem Denkmal für die im Krieg gefallenen Soldaten 2. Hier halten wir uns rechts und wandern mit prächtigem Blick zur Schwäbischen Alb durch die Wiesen zum Waldrand, wo wir der Hohen Straße folgen.

An einem **pilzartigen Unterstand** und dem Wanderzeichen Marschallhölzle gehen wir links vorbei und erreichen

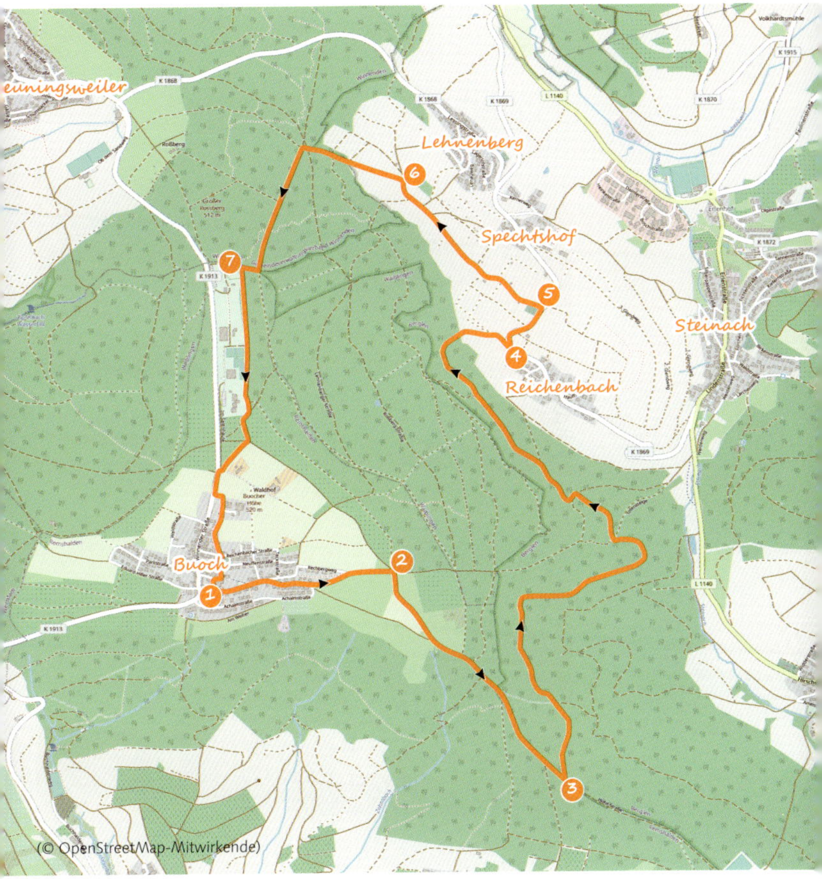

danach einen **Wegweiser** 3. Hier biegen wir links ab in Richtung „Reichenbach“. Nun geht es im Wald weiter. Wir ignorieren nach einiger Zeit den rechts abgehenden Wanderweg, danach gehen wir an einer Kreuzung geradeaus weiter. Nun steigt es wieder an. Danach ignorieren wir den rechts abgehenden, abfallenden Weg und wandern bis zu einer ansteigenden Linkskurve. Hier zweigen wir rechts ab auf den Forstweg. Er zieht in weitem Bogen bis zu einer Lichtung.

Nach ihr überqueren wir ein Bächlein und halten uns an den nach rechts abgehenden ansteigenden Weg. Er bringt uns aus dem Wald und zur Straße 4. Wir halten uns links

INFOS

Wanderkarte W220 Welzheim, 1:25 000, Landesamt für Geoinformation und Landentwicklung Baden-Württemberg (LGL) in Zusammenarbeit mit dem Schwäbischen Albverein e.V.

remshalden.de, berglen.de

Bus bis Haltestelle Buoch Gemeindehaus

Remshalden-Buoch, Parkplatz Gemeindehaus, Steinacher Straße, GPS 48.833248, 9.423270

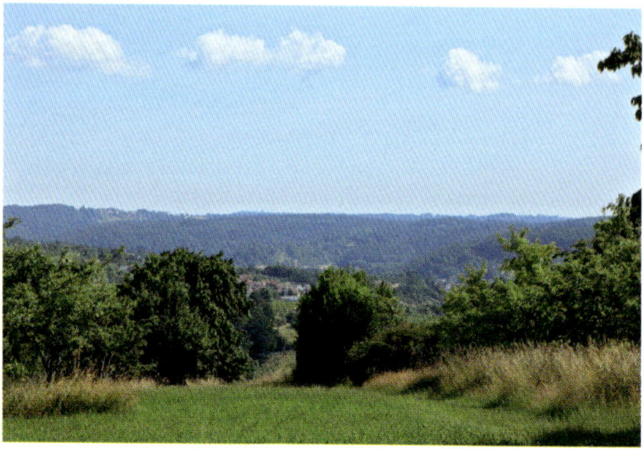

Blick ins Remstal.

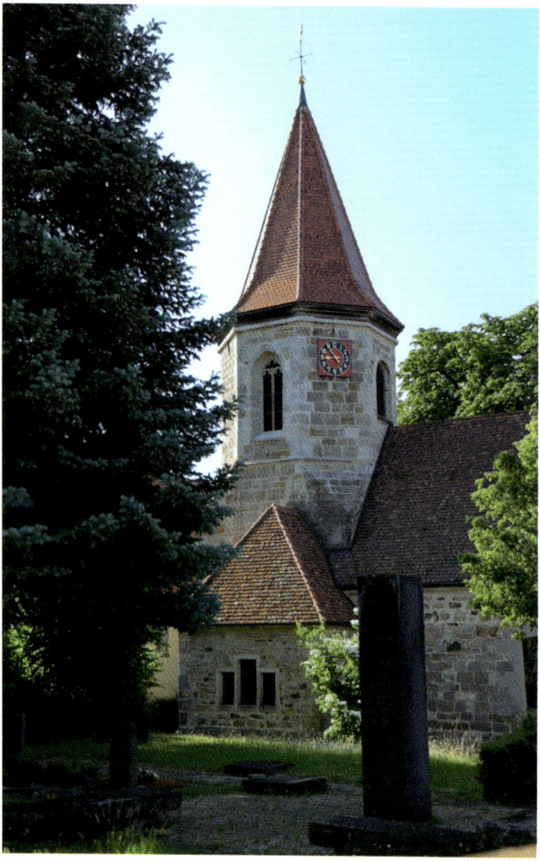

Die Kirche in Buoch besitzt einen wuchtigen Turm.

und kommen zum **Friedhof**, rechts davon liegen ein Spiel- und ein Grillplatz 5.

Wir gehen am Friedhof entlang und folgen nun einige Zeit einem richtigen Panoramaweg mit herrlichem Blick über die lebhaft bewegten Berglen, bis wir bei einem **Wegweiser** in Richtung „Buoch" nach links verwiesen werden 6. Bald kommen wir in den Wald, wo es leicht ansteigt. Am zweiten Weg von zwei kurz nacheinander querenden biegen wir links ab in das Birkmannsweiler Sträßchen. Nach sanftem bergauf orientieren wir uns rechts und wandern an einem Platz mit Trimm Dich-Einrichtungen vorbei. Danach halten wir uns vor der Wiese mit dem großen Spielplatz am Schild **Buoch Freizeitzentrum** (519 m) links 7.

Etwas später gehen wir links an den Gebäuden des **3E Gesundheitszentrums** vorbei. Nach einer Rechtskurve biegen wir links ab und kommen zu einem querenden Asphaltweg. Hier gehen wir praktisch geradeaus weiter und stoßen bald auf die Straße. Ihr folgen wir nach links.

Aber noch vor Buoch zweigen wir links ab auf den Turmweg. Er zieht gleich darauf nach rechts und bringt uns zum Schild **Reichenbacher Straße** (510 m). Dahinter gehen wir rechts an der Friedhofsmauer weiter zur Kirche. Dort biegen wir rechts ab, gleich darauf an der Bushaltestelle links.

Man muss den Imkern dankbar sein für ihre Arbeit.

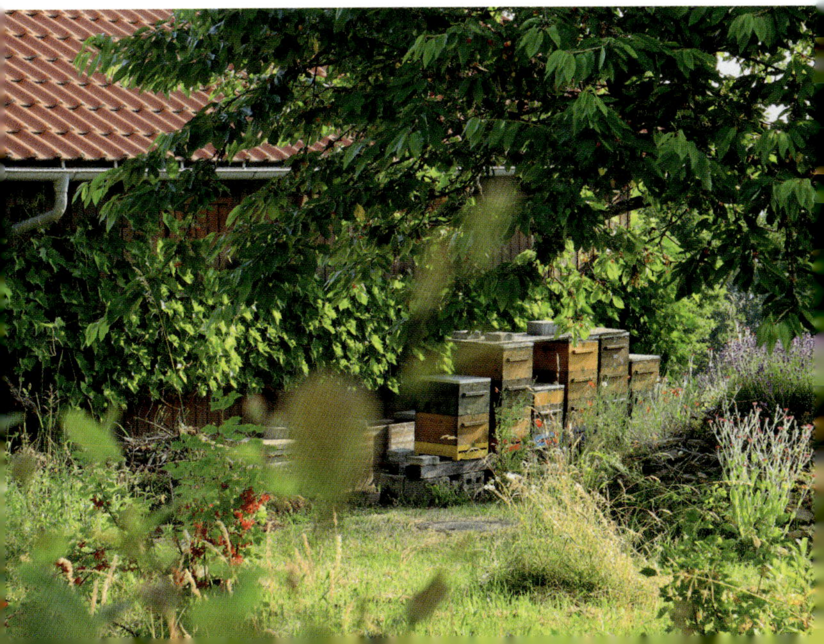

Mit auf und ab durch die Berglen 25

Aussicht, Streuobstwiesen und Wald

2 Std

6,6 km

170 Hm

Berglen-Hößlinswart/ Wanderparkplatz Roter Stich – Kottweiler Waldspielplarz – Hößlinswart – Parkplatz

Wir wandern auf festen Wegen.

Aussicht, Steindenkmale Hößlinswart

Vereinsgaststätte unweit des Parkplatzes

Der Name der Gemeinde „Berglen" trägt das schon im Wort, was den Wanderer dort erwartet: Berge. Aber man braucht keine Angst zu haben, es sind keine richtigen Berge, sondern eher Berglein, aber es geht immer etwas auf und ab. Die Höhenunterschiede insgesamt halten sich jedoch in Grenzen. Dafür aber hat man immer wieder, vor allem am Anfang und gegen Ende, eine wunderbare Aussicht auf das Tal, in dem die Teilgemeinde Hößlinswart liegt. Dazwischen wandern wir durch schattigen Wald.

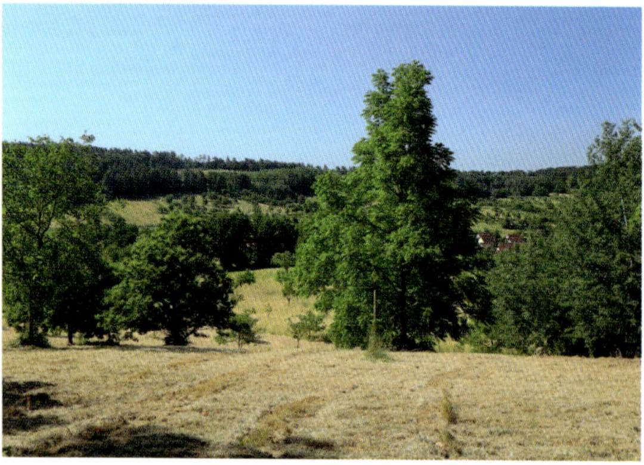

Die Landschaft in den Bergen ist stark bewegt und reich strukturiert.

Wir gehen vom **Parkplatz** 1 aus zur L1140 und biegen dort links in Richtung Hößlinswart ab. Etwas später halten wir uns in der Rechtskurve links in den schmalen Pfad, der uns hinab zu einem Asphaltweg bringt. Dieser knickt gleich darauf rechts ab und bringt uns wieder zur Straße. Wir folgen ihr noch etwas abwärts, dann zieht sie nach links, wir wandern aber geradeaus auf einem Feldweg weiter 2. Nach etwas bergauf fällt er als Wiesenweg wieder ab und bringt uns zu einem **Asphaltweg** 3.

Hier orientieren wir uns rechts. Der Weg zieht gleich darauf nach links und wir wandern mit herrlichem Blick auf

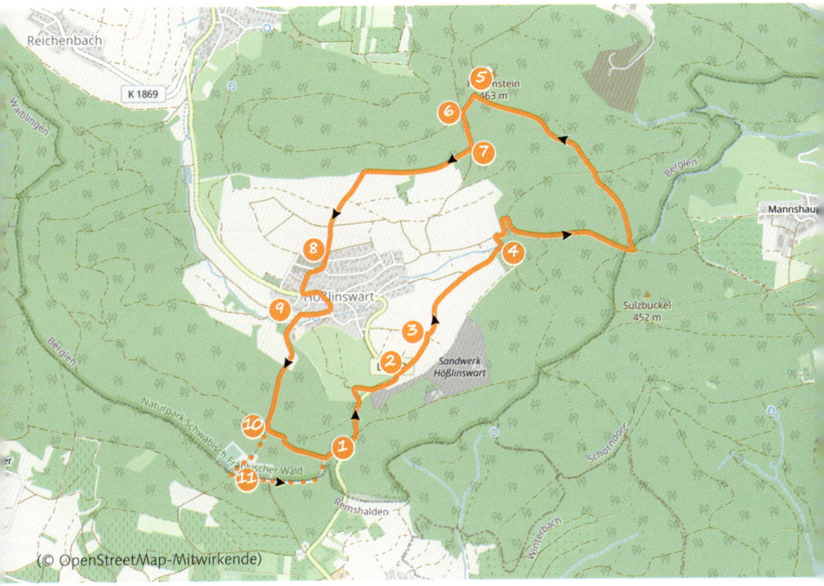

Höβlinswart durch Streuobstwiesen zum Wald. In ihm zieht der Weg nach links 4 und wir kommen kurz wieder hinaus in die Wiesen. Hier biegen wir rechts ab in den Querweg, der uns zurück in den Wald führt. In ihm geht es nun in Kurven aufwärts, wobei wir die abgehenden Wege links und rechts ignorieren.

Kurz nach dem rechts abgehenden Kegelbahnweg biegen wir an einem Wanderschild links ab in Richtung „Waldspielplatz Kottweiler“ 5. Wir wandern bis zu einem querenden Asphaltweg. In ihn schwenken wir links ein und gehen wieder bergab. Bald zieht der Weg nach links 6.

Am nächsten Weg biegen wir rechts ab 7. Etwas später verlassen wir den Wald und kommen hinaus ins Freie, wo wir über eine Wiesenfläche hinab nach Höβlinswart und zu den dicht bewal-

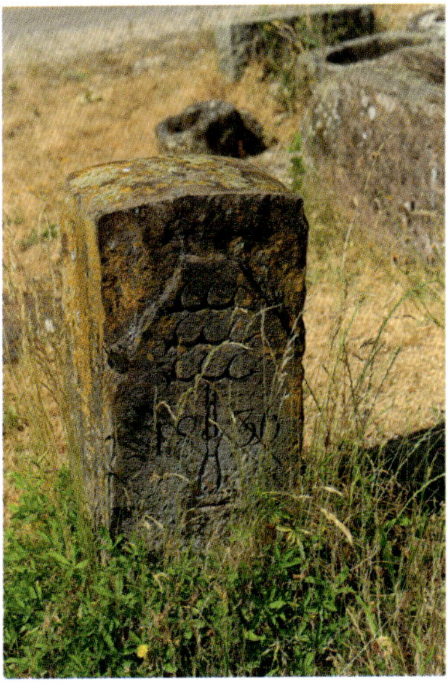

Grenzstein mit dem württembergischen Wappen in Höβlinswart.

INFOS

Wanderkarte W220 Welzheim, 1:25 000, Landesamt für Geoinformation und Landentwicklung Baden-Württemberg (LGL) in Zusammenarbeit mit dem Schwäbischen Albverein e. V.; Wanderkarte mit Radwegen Schorndorf Göppingen Blatt 54-540, 1:25 000, NaturNavi

berglen.de

Bus bis Haltestelle Hößlinswart

Berglen-Hößlinswart, Wanderparkplatz Roter Stich, Rehstraße/L1140, GPS 48.822957, 9.462690

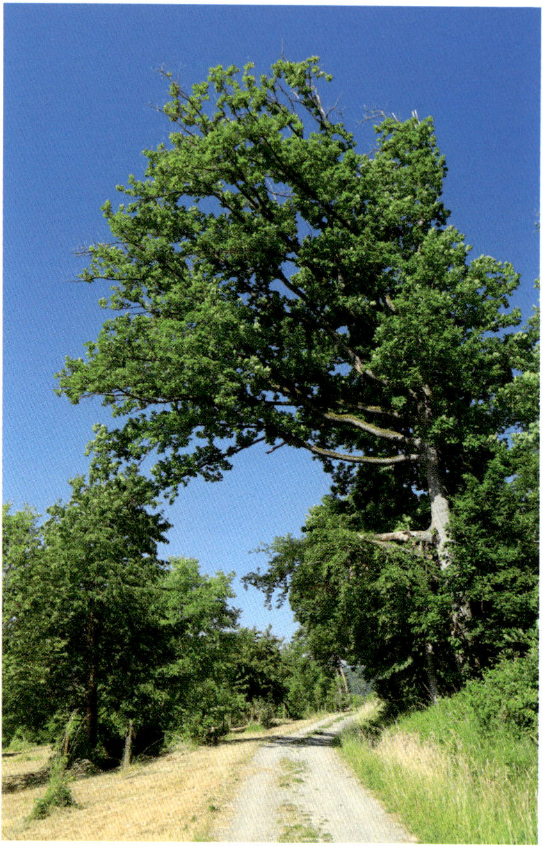

Manch markanter Baum säumt den Wanderweg.

deten Höhen dahinter blicken können. Nach einer Weile entlang des Waldrands zieht der Weg nach links und wir wandern hinab nach **Hößlinswart** 8. Nach den ersten Häusern halten wir uns an der Querstraße rechts und folgen der Gamsstraße hinab in den Ortskern, wo wir uns in der Hirschstraße links halten.

Bei den **Häusern Nr. 25 und 23** zweigen wir rechts ab in die Otterstraße und kommen zur Bushaltestelle Hößlinswart, wo man die Tour beginnt, wenn man mit öffentlichen Verkehrsmitteln anreist. Rechts davon sehen wir eine interessante Zusammenstellung historischer steinerner **Kleindenkmale** – Brunnentröge, eine Grubbank, Mühlsteine und vieles mehr.

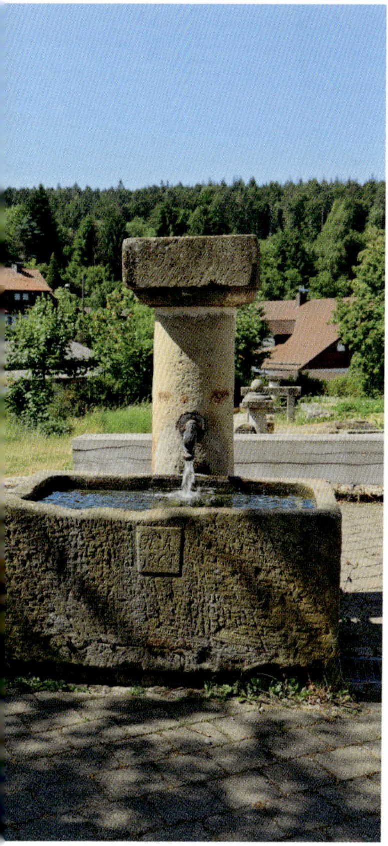

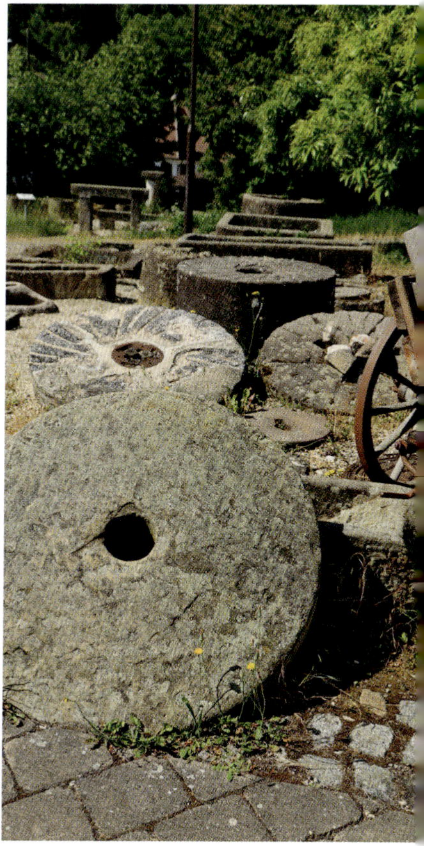

Brunnen und steinerne Zeugen der Vergangenheit in Hößlinswart.

Wir folgen weiter der Otterstraße hinab ins Tal, wo wir rechts in die Ameisenstraße verwiesen werden. Vor den **Spielplätzen** biegen wir dann links ab 9 und steigen an in den Wald. Dort erwartet uns ein steiles Stück. Am zweiten Querweg 10 müssen wir uns entscheiden. Der kürzere und angenehmere Weg führt uns nach links zur Hohen Straße und dort nach links zum Parkplatz. Wer jetzt noch in der Sportplatzgaststätte einkehren möchte, kann sie mit dem Auto anfahren.

Wer möchte geht aber am Abzweig noch kurz bergauf zu den Sportplätzen und der **Gaststätte** 11. Danach wandert man in der Hohen Straße nach links zurück zum Ausgangspunkt. Diese Variante ist nur unwesentlich weiter.

Zwischen Grunbach und Geradstetten

26

In die Weinberge, entlang der Rems

1¾ Std

7 km

70 Hm

Remshalden-Grunbach – Panoramaweg/Kernershof – Geradstetten – entlang der Rems – Grunbach

Wir wandern auf festen Wegen.

Ortsbilder und Häuser, Rems, Landschaft

Geradstetten, Grunbach

Wir wandern im Remstal sowohl auf die aussichtsreiche Höhe, wo wir auf dem Panoramaweg einen herrlichen Blick hinab ins Remstal haben, als auch entlang des Flusses. Abwechslung bieten die beiden Orte Grunbach und Geradstetten, in denen man so manches sehenswerte Gebäude bewundern kann. Interessant ist die Wanderung auch für Kinder, kommt man doch an drei Spielplätzen vorbei.

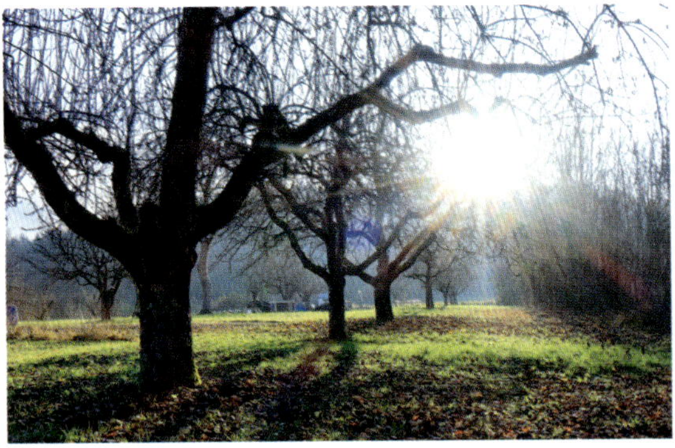

Herbstsonne in den Streuobstwiesen des Remstals.

Vom **Parkplatz am Bürgerpark** 1 aus kann man vor oder nach der Wanderung einen Abstecher machen, der zum Teil auf dem Panoramaweg verläuft und herrliche Blicke hinab ins Remstal ermöglicht. Man folgt hierzu dem Weg, der zwischen dem Spielplatz und dem Zehntbach verläuft. Später gehen wir an einem **Querweg** 2 nach rechts bis zu einem Sträßchen, dem wir nach links aufwärts folgen. Nach einer scharfen Rechtskurve haben wir einen wunderbaren Blick hinab ins Remstal, auch später gibt es noch Stellen mit Aussicht. Wir wandern unterhalb von **Kernershof** 3 bis wir auf ein Haus stoßen. Hier ignorieren wir den links abgehenden Weg zum Bauersberger Hof und gehen geradeaus in die Weinberge.

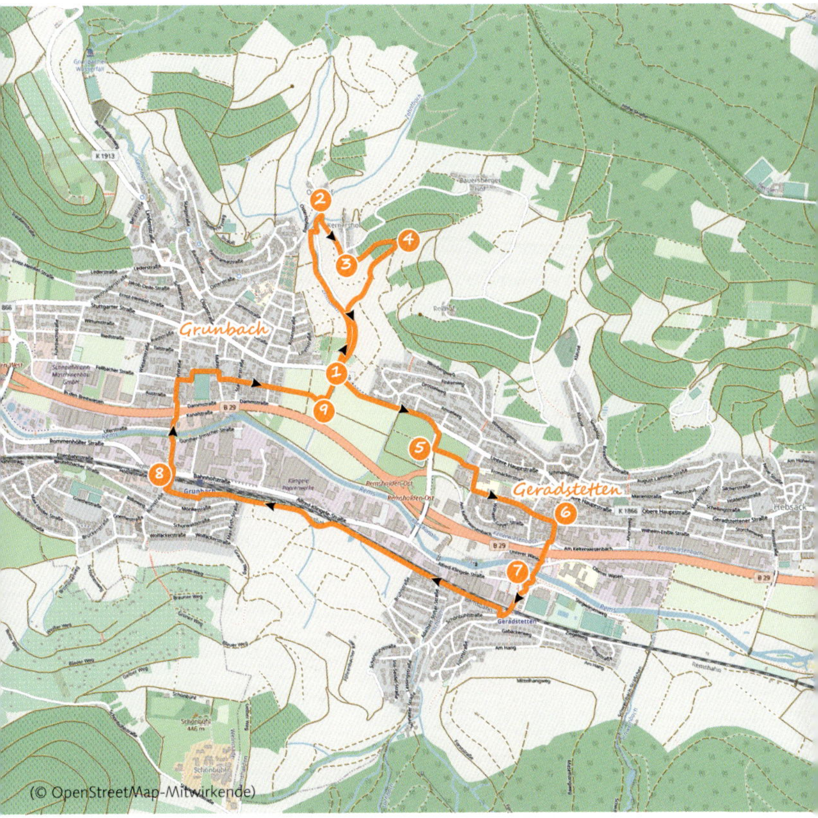

Bei nächster Gelegenheit biegen wir rechts ab (4), nun verlassen wir auch den Panoramaweg. Wir biegen gleich wieder rechts ab und folgen einem Feldweg abwärts. Wo er nach links zieht, wandern wir auf dem zweiten rechts abgehenden Weg weiter. Nach etwas bergab stoßen wir auf ein querendes Asphaltsträßchen. Auf ihm gehen wir nach links weiter – rechts fließt der Bach, den wir noch vom Anfang her kennen, und dahinter verläuft unser ursprünglicher Weg.

Bald erreichen wir wieder unseren Ausgangspunkt, den **Parkplatz am Bürgerpark** (1), der Abstecher ist nun zu Ende. Jetzt können wir uns den Weltgarten ansehen. Dann wechseln wir auf die andere Straßenseite und folgen der Straße nach links. Nach dem Wohngebiet links der Straße

INFOS

W220 Welzheim, 1:25 000, Landesamt für Geoinformation und Landentwicklung Baden-Württemberg (LGL) in Zusammenarbeit mit dem Schwäbischen Albverein e.V.; Wanderkarte mit Radwegen Stuttgart Nordost Blatt 52-541, 1:25 000, NaturNavi

remshalden.de, remstal.de

S-Bahn bis Haltestelle Geradstetten

Remshalden-Grunbach, Bürgerpark, Schorndorfer Straße, GPS 48.814957, 9.427731

Autofahrer finden auch in der Nähe des Bahnhofs Geradstetten verschiedene Parkmöglichkeiten, dort startet man auch, wenn man mit der S-Bahn anreist.

treffen wir auf die Straße Mittelbergspange. Wir überqueren sie und halten uns auf ihrer anderen Seite rechts. Gleich darauf biegen wir links ab (5) und kommen zum **Rathaus**. Nach ihm orientieren wir uns rechts, nach dem Pflegeheim links in die Friedensstraße. Nach einer Querstraße gehen wir geradeaus in der Wilhelm-Enßle-Straße weiter. Danach biegen wir rechts in die **Rathausstraße** (6) ab – wer ins Zentrum zu Rathaus und Kirche gehen möchte, macht hier einen Abstecher nach links.

Ansonsten unterqueren wir bald die **B29**, halten uns in der Straße Oberer Wasen rechts, überqueren die Rems und kommen in der Badstraße zur **Neuapostolischen Kirche** (7). Hier biegen wir links ab in die Schönbühlstraße. Man kann der Straße folgen oder links über die Parkplätze gehen. Gleich nach der Überquerung der Bahngleise biegen wir ab und gehen bis vor die Gleise. Hier orientieren wir uns links und folgen später der Kurzen Straße. Später kommen wir an einem links liegenden kleinen See vorbei, von dem wir aber vor allem nur seinen Schilfgürtel sehen. Der Weg

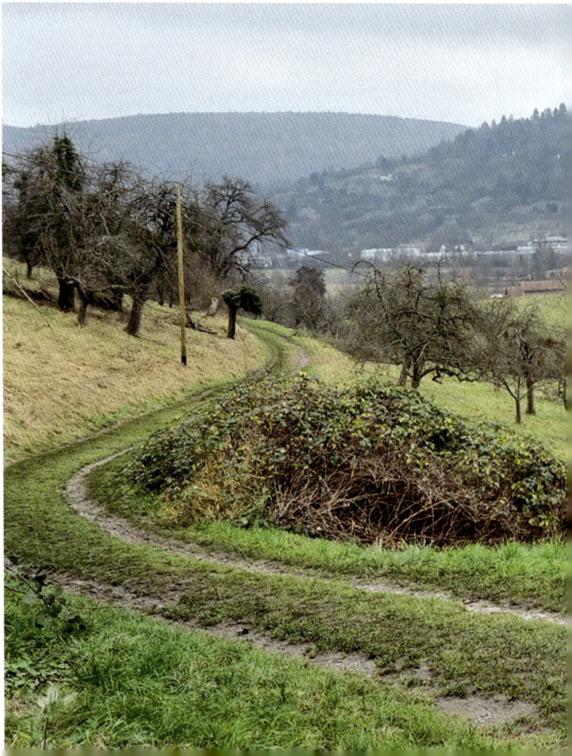

Von der Höhe beim Kernershof bieet sich ein weiter Blick ins Remstal.

zieht nach ihm etwas nach links und steigt an. Später wandern wir durch das erste Wohngebiet von **Grunbach**. Wir kommen an einem Spielplatz vorbei, danach beschreibt die Straße einen Links-rechts-Knick und wir folgen der Uhlandstraße bis zur querenden Bühlstraße.

Hier halten wir uns rechts und unterqueren die Bahnlinie 8. Die Bahnhofstraße bringt uns über die Rems – hier sollte man rechts den Aussichtssteg beachten. Danach biegen wir rechts in die **Fellbacher Straße** ein. Vor dem Sportplatz und dem Spielplatz halten wir uns links, dann gleich wieder rechts. Vorbei am Sportplatz, dann zwischen Häusern kommen wir zur querenden Mühlstraße. Wir biegen rechts, dann gleich wieder links in die Welfenstraße ab. Wir gehen geradeaus aus dem Ort hinaus und kommen zur idyllisch renaturierten Fläche des **Zehntbachs**. Hier halten wir uns an der Verzweigung links 9 und kommen zurück zum **Bürgerpark**. Kinder können sich an dem großen Spielplatz erfreuen und wer es noch nicht gemacht hat, schaut sich den durch Tafeln erklärten Weltgarten an.

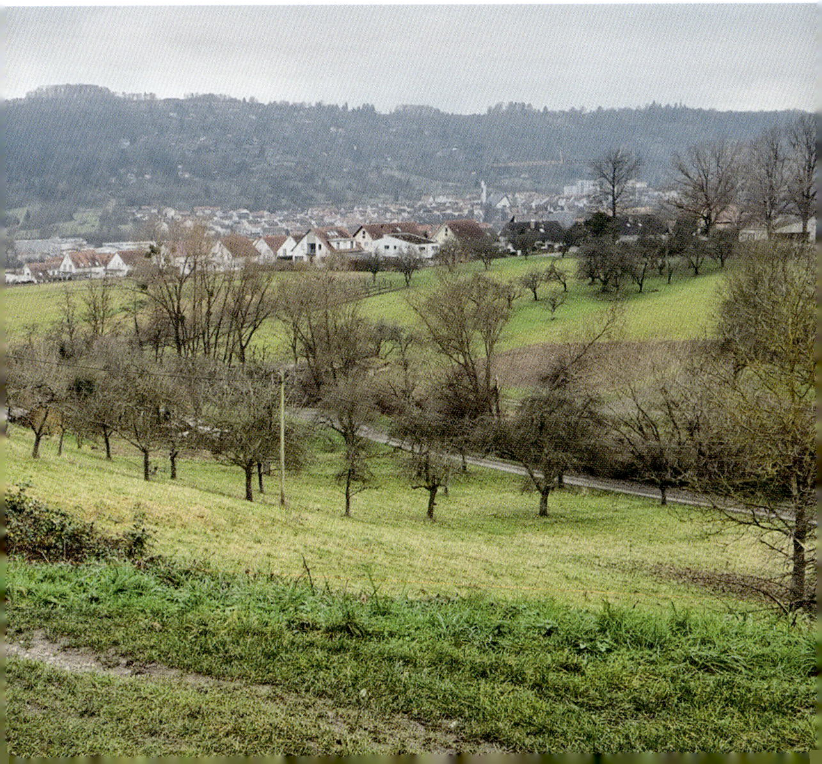

Über den Königstein zum Remstalblick

27

Wald, Obstbäume und Weinberge bei Rohrbronn

2 Std
7,5 km
120 Hm

Wanderparkplatz – Waldweg – Königstein – Sportplatz – Weinberge – Parkplatz

Wir wandern auf festen Wegen.

Wald, Königstein, Aussicht

Sportplatzgaststätte

Während wir am Anfang und am Schluss dieser Wanderung zwischen Obstbäumen und Weinbergen wandern und am Ende auch noch eine herrliche Aussicht über das Remstal zu den gegenüber liegenden Schurwaldhöhen haben, bewegen wir uns im Mittelteil der Tour im Wald. Dabei kommen wir am historisch interessanten Königstein vorbei.

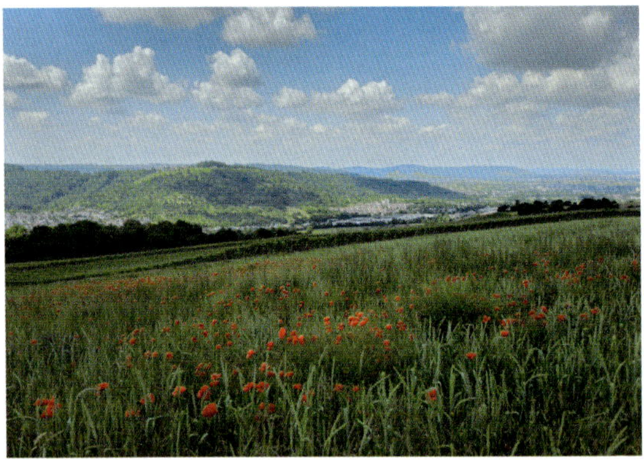

Wir gehen vom Wanderparkplatz und dem Schild **Wanderparkplatz Rohrbronn** (425 m) 1 neben der Straße etwas zurück in Richtung Rohrbronn. Vor dem ersten Haus biegen wir links ab und kommen nach ihm in ein Gebiet mit Obstbäumen und einer weiten Aussicht über das Remstal. An einer Obstbauplantage gehen wir rechts vorbei, danach fällt der Weg und wir treffen etwas später auf ein **Asphaltsträßchen** 2. Ihm folgen wir nach links in den Wald.

Nun wandern wir eine ganze Zeitlang im Wald und kommen nach einiger Zeit und vielen Windungen zum **Königstein** und dem Wanderschild Königstein (395 m) 3. Nach dem Denkmal biegen wir mit dem Wanderzeichen rotes Kreuz links ab in einen jetzt ansteigenden Weg. Am Wan-

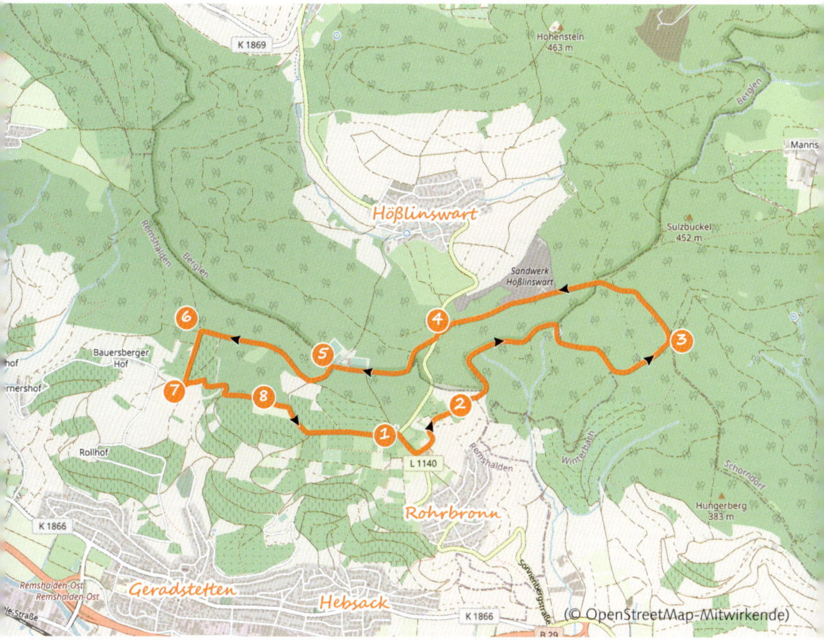

derschild **Lochstein** (444 m) treffen wir auf den querenden Kegelbahnweg. Ihm folgen wir nach links und erreichen die **K1140** 4. Hier finden wir auch die Bushaltestelle Waldparkplatz Roter Stich. Wir überqueren die Straße und wandern weiter mit dem roten Kreuz bis zum **Sportplatz** und seiner Gaststätte. Kurz nach dem Gebäude biegen wir vor dem Antennenmast links ab 5.

Nach etwas bergab erreichen wir einen **querenden Weg**, der uns gleich mit einer schönen Aussicht empfängt. Wir biegen rechts ab und haben nun immer wieder Aussicht über das Remstal zum Schurwald. Wir gehen weiter bis von rechts ein unbefestigter Weg einmündet 6. Hier orientieren wir uns links und wandern auf dem Asphaltweg zwischen Obstbäumen und Weinbergen bergab bis zu einem querenden **Asphaltweg** 7. Hier halten wir uns links. Der Weg fällt ab und beschreibt ein paar Kurven, bis wir nach den Weinbergen wieder in den Wald kommen. Gleich danach biegen wir links in einen steil ansteigenden Weg ab.

Dieser bringt uns aus dem Wald und entlang von Weinbergen zur **Waldstückleshütte** 8, einer alten Schutzhütte,

INFOS

Wanderkarte W220 Welzheim, 1:25 000, Landesamt für Geoinformation und Landentwicklung Baden-Württemberg (LGL) in Zusammenarbeit mit dem Schwäbischen Albverein e. V.

remshalden.de

Bus bis Haltestelle Waldparkplatz Roter Stich

Remshalden, Wanderparkplatz Rohrbronner Waldeck, Sonnenbergstraße/K1140, GPS 48.818098, 9.459750

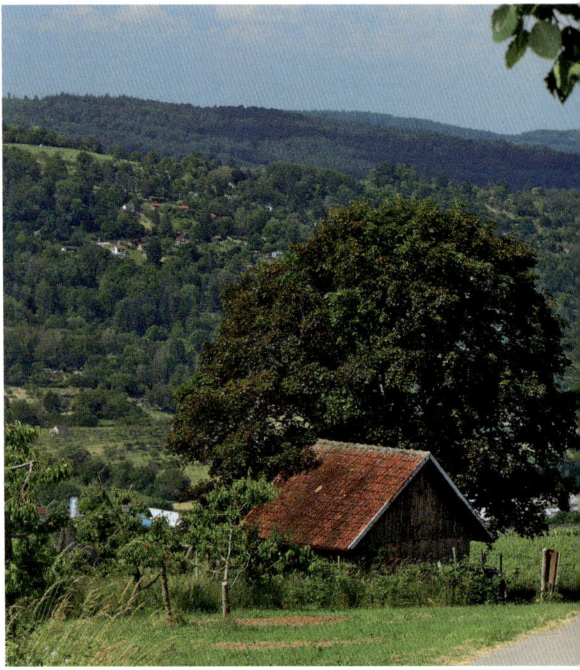

an und in der man auch heute noch schön rasten und die Aussicht genießen kann. Danach halten wir uns vor einer querstehenden Obstbauplantage rechts, etwas später nehmen wir vor der nächsten den links ansteigenden Weg. Auf ihm kommen wir zurück zum Ausgangspunkt.

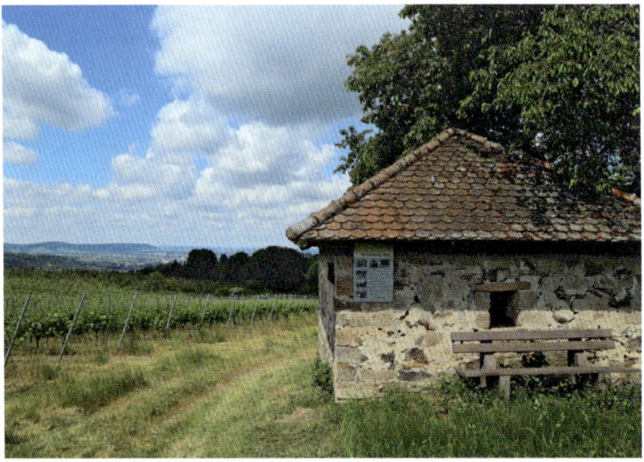

Die Waldstückleshütte ist eine alte Schutzhütte, in der man sich noch heute vor dem Wetter in Sicherheit bringen kann.

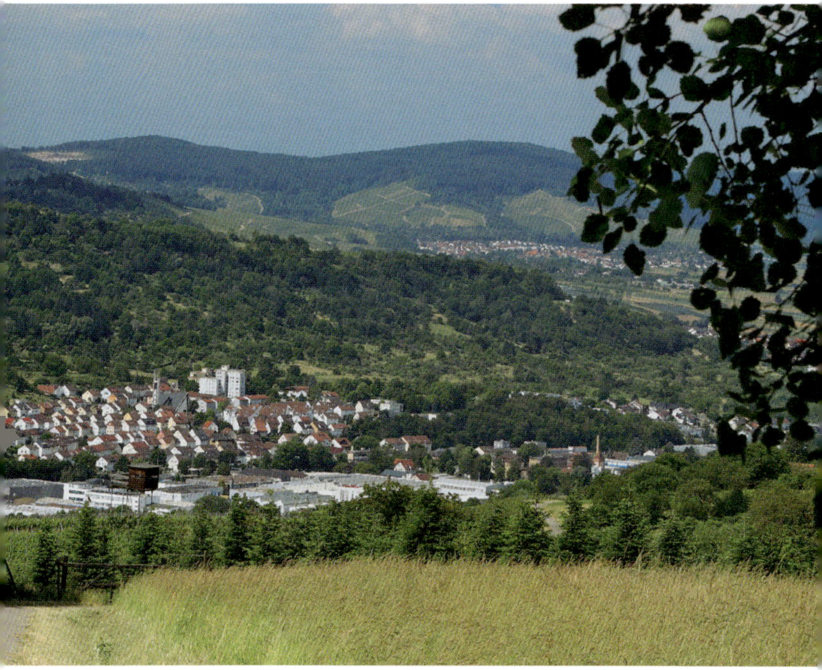

Königstein

Auf dem obeliskartigen **Königstein** steht: „Zum Andenken an die Vermählungsfeier des hohen Paares Karl Olga/ Die Karlshöhe im Sonnenschein/Gewidmed vom Revierförster Lutz aus Geradstetten/Den 13. Juli 1846". Gedacht war es für den Kronprinzen Karl zu Württemberg und Olga, Großfürstin von Russland. Karl wurde 1864 König und starb 1891, Olga ein Jahr später.

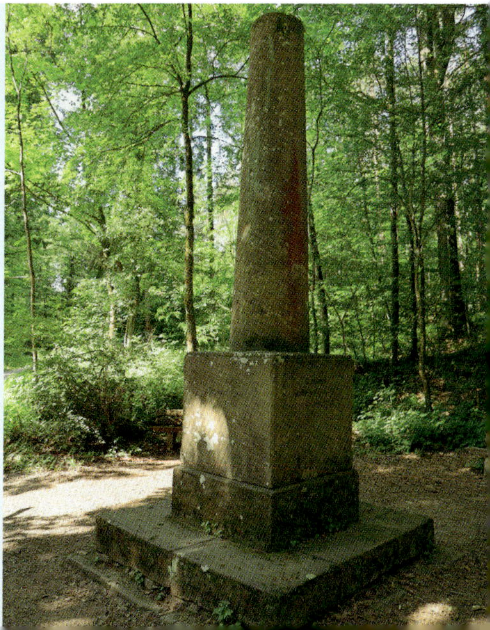

Viel Wald und etwas Aussicht 28

Hoch über Schorndorf auf dem Klingenweg

2½ Std
8,1 km
220 Hm

Schorndorf/Wanderparkplatz Aichenbachtal – Wald – Galgenberg – Wanderparkplatz

Wir wandern auf festen Wegen und Naturpfaden.

Wald, Aussicht

Schorndorf, Minigolfplatz/Biergarten nahe des Ausgangspunktes

Meist führt uns diese Wanderung durch die dichten Wälder am Abhang des Schurwalds auf Schorndorf zu. Aber ab und zu wandern wir doch entlang oder durch Streuobstwiesen, und vor und nach dem Galgenberg haben wir auch ein wenig Aussicht über die Landschaft.

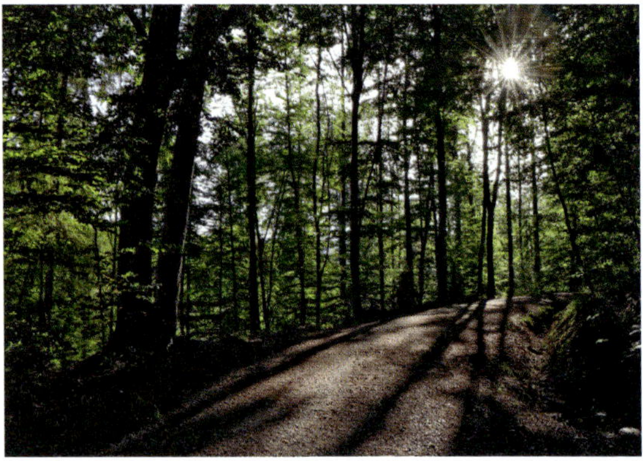

Frühe Morgensonne im Wald.

Wir folgen am **Parkplatz** 1 mit dem Schild Parkplatz Aichenbach (300 m) der Lindenstraße noch kurz ortsauswärts, dann biegen wir rechts in die Herrschaftsklingenstraße ab. Nun wandern wir rechts eines Spielplatzes durch den Wald. Bald folgen wir dem querenden Sportplatzpfad nach links in den Wald. Kurz danach biegen wir scharf links ab 2.

Wir überquerenden Bach, danach erreichen wir einen Querweg mit einer Reihe von Tafeln mit sportlichen Anleitungen, hier halten wir uns rechts 3. In einer Rechtskurve danach biegen wir rechts ab auf einen unbefestigten Weg. Er führt uns aufwärts zu einem geschotterten Weg. Wir halten uns rechts und folgen in einer Linkskurve dem Hans-Veiel-Weg. Am Schild Panoramaweg (424 m) halten wir uns links und wandern auf der Heidenbuckelstraße etwas ab-

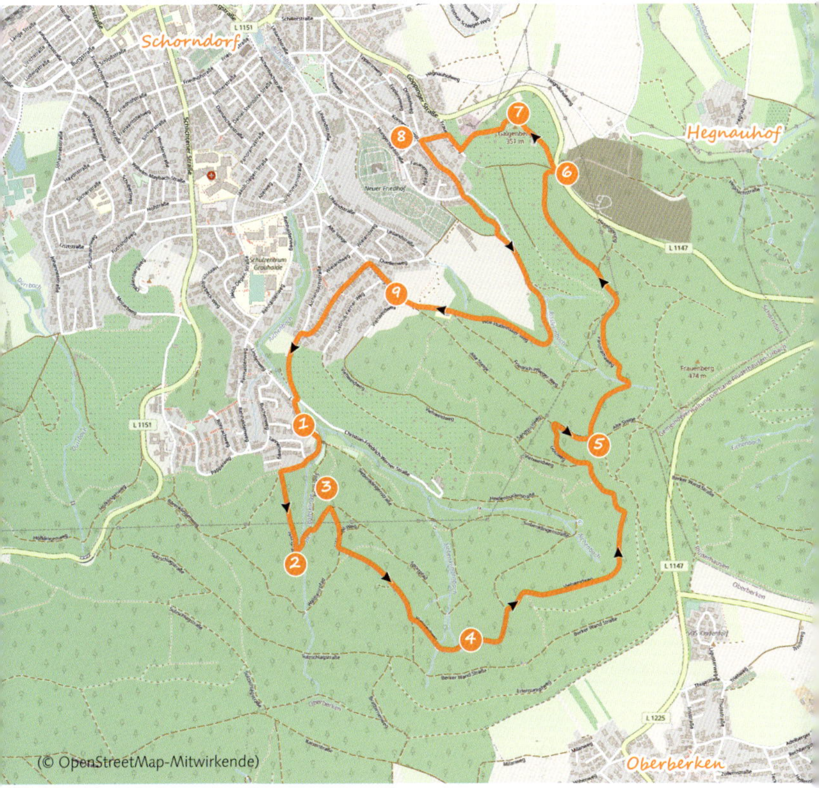

wärts. Wir passieren einen Brunnen, dann die **Schönblickhütte** 4, deren Aussicht aber leider zugewachsen ist, und erreichen einen querenden Weg.

Hier gehen wir kurz nach rechts hinauf. Später zweigen wir nach einer Linkskurve rechts ab auf einen Pfad. An der querenden Alten Steige gehen wir nach rechts hinauf bis zum Schild **Alte Steige Panoramaweg** (432 m), wo wir mit dem Wanderzeichen roter Punkt links abgehen 5. Dieses Wanderzeichen begleitet uns nun eine Weile. Bald stoßen wir auf einen breiten Weg und folgen ihm in Gehrichtung. An einer Verzweigung wandern wir mit dem roten Punkt nach links, nun entlang von Kleingärten und teilweise Streuobstwiesen.

Vor der Straße **L1147** 6 biegen wir links ab in die Frauenbergstraße und wandern parallel zur Straße mit dem roten Punkt links an einer alten Grubbank vorbei. Bald sollten wir

INFOS

Wanderkarte W220 Welzheim, 1:25 000, Landesamt für Geoinformation und Landentwicklung Baden-Württemberg (LGL) in Zusammenarbeit mit dem Schwäbischen Albverein e.V.; Wanderkarte mit Radwegen Schorndorf Göppingen Blatt 54-540, 1:25 000, NaturNavi

schorndorf.de, remstal.de

Bus bis Haltestelle Schorndorf Buchenweg oder Röhrachweg

Schorndorf, Wanderparkplatz Aichenbachtal, Lindenweg, GPS 48.788348, 9.534955

In der Nähe des Wanderparkplatzes befinden sich ein Spielplatz, Kneippbecken, Grillstelle, Rastplatz und ein Minigolfplatz.

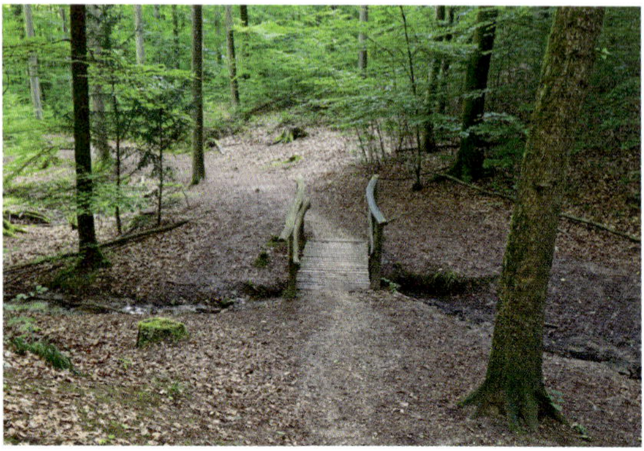

Wir überqueren im Wald einen Bach ...

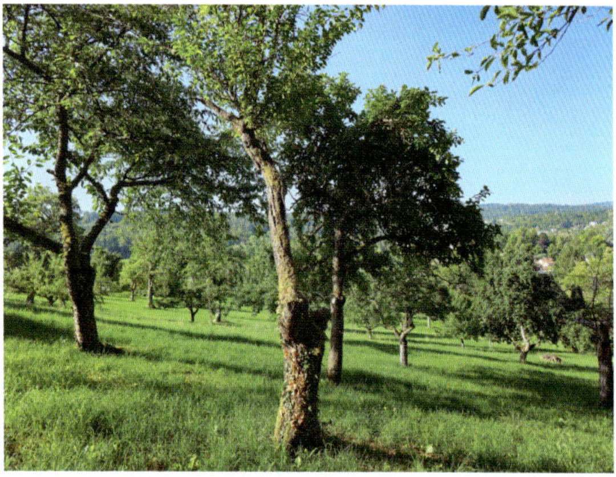

... und wandern durch Streuobstwiesen.

die kurzzeitige freie Aussicht nach rechts beachten, sie ist die einzige hier am Galgenberg.

Danach treffen wir auf das Schild **Galgenberg** (354 m) 7, hier werden wir nach links verwiesen. Wer will kann noch kurz weitergehen zu der Skulptur mit der liegenden Schlinge, mit der die Wanderwege im Remstal gekennzeichnet werden. Ansonsten biegen wir am Schild rechts ab und folgen dem Pfad bergab. Nach dem Wald geht es auf einer **Treppe** weiter bergab. Hier bietet sich uns teilweise ein schöner Blick über und durch die Streuobstwiesen.

Später auf einem Wiesenpfad entlang des Zaunes erreichen wir ein Wohngebiet. Hier biegen wir vor Haus **Nr. 18** rechts ab in den Frauenbergweg, etwas später halten wir uns zwischen den Häusern **Nr. 12 und 10** links. Nun geht es

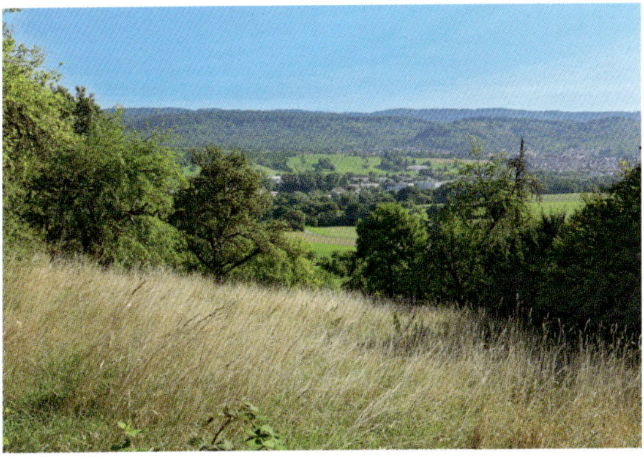

Blick vom Aussichtspunkt am Galgenberg ins Remstal.

hinab zum Schild **Konnenbergstraße** Süd (284 m) 8. Hier wandern wir nach links weiter, nun ohne das Zeichen roter Punkt. Vor **Haus Nr. 48** gehen wir nach links aus dem Wohngebiet hinaus in die Streuobstwiesen.

An dem querenden Sträßchen nach dem einzelnstehenden Haus biegen wir links ab und wandern hinauf zum **Wald**. Dort biegen wir rechts ab in den Wolf-Hudelmaier-Weg. Wir passieren den **Waldkindergarten**, dann verlassen wir den Wald. Nach dem Parkplatz gehen wir rechts des Wohngebietes in der **Alten Steige** hinab 9. Bald biegen wir links ab in den Mörikeweg. An der querenden Aichenbachstraße halten wir uns links und verlassen das Wohngebiet. Vor dem Minigolfplatz biegen wir rechts, dann links ab und kommen zurück zum Lindenweg und zum links liegenden Ausgangspunkt.

Auch am Ende führt die Wanderung durch Streuobstwiesen.

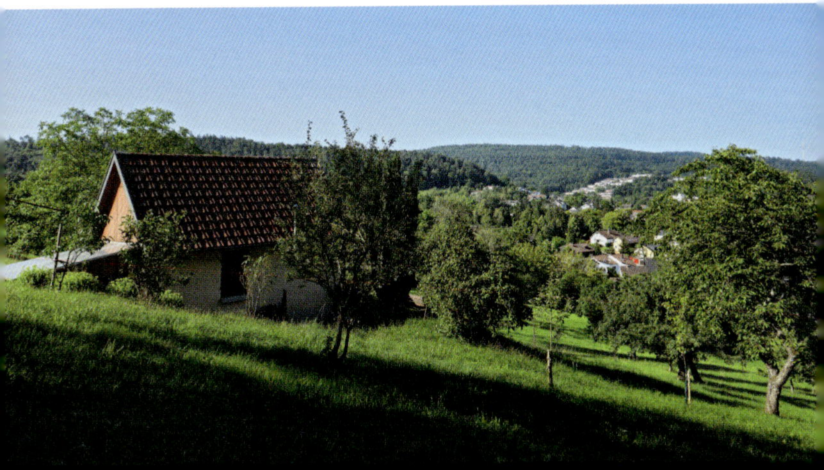

Über die Weinberge in zwei Täler 29

Von Stetten nach Strümpfelbach

3 Std
10 km
270 Hm

Stetten – Yburg – Strümpfelbach – Lobenrot – Herzogliche Kugelbahn – Stetten

Wir wandern auf festen Wegen. Teilweise steiler An- und Abstieg.

Stetten, Strümpfelbach, Yburg, Weinberge, Aussicht

Stetten, Strümpfelbach, evtl. Sängerheim

Mit Stetten und Strümpfelbach berühren wir bei dieser Wanderung zwei der schönsten Orte im Remstal, besonders Strümpfelbach glänzt dabei mit seinen zahlreichen Fachwerkhäusern. Dazwischen wandern wir mit viel Aussicht durch Weinberge und Baumwiesen, teilweise auch im Wald. Der erste Höhepunkt unterwegs ist die Ruine Yburg über Stetten, um diese und in ihr kann man Skulpturen des heimischen Bildhauers Karl Ulrich Nuss bewundern.

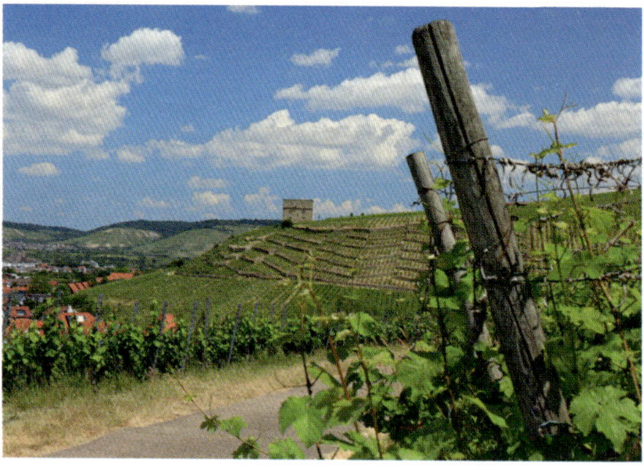

Blick über die Weinberge zur Ruine Yburg.

Wir folgen am **Parkplatz** ① der Weinstraße zur querenden Hindenburgstraße. Dort halten wir uns rechts zur **Glockenkelter** und biegen hinter ihr links ab. Jetzt geht es steil hinauf in die Weinberge. Bei nächster Gelegenheit biegen wir links ab und wandern bis zu einer Aussichtplattform. Hier halten wir uns rechts und wandern hinauf zur **Ruine Yburg** ②.

Dort gehen wir links an der Ruine vorbei zum nächsten Querweg und folgen ihm nach rechts. Gleich darauf biegen wir mit den Wanderzeichen Württembergischer Weinwanderweg und blauer Punkt links ab. Nun spazieren wir, vorbei am Wanderschild **Stetten Pulvermächer (350 m)**, bis

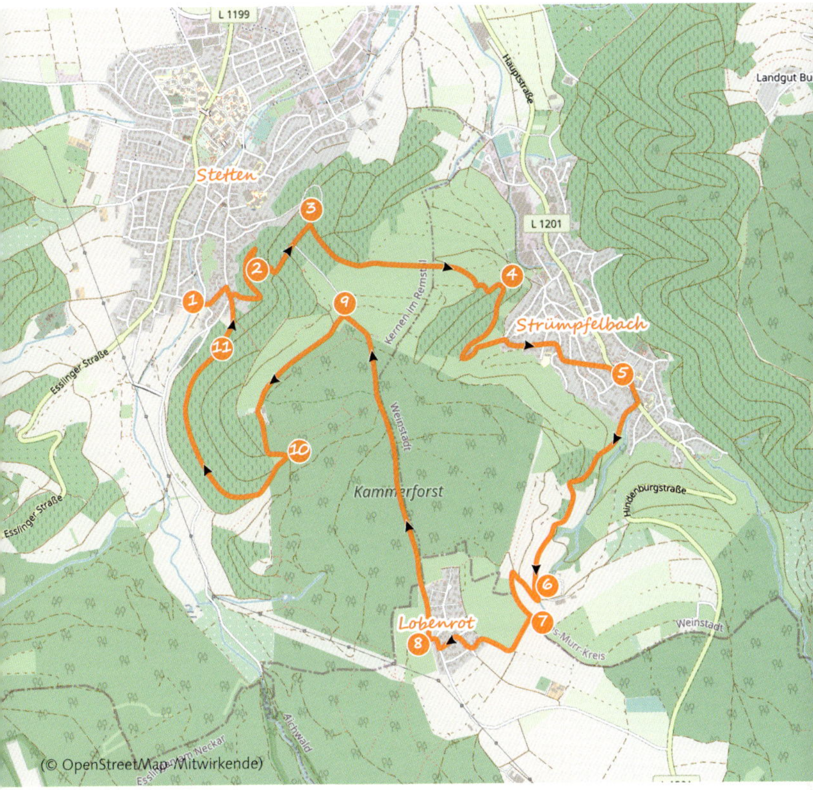

zum dritten Abzweig nach rechts, wo wir auf den „Fußweg nach Strümpfelbach" verwiesen werden 3. Wir wandern mit leichtem Auf und Ab geradeaus bis zu einer Spitzkehre nach links. Hier biegen wir rechts ab 4.

Etwas später nehmen wir in einer Rechtskurve den links abgehenden Asphaltweg. Dem nächsten Querweg folgen wir nach links. Er beschreibt gleich eine Rechtskurve. Danach gehen wir an einer Kreuzung geradeaus weiter, bis der Weg nach einem **Gebäude** eine scharfe Linkskurve beschreibt. Nun geht es auf die ersten Häuser von Strümpfelbach zu. Dort folgen wir etwas ansteigend der Waldstraße nach rechts. Dort wo es schließlich bergab geht, wandern wir in der Straße Im Vogelsang bis zur querenden Hauptstraße. Nun sind wir in der Strümpfelbacher Fachwerkherrlichkeit. Wir halten uns rechts, gehen am **Rathaus** 5 vor-

INFOS

Wanderkarte W220 Welzheim, 1:25 000, Landesamt für Geoinformation und Landentwicklung Baden-Württemberg (LGL) in Zusammenarbeit mit dem Schwäbischen Albverein e.V., Wanderkarte mit Radwegen Stuttgart Nordost Blatt 52-541, 1:25 000, NaturNavi

kernen.de, weinstadt.de

Bus bis Haltestelle Stetten Kelter – Kernen im Remstal

Wer will kann die Tour auch schon an der Haltestelle Strümpfelbach (Wn) Rathaus beenden

Kernen im Remstal-Stetten, Parkplatz Weinstraße/Glockenkelter, Weinstraße, GPS 48.784717, 9.339965

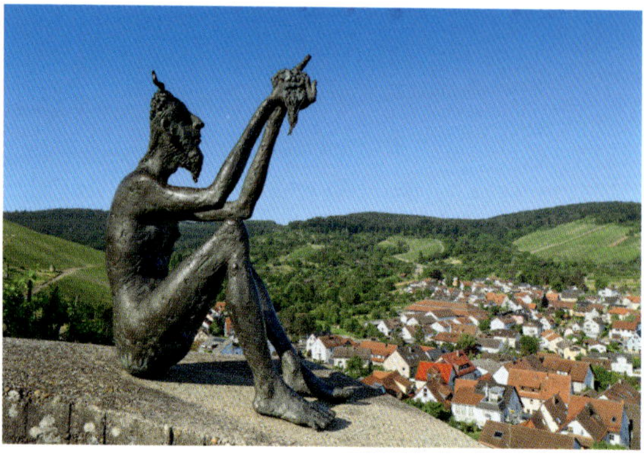

Um die Ruine Yburg sehen wir viele Skulpturen des Strümpfelbacher Bildhauers Karl-Ulrich Nuss.

bei (von wo man mit dem Bus bereits zurückfahren kann, wenn man möchte) und danach geradeaus in der Hindenburgstraße bis zur **Kirche**.

Dort biegen wir rechts ab in die Straße Am Hüttenbach. Jetzt steigt es eine ganze Weile steil an, nach dem Ort vor allem von Baumwiesen begleitet. Wir queren einen Weg und halten uns weiter oben am nächsten Querweg links, jetzt vorerst eben. An der nächsten Verzweigung nehmen wir den rechten, wieder ansteigenden Weg. Er bringt uns zu einer mächtigen Eiche, die laut Schild **„Eichle"** genannt wird 6. Hier biegen wir scharf rechts ab. An der Verzweigung danach halten wir uns links, gleich danach noch einmal. Wir wandern nun mit herrlicher Aussicht zwischen Wiesen, bis wir am Schild **Strümpfelbach Am Hüttenbach** (438 m) 7 nach rechts verwiesen werden. Ein Wiesenweg bringt uns hinauf zum Schild **Lobenrot Ost** (462 m).

Hier biegen wir rechts ab und wandern auf **Lobenrot** zu, Bei den ersten Häusern werden wir nach links verwiesen. Wir kommen über eine Treppe in die Talstraße und gehen geradeaus zum querenden Hofweg. Auf ihm spazieren wir nach rechts zur Bergstraße, der wir nach links aufwärts folgen. Bei einer knorrigen Linde und dem Schild **Lobenrot Schanbacher Straße** (480 m) biegen wir rechts in die gleichnamige Straße ein. Gleich danach biegen wir nach **Haus Nr. 2** mit dem blauen Punkt links, dann gleich nach dem Parkplatz rechts in einen Feldweg ab 8. Jetzt gehen wir ein Stück auf dem Streuobststräßle; hier finden wir eine Anzahl jüngerer und älterer Obstbäume angepflanzt, die durch Schilder erklärt werden.

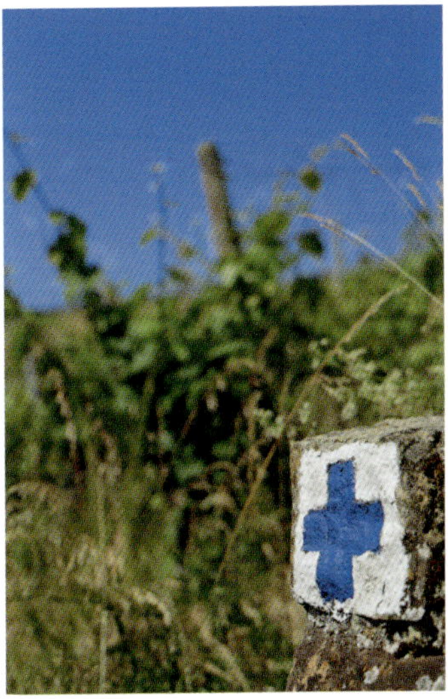

Danach kommen wir in den **Wald**. Wir gehen geradeaus durch ihn hindurch und verlassen ihn kurz nach den beiden Gebäuden des evangelischen Waldheims wieder. Danach halten wir uns bei erster Möglichkeit links 9. Nun steigt es wieder sanft an. Jetzt wandern wir zwischen Waldrand und Baumwiesen und mit einem herrlichen Blick auf Stetten und das Remstal bis wir den Parkplatz beim Sängerheim erreichen. Hier ist auch der Start der **Herzoglichen Kugelbahn**, der wir geradeaus gehend ein Stück folgen – für Kinder ein herrliches Vergnügen.

Etwas später beschreibt der Weg eine Linkskurve. In der Mitte der folgenden Rechtskurve zweigen wir rechts ab 10. Den nächsten rechts abgehenden Weg ignorieren wir, halten uns aber an der nächsten Verzweigung rechts. Nun wandern wir durch die Weinberge und mit herrlichem Blick zur Yburg bis zu einem riesigen **Felsklotz**, der an die Rebflurbereinigung erinnert 11. Hier biegen wir links ab, ebenso an der nächsten Verzweigung und kommen zurück zur Glockenkelter. Nun spazieren wir auf bekanntem Weg zurück zum Ausgangspunkt.

Die nützlichen Wegmarkierungen haben wir dem Schwäbischen Albverein zu verdanken.

De alten Presse dient heute als Schmuckstück in den Weinbergen.

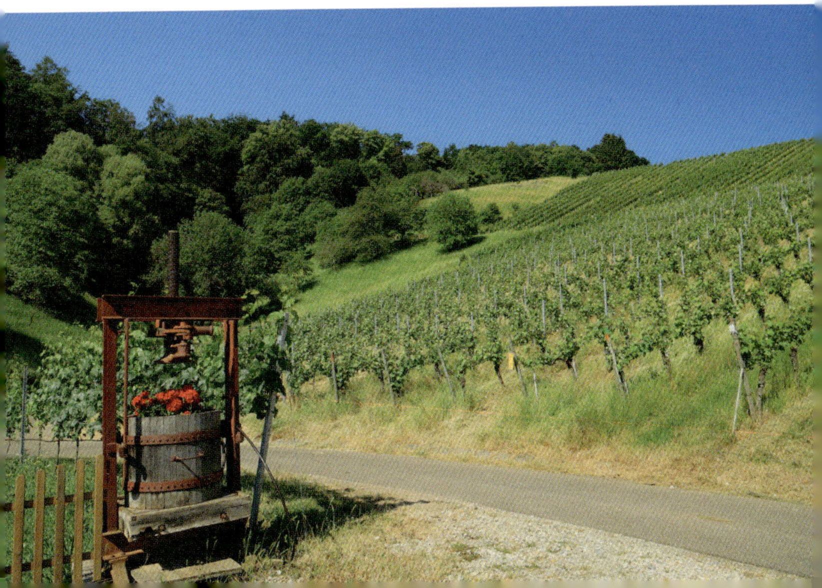

Stetten, Ruine Yburg und Strümpfelbach

Das seit der Merowingerzeit besiedelte und 1229 erstmals genannte **Stetten** gehörte seit dem 13. Jahrhundert als württembergisches Lehen den Herren von Stetten, die das Truchsessenamt der Grafen von Württemberg innehatten. Nachdem es 1507 durch Kauf an den württembergischen Erbmarschall Thumb von Neuburg kam, gelangte es 1664/66 wieder zurück an Württemberg. Die Truchsessen bauten auch das Schloss, das im 17. und 18. Jahrhundert zeitweise den Herzoginnen von Württemberg als Wohnsitz diente. Darunter war auch die berühmt-berüchtigte Wilhelmine von Gräfenitz, die Mätresse Herzog Eberhard Ludwigs, die 1712 bis 1731 hier residierte. Angeblich soll er mit seiner Geliebten, Freunden und 20 000 Liter Wein einmal sieben Wochen am Stück hier gefeiert haben. Sehenswert sind die Gebäude der Hindenburgstr. 24, das ehemalige Kanzleihaus der Erbmarschälle, sowie verschiedene alte Weingärtnerhäuser. Auch der Name des Weins „Stettener Brotwasser" geht der Sage nach auf eine der Herzogswitwen zurück. Sie wollte ihre Leidenschaft für den Wein verbergen und tunkte daher ihr Brot in den Wein – es war ihr „Brotwasser".

Die **Ruine Yburg** hat ihren Namen von der Eibe und verfiel ab Anfang des 16. Jahrhunderts. 1659 wurde sie ein letztes Mal erneuert und erhielt ein viertes Stockwerk. 1683 hat man sie „ein altes, ohngebautes Schlößlein auf dem Berg" genannt. Die Württemberger ließen nur die notwendigsten Reparaturen ausführen, in der Schlossrechnung von 1738 wurde geschrieben: „Item, das Stammhaus oder Schlößlein auf der Höhe. Dieses Hauses Tachung zu repariren, weil das waßer überal hineingeloffen, hat gekostet 17 fl 12 x". 1760 befahl Herzog Karl Eugen dem Stabsamtmann Rapp: „Ferner haben Wir gnädigst resolviert,

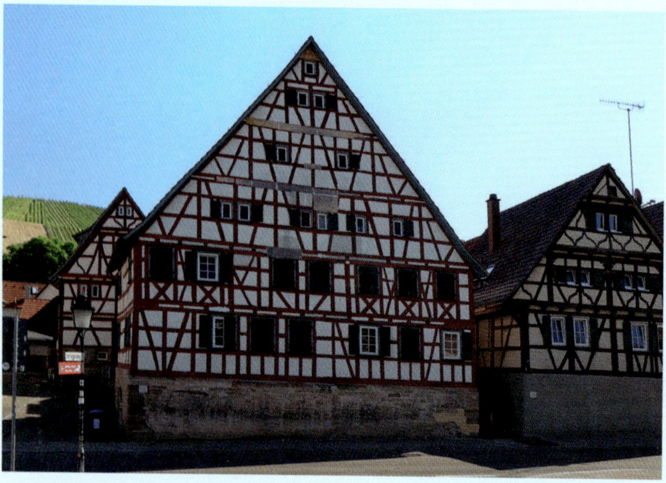

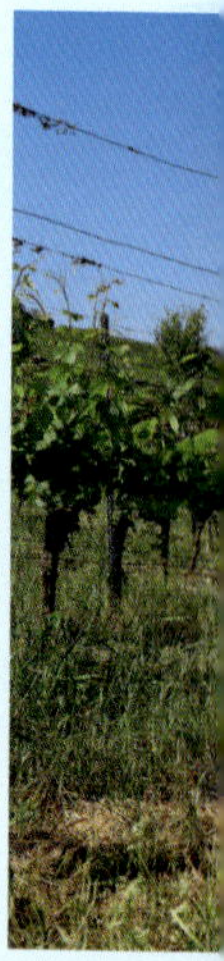

Stetten, Yburg, Strümpfelbach.

daß das in denne Weinberge stehende uhralte Schlößlen an Dach Stuhl und Gibeln abgebrochen werden solle, daß nur die 4 Zargen Mauren stehen bleiben." Der Amtmann folgte dem Befehl und meldete: „Das alte Berg Schlößlen, oben bey den Steingruben, so um seines zerfalls und Baufälligkeit willen von ohnfürdencklichen Jahren her unbewohnt gewesen, ist Crafft eines der ferndigen Rechnung beyligenden gnädigsten Befehls vom 27. Jan. 1760 nunnenhero biß auf die Zargen Mauren abgebrochen, ziegel und Holzwerck Theils verkauft und Theils zu anderwärtig Herrschafftlichen Bauwesen nützlich empoyirt worden."

Zu **Strümpfelbach** war in der Beschreibung des Oberamts Waiblingen von 1850 folgendes zu lesen: „Auf beiden Seiten befinden sich Weinberge, namentlich aber ist die Sommerseite mit Reben ganz überdeckt bis gegen den Wald hin am Ende des Thales, indeß die entgegengesetzte der Obstzucht gewidmet ist und im Frühling das Thal auf das Freundlichste schmückt. [...] Die Einwohner sind stark und groß, geistig angeregt, zur Musik geneigt, religiös, fleißig und arbeitsam." Der Ort, der früher außer den Württembergern noch den Klöstern Bebenhausen, Denkendorf und Salem gehörte, hatte unter den Zeitläufen schwer zu leiden. So wurde er 1449 im Städtekrieg in Brand gesetzt, hatte unter den Auseinandersetzungen der Württemberger mit dem Reich öfters zu leiden und wurde mehrmals von den Truppen der Reichsstadt Esslingen heimgesucht. Da der Ort aber nach dem 15. Jahrhundert im Gegensatz zu anderen Orten der Umgebung von weiteren Zerstörungen verschont blieb, hat sich ein umfangreicher alter Hausbestand mit fast siebzig denkmalgeschützten Fachwerkhäusern aus dem 15. und 16. Jahrhundert erhalten. Beispiele sind das reich geschmückte Weingärtnerhaus in der Hauptstraße 65, das mit einer Vorhalle versehene Rathaus (1591) und die Kelter (16. Jh.).

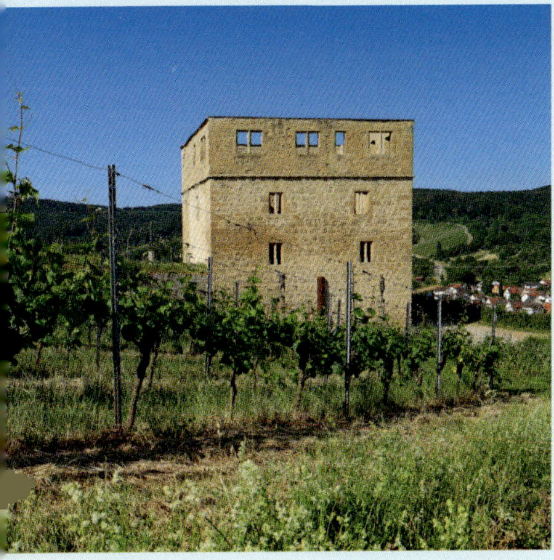

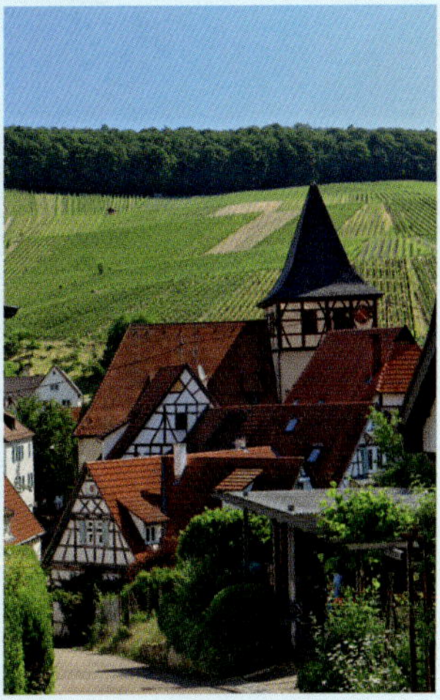

Weite Ausblicke

30

Von Baach nach Aichschieß

2½ Std

8 km

210 Hm

Baach/Wanderparkplatz – Baach – Krummhardt – Aichschieß – Wanderparkplatz

Wir wandern auf festen Wegen.

Aussicht

Baach, Aichschieß

Bei dieser Wanderung zwischen Remstal und Schurwald bewegen wir uns in einem munteren Wechsel zwischen Wälder, Wiesen, Feldern und Streuobstwiesen. Anfangs steigen wir hinauf auf die Höhe, wo sich uns vor allem nach Krummhardt ein weiter Ausblick bietet.

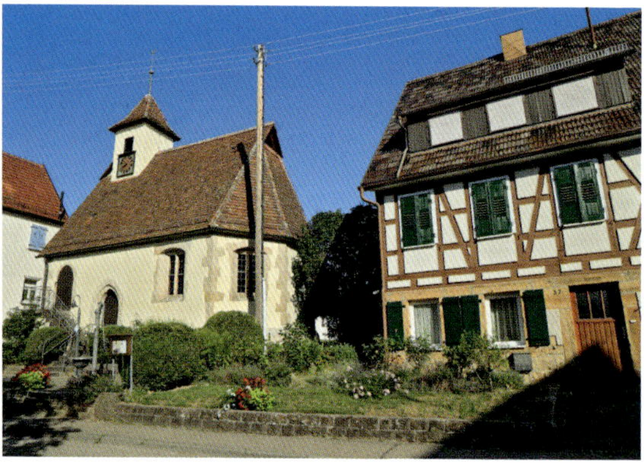

Das kleine Kirchlein in Krummhardt mutet recht heimelig an.

Wir gehen vom **Parkplatz** 1 aus auf der Forststraße/K1210 hinab nach Baach. Nach dem Wanderschild Forststraße (296 m) zieht die Straße nach rechts, wir aber biegen links ab in den Brühlweg 2. Links vorbei am Schild **Brühlweg** (294 m) und am Backhäusle steigen wir an bis vor den Wald, wo wir uns mit dem Wanderzeichen blaues Kreuz im Baacher Sträßle links in Richtung Krummhardt halten.

Etwas später kommen wir in den Wald, wo wir immer ansteigend zu einem querenden Weg kommen. Hier orientieren wir uns rechts und steigen weiter an. Nach dem Wald haben wir nach rechts einen schönen Blick nach Aichelberg und wandern hinein nach **Krummhardt**. Dort folgen wir der Lindenstraße und biegen nach dem kleinen Kirchlein links ab in die **Karlstraße** 3. Wo diese am Ortsende eine Linkskurve beschreibt gehen wir kurz geradeaus wei-

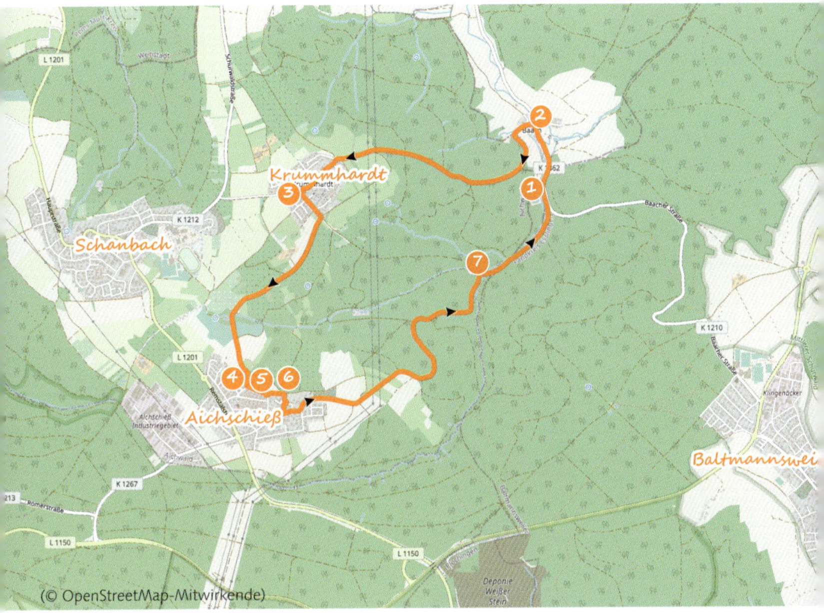

ter, dann biegen wir mit dem Zeichen blauer Punkt rechts ab.

Nun geht es erst bergab, dann wieder hinauf nach **Aichschieß**. Den Ort betreten wir über die Toblacher Straße, wo wir auch gleich links einen Parkplatz sehen. Wir gehen bis die Toblacher Straße nach dem **hohen Kamin** links abknickt 4 und folgen ihr weiter.

Nach **Haus Nr. 26** biegen wir links ab 5 und wandern kurz am Ortsrand entlang, dann gehen wir über die Straße **Grüner Weg** 6 nach rechts in den Ort hinein. An der querenden Kirchstraße halten wir uns rechts, gleich nach der **Kirche** links und kommen zur **Alten Dorfstraße**. Ihr folgen wir nach links. An der nächsten Verzweigung nehmen wir den linken Weg in Richtung „Friedhof".

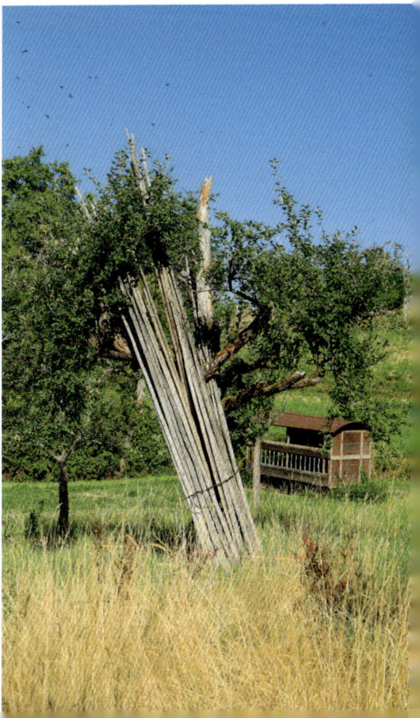

INFOS

Wanderkarte Kirchheim unter Teck, 1:25 000, Hrsg.: Schwäbischer Albverein e.V., Kartographie: Landesamt für Geoinformation und Landentwicklung Baden-Württemberg (LGL); Wanderkarte mit Radwegen Stuttgart Südost Blatt 52-539, 1:25 000, NaturNavi

weinstadt.de, aichwald.de

Bus bis Haltestelle Schnait Baach, Aichschieß Kreuzung oder Toblacher Straße (Heizwerk) oder Krummhardt Ort

Weinstadt-Baach, Forststraße/K1210, Wanderparkplatz beim Grillplatz Baach, GPS 48.762269, 9.420613

Ausweichparkplätze finden wir in Krummhardt und in Aichschieß, Toblacher Straße, Alte Dorfstraße und nach dem Friedhof

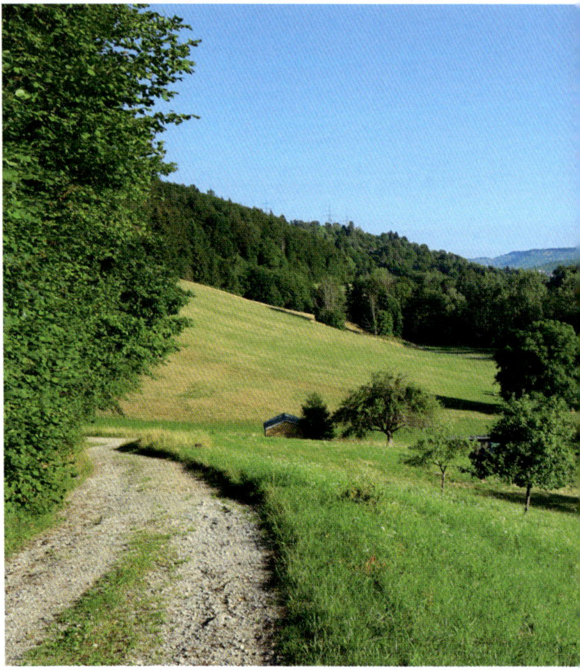

Bald wandern wir am Friedhof vorbei, danach auf dem Baacher Weg zwischen Wiesen und Feldern und mit weitem Ausblick in den Wald. Nun geht es wieder abwärts. In Wald nehmen wir an einer Verzweigung den linken, besseren Weg, der mit dem Zeichen blauer Strich nach „Baach“ weist. Am nächsten Querweg wandern wir nach rechts, weiter bergab. An einem Querweg nach einem **pilzartigen Unterstand** biegen wir rechts ab 7. Nun begleitet uns der lustig mäandernde Breitenbach. Immer geradeaus gehend kommen wir bald zurück zu unserem Ausgangspunkt.

Wer will kann jetzt noch nach links hinabgehen. Dort bieten sich ein idyllisches Biotop und ein Grillplatz mit Tisch und Bänken zu einer Abschlussrast an.

Krummhardt

Das im 12. oder 13. Jahrhundert gegründete **Krummhardt** wurde 1399 erstmals erwähnt. In der kleinen Kirche von 1484 wurden Flachdecke, Kanzel und Bänke um 1700 mit Bauernmalerei verziert.

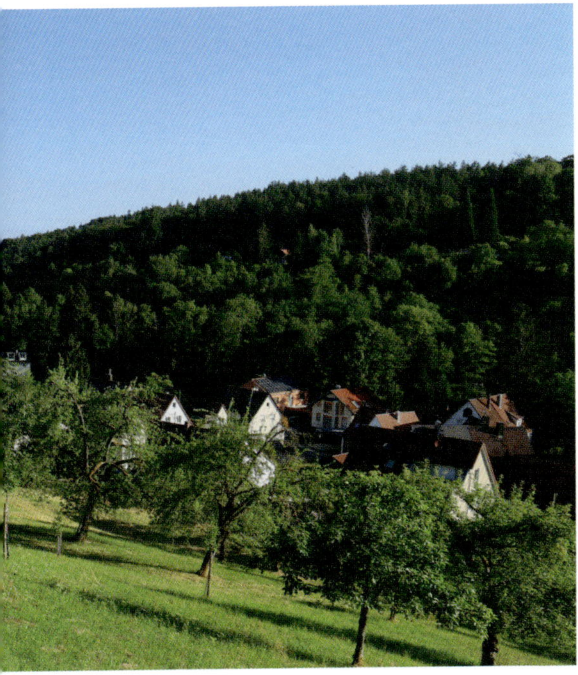

Rückblick nach dem Start der Tour auf Baach.

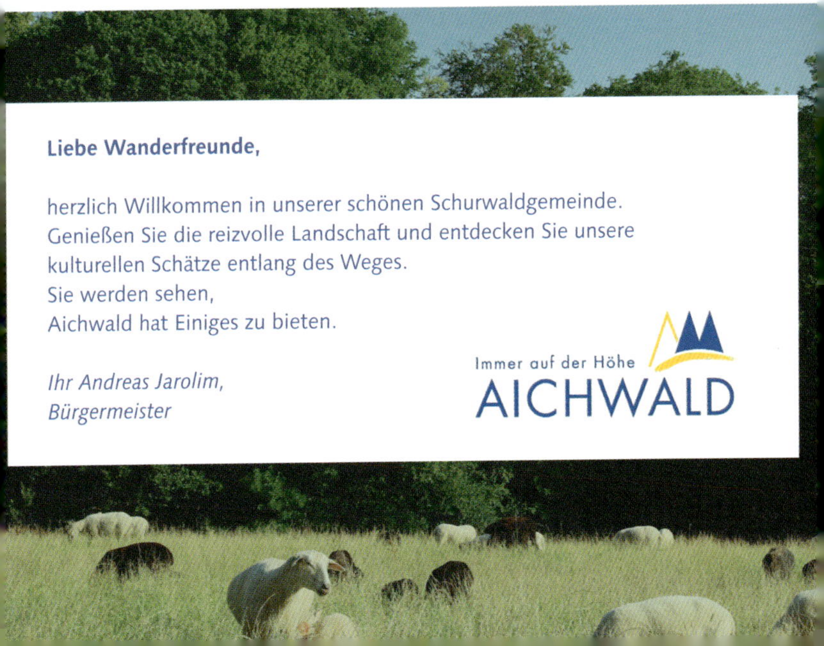

Liebe Wanderfreunde,

herzlich Willkommen in unserer schönen Schurwaldgemeinde. Genießen Sie die reizvolle Landschaft und entdecken Sie unsere kulturellen Schätze entlang des Weges.
Sie werden sehen,
Aichwald hat Einiges zu bieten.

Ihr Andreas Jarolim,
Bürgermeister

Immer auf der Höhe
AICHWALD

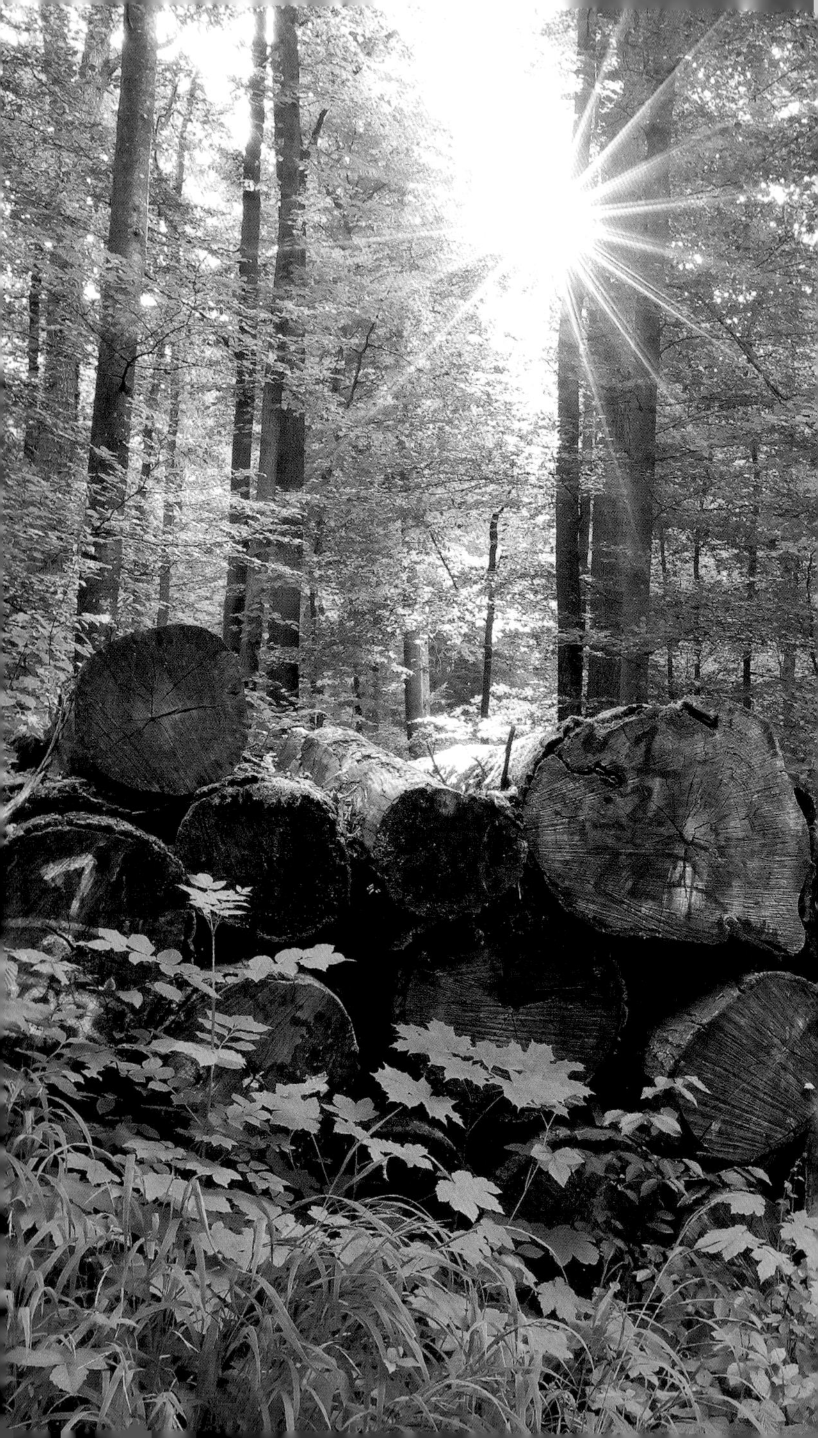

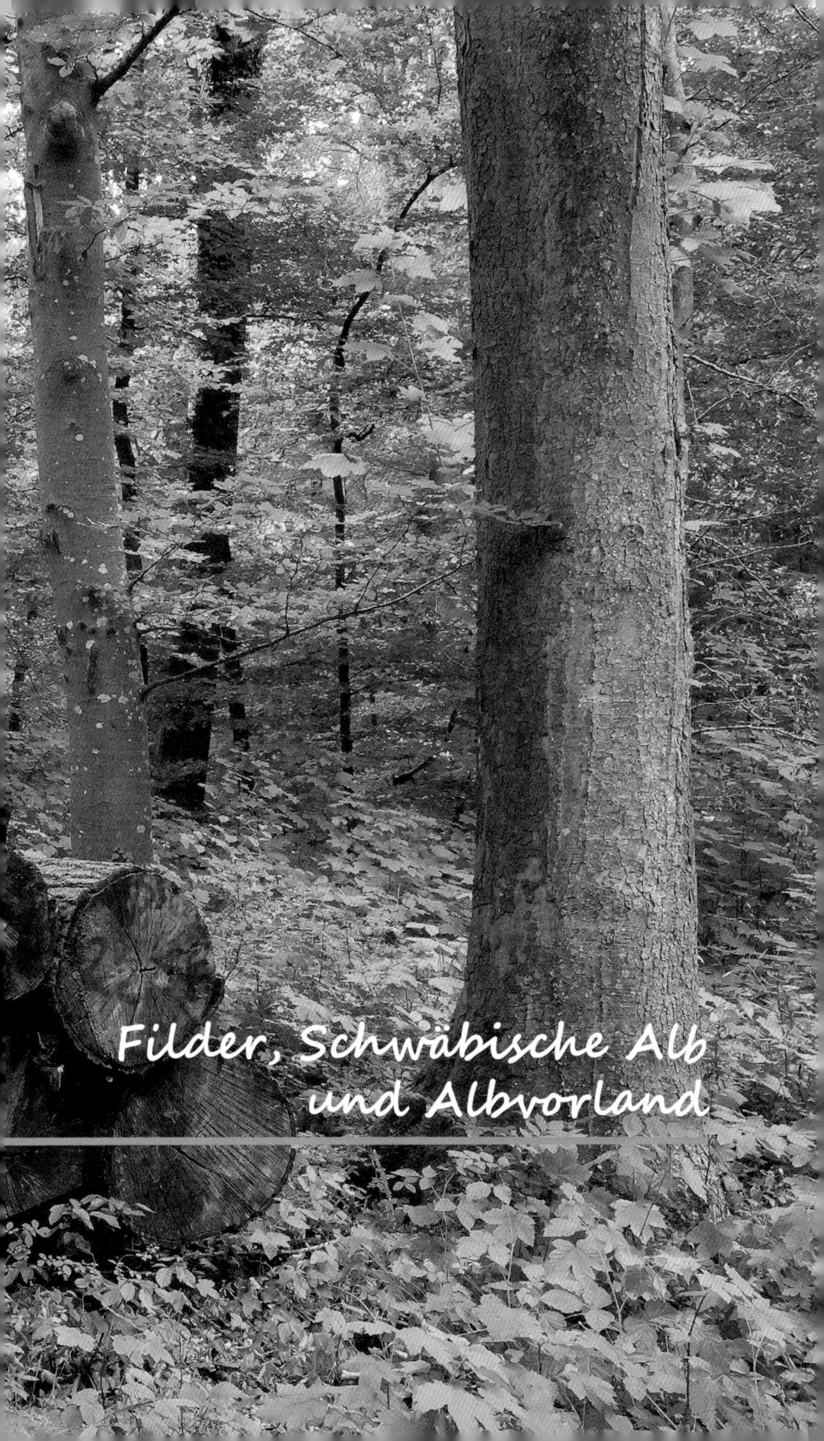
Filder, Schwäbische Alb
und Albvorland

Wald mit viel Geschichte 31

Auf dem Archäologischen Wanderweg im Neuhausener Wald

2¾ Std
10 km
110 Hm

Neuhausen/Waldparkplatz – Sulzbachtal – Lindenhöfe – Waldhäuser Schloss – Waldparkplatz

Wir wandern bis auf ein kurzes Stück auf festen Wegen.

Wald, Aussicht

Neuhausen

Wie schon die Überschrift sagt, wandern wir überwiegend im Wald, wobei wir gelegentlich auch einen Blick nach außerhalb haben sowie an einer Stelle eine prächtige Aussicht zur Schwäbischen Alb, zudem bietet uns diese Tour auch historisches Wissen. Das sind zum einen die Informationstafeln zum Archäologischen Lehrpfad, und einmal kommen wir sogar an einem historischen Kreuzstein vorbei.

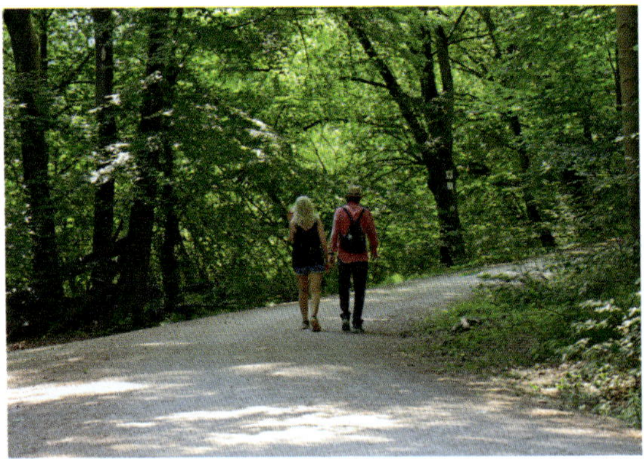

Durch den Wald führen gut ausgebauete Wege.

Wir gehen vom **Parkplatz** (1) aus in den Wald und geradeaus bis zu einer Art Verkehrsdreieck und dem querenden **Scharnholzweg** (2). Hier biegen wir mit dem Wanderzeichen blauer Punkt links ab. Wo wir nach links einen Blick auf die Streuobstwiesen (3) haben, geht es im Sauhagsträßle weiter, etwas später nehmen wir dann an einer **Verzweigung** den links weiterführenden Sulzbachtalweg, nun mit dem Zeichen blauer Punkt. Wir passieren jetzt die erste Tafel des Archäologischen Wanderwegs zum Thema „Römervilla“, später die zur Waldgeschichte. Später nehmen wir den nach rechts abzweigenden und etwas ansteigenden breiten Forstweg (4).

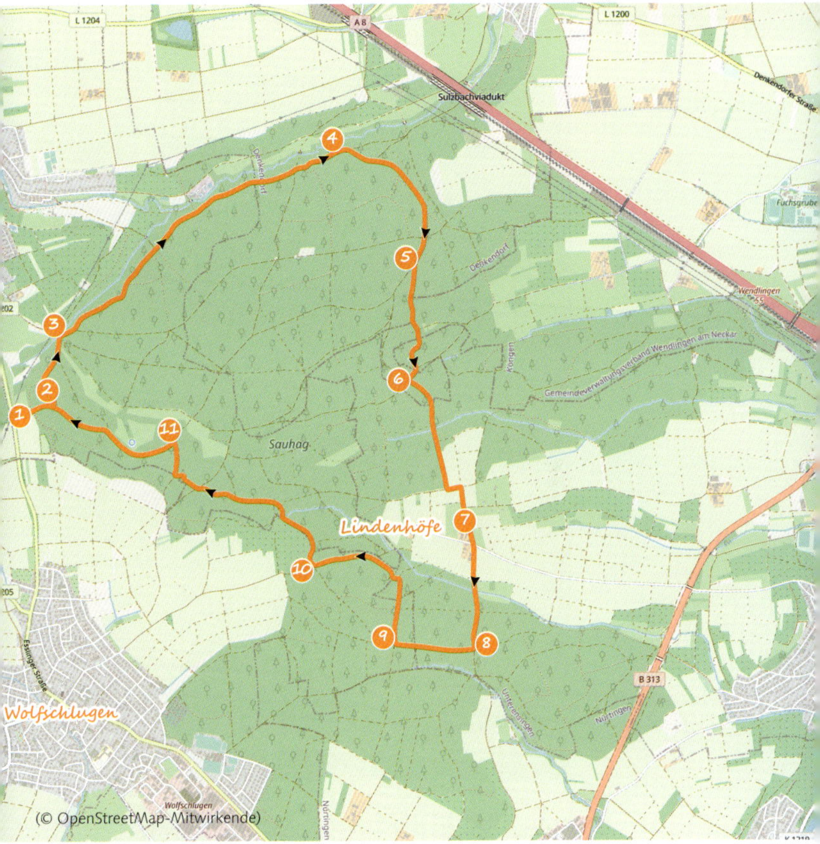

Am nächsten querenden Weg halten wir uns rechts und bald mündet der mit den Zeichen des Jakobswegs und dem roten Strich markierte Wanderweg in unseren Weg. Etwas später werden wir mit den Zeichen nach links auf einen unbefestigten Weg verwiesen (5), der bald in einen schmalen Pfad übergeht und uns durch ein uriges Waldstück führt. Am **nächsten Querweg** biegen wir links ab, gleich danach an der nächsten Kreuzung noch einmal (6). Nun wandern wir weiter im Wald, unterbrochen durch eine Lichtung, bis zum Waldende. Hier biegen wir links ab. Nun haben wir einen herrlichen Blick zur Schwäbischen Alb.

Gleich danach halten wir uns rechts. Wir passieren die 1983 gepflanzte **Friedenslinde**, danach die rechts liegenden

INFOS

Wanderkarte Kirchheim unter Teck, 1:25 000, Hrsg.: Schwäbischer Albverein e. V., Kartographie: Landesamt für Geoinformation und Landentwicklung Baden-Württemberg (LGL); Wanderkarte mit Radwegen Stuttgart Südost Blatt 52-539, 1:25 000, NaturNavi

neuhausen-fildern.de

Bus bis Haltestelle Neuhausen Akademiegärten

Neuenhaus, Waldparkplatz Neuhausener Wald, GPS 48.668443, 9.285281

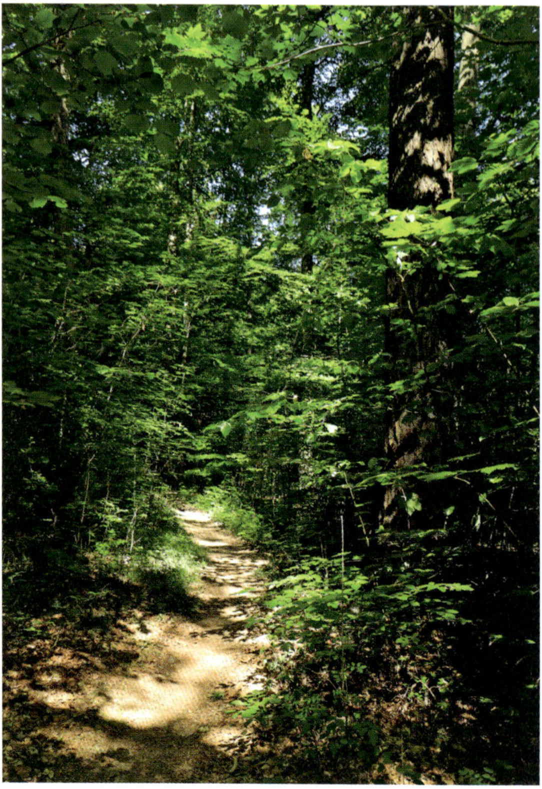

Die Friedenslinde hat sich zu einem mächtigen Baum entwickelt.

Lindenhöfe 7 und gehen gerade auf den Wald zu. In ihm sehen wir bald rechts einen alten **Kreuzstein** 8. Hier biegen wir auch rechts ab und wandern mit dem roten Kreuz im Saatschulweg, bis wir rechts die Informationstafel zum **Waldhäuser Schloss** sehen 9. Vor ihr biegen wir rechts ab auf einen Pfad.

Wir können nun versuchen, die übrig gebliebenen Wälle der einstigen villa rustica zu erkennen. Dann geht es aber steil bergab. Unten folgen wir in Gehrichtung einem breiten Weg. Er bringt uns schließlich mit Kurven und vorbei an einer kleinen Holzhütte bis zu einem mit dem blauen Punkt markierten Forstweg. Hier biegen wir links ab. Der Weg steigt nun an bis zu einer **Kreuzung**, wo wir dem mit dem blauen Kreuz markierten Weg nach rechts folgen 10. Wir wandern nun etwas entlang der Streuobstwiesen am Waldrand. Wie-

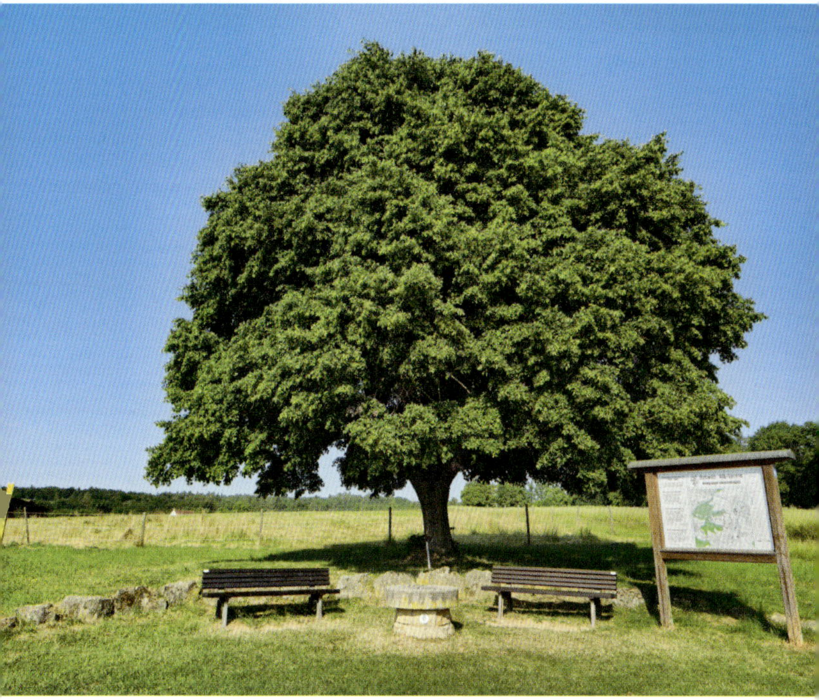

der im Wald zweigen wir links ab auf einen Pfad. Bald überqueren wir den Schöllhauweg, auch danach geht es auf einem Pfad weiter.

Wir erreichen einen breiten Riedbronnenweg, in den wir rechts einbiegen. Am querenden **Scharnholzweg** halten wir uns links 11. Bald passieren wir eine Informationstafel zu Jupiter-Giganten-Säule, dann zieht der Weg an der Tafel zu einer Grabhügelgruppe nach links. Nun erreichen wir bald die Verzweigung und Verkehrsdreieck, das wir noch vom Anfang der Wanderung her kennen. Nach links kommen wir nun in wenigen Minuten zurück zum Ausgangspunkt.

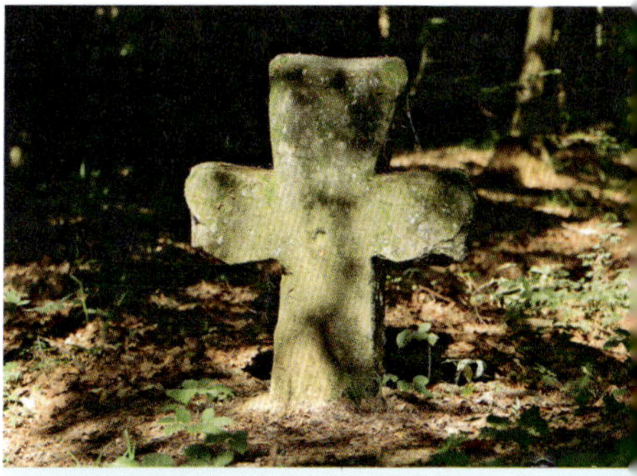

Steinkreuz

Das Steinkreuz wurde vermutlich 1507 als Sühne für einen begangenen Totschlag an zwei Mönchen des Klosters Denkendorf errichtet. Zu Sühnekreuzen siehe auch Tour 34.

Lieblich und abwechslungsreich 32

Im Voralbland um Weiler

2 Std

7,2 km

100 Hm

Ebersbach ob der Fils-Weiler/Friedhof – Freibad Reichenbach – Höhenrücken – Roßwälden – Parkplatz Friedhof

Wir wandern mit leichtem Auf und Ab auf festen Wegen.

Aussicht, Landschaft

Weiler, Reichenbach, Ebersbach

Die Landschaft um Weiler ob dem Filstal kann man mit Fug und Recht als lieblich bezeichnen. Mit einem Mix aus Streuobstwiesen, Wiesen, Feldern und Wäldern und immer mäßig bewegt ist die Gegend reich und abwechslungsreich strukturiert. Man hat immer eine weite Aussicht auf die Berge der Schwäbischen Alb und die Höhenunterschiede halten sich in Grenzen – also genau die richtige Mischung für eine genussreiche Tour.

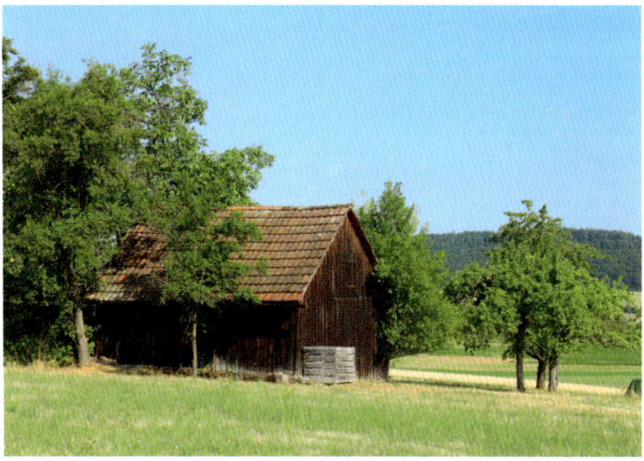

Holzschuppen bringen Abwechslung in die Streuobstwiesen.

Wir gehen vom **Friedhofsparkplatz** 1 auf dem Wiesenweg hinab zum rechts unterhalb verlaufenden Sträßchen und folgen ihm in Gehrichtung. An dem Platz mit der mächtigen **Friedenslinde** und dem Rast- und Grillplatz halten wir uns an der Verzweigung links. Nun fällt es vorübergehend ab. Im Tal geht es eben weiter bis zum **Freibad** von Reichenbach. Dort gehen wir direkt rechts des Eingangsgebäudes zu einem kleinen, idyllischen **Weiher** 2. Hinter ihm biegen wir links ab und wandern am Ufer entlang. Viele Bänke laden hier zu einer ersten Rast.

Nach dem Weiher kommen wir nach rechts zu einem Asphaltsträßchen. Ihm folgen wir hinauf zum Waldrand, wo

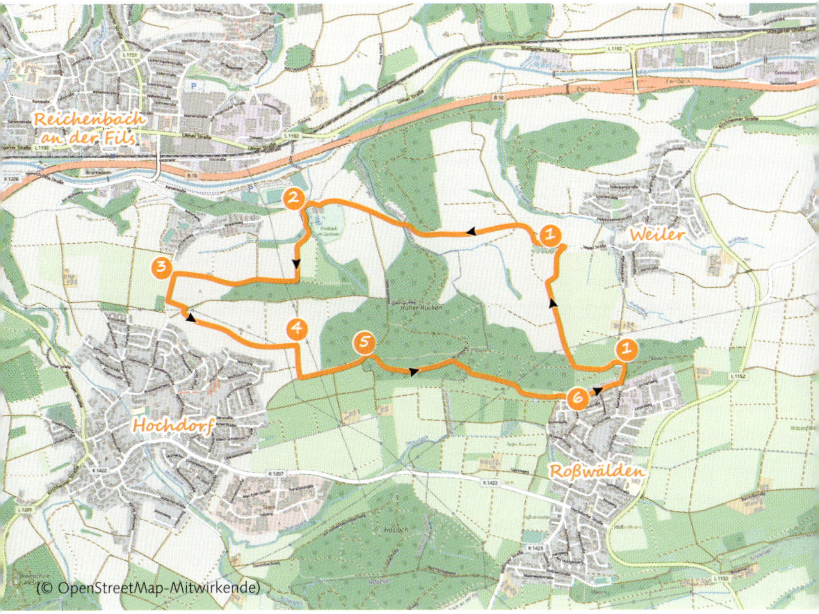

wir nach rechts weitergehen. An einer **Querstraße** biegen wir links ab 3. Nach etwas Anstieg nehmen wir an der höchsten Stelle, vor der Linkskurve, den links abgehenden Feldweg. Er bringt uns zu einem querenden Weg. Hier halten wir uns rechts, dann aber gleich wieder links.

Nun wandern wir zwischen Streuobstwiesen und Wiesen auf einem Höhenrücken mit schöner Aussicht zur Schwäbischen Alb bis zu einem querenden Weg 4. Wir biegen rechts ab, kurz danach, wo es nicht mehr geradeaus weitergeht, links. Bald kommen wir in den Wald.

Dort biegen wir gleich nach dem Wasserbehälter rechts ab in den **Hohruckenweg** 5. Am nächsten Abzweig nehmen wir den mit dem roten Wanderschild für die Wanderung 3 von Weiler o.d.F. rechts abgehenden Weg. Etwas später verlassen wir den Wald, nun geht es oberhalb von Streuobstwiesen und mit schönem Blick auf Roßwälden und die Alb weiter.

Nach dem Spielplatz erreichen wir die ersten Häuser von **Roßwälden** 6, hier gehen wir im Haldenweg nach links am Ortsrand entlang. Vor dem Wald biegen wir links ab und steigen kurz und steil hinauf bis zu einem **Spielplatz** 7.

INFOS

Wanderkarte Kirchheim unter Teck, 1:25 000, Hrsg.: Schwäbischer Albverein e.V., Kartographie: Landesamt für Geoinformation und Landentwicklung Baden-Württemberg (LGL); Wanderkarte mit Radwegen Blatt 54-539 Göppingen Kirchheim unter Teck, 1:25 000, NaturNavi

ebersbach.de

Bus bis Haltestelle Weiler (F) Dreieck

Ebersbach ob der Fils-Weiler, Friedhof, Weiler Straße, GPS 48.703497, 9.498978

Hier halten wir uns links, nun bietet sich uns ein Blick in Richtung Weiler. Der Weg zieht vor dem Wald nach rechts und wir wandern zwischen den Feldern leicht abwärts bis zum Friedhof von Weiler.

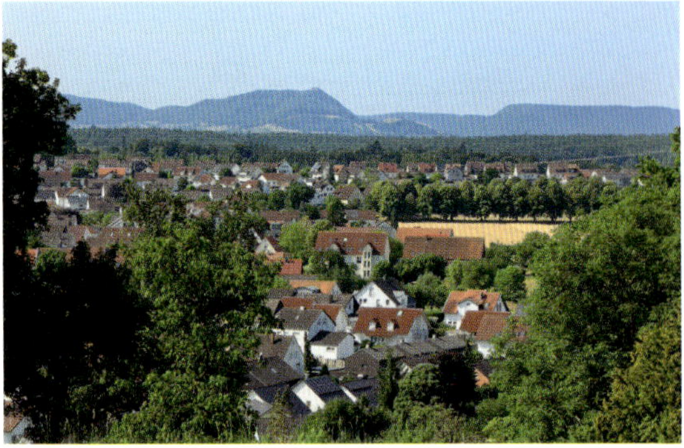

Blick über Roßwälden zu den Bergen der Schwäbischen Alb.

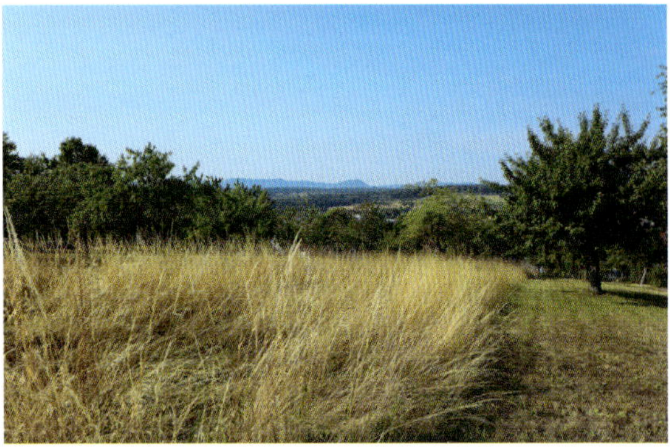

Vom Höhenrücken bietet sich ein schöner Blick.

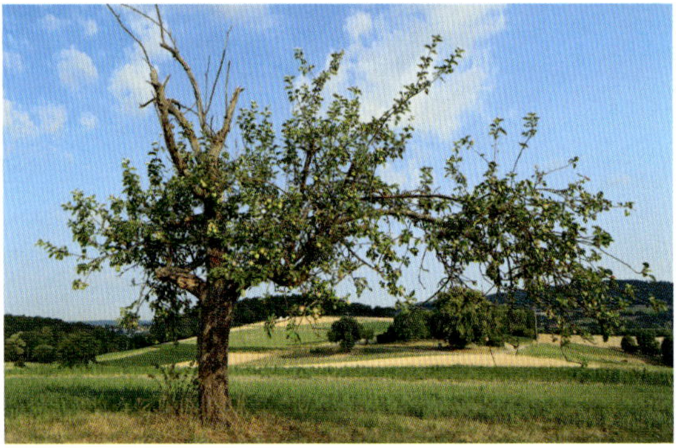

Die Landschaft ist von Streuobstwiesen und Feldern bestimmt.

Rechts: Beim Freibad von Reichenbach finden wir einen idyllischen See.

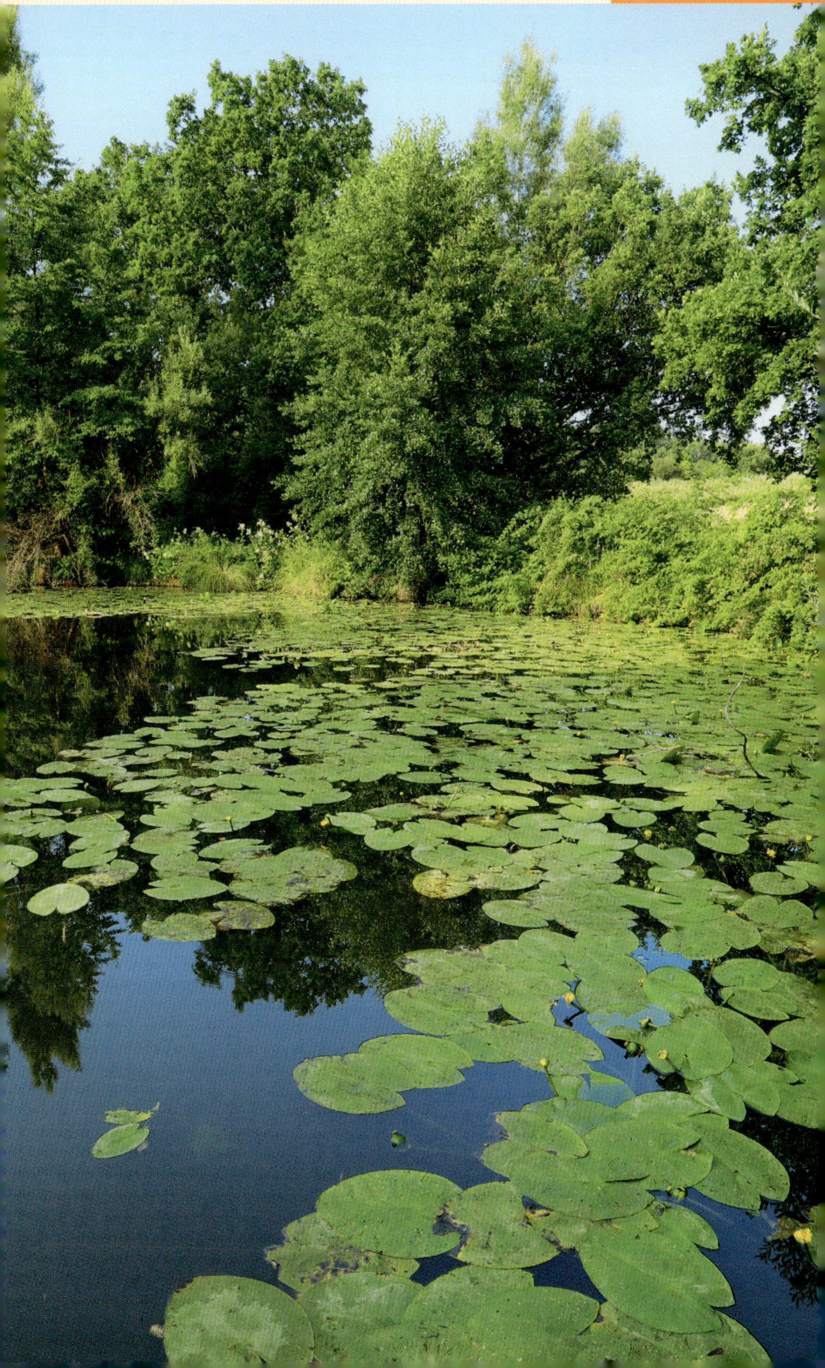

Auf stillen Waldwegen zum Badesee

33

Von Lindorf zu den Bürgerseen

2¾ Std
10,5 km
130 Hm

Kirchheim unter Teck-Lindorf/Wanderparkplatz – Allmerbrünnele – Reudern – Bürgerseen – Hahnweide – Verkehrsübungsplatz – Wanderparkplatz

Wir wandern überwiegen auf festen Wegen, nur ein Stück auf einem Pfad.

Wald, Aussicht, Seen

Bürgerseen, Kirchheim unter Teck

Die Wanderung führt großenteils durch Waldgebiete, die uns nicht nur immer wieder idyllische Szenen mit alten Bäumen bieten, sondern durch die auch Wege verlaufen, die nicht zu den Wanderhotspots gehören. Dazu erwartet uns ein romantischer Badesee – ist man wochentags oder früh unterwegs, kann man hier recht ungestört schwimmen. Aber auch zu anderen Jahreszeiten als gerade an heißen Sommertagen erfreuen sie uns durch eine idyllische Natur.

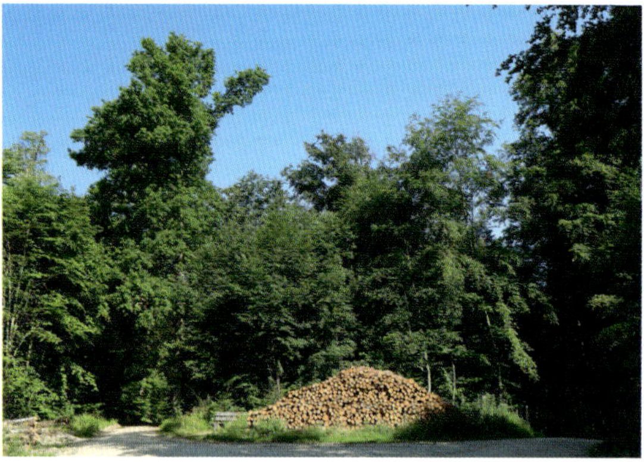

Brennholzstapel im Wald über den Bürgerseen.

Wir gehen vom **Parkplatz** 1 aus in den Wald. Den ersten links abgehenden Weg ignorieren wir – auf ihm kommen wir später zurück. Kurz darauf biegen wir mit dem Zeichen blaue Gabel links ab in den Allmerweg und wandern jetzt eine Weile durch den Wald. Bald liegen rechts unterhalb des Weges das **Allmerbrünnele** 2 und ein Rastplatz mit Tisch und Bänken sowie eine Grillstelle.

Etwas später überqueren wir einen Bach, dann eine Lichtung und kommen dahinter zum nächsten Wald. Dort gehen wir geradeaus auf einem Pfad bis zu einem festen Weg 3, dem wir nach links folgen. Nun leitet uns das Zeichen

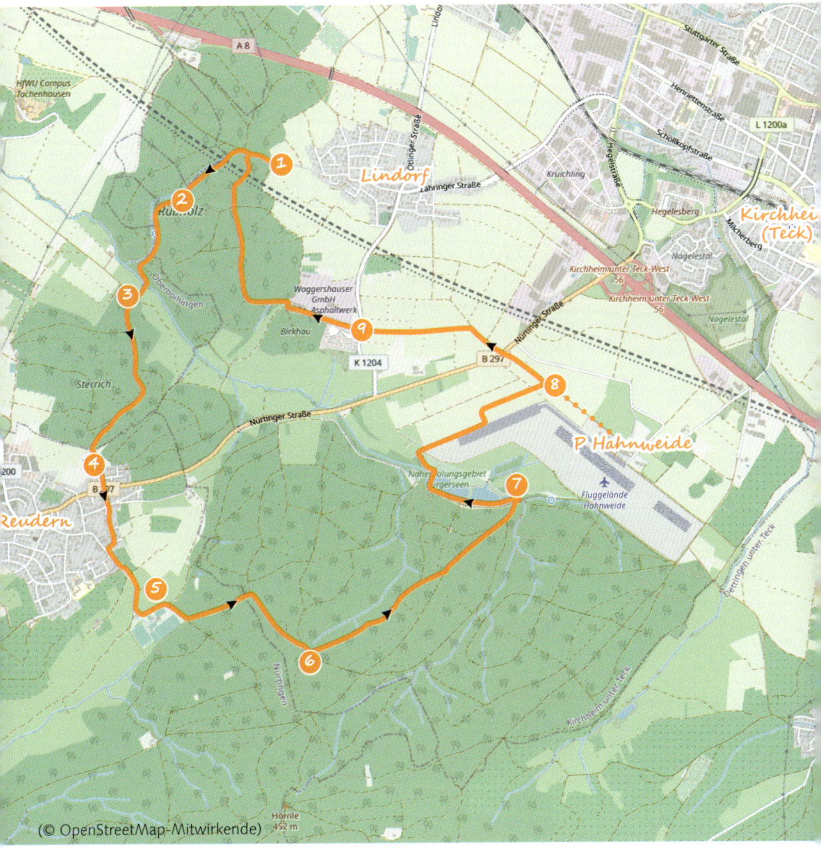

blaues Dreieck, auch das Zeichen des Jakobsweges ist immer wieder zu sehen.

Wir ignorieren den links abgehenden Radweg und wandern geradeaus, nun etwas ansteigend. Bald weisen uns die Wanderzeichen nach links auf einen Pfad. Später verlassen wir den Wald und gehen auf einem unbefestigten Wiesenweg geradeaus nach **Reudern** 4. Dort folgen wir der Straße Am Sterrich geradeaus, überqueren die Reudener Straße und dahinter der Schillerstraße. Es geht vorbei an der **Bushaltestelle Schillerstraße**, danach erreichen wir die querende Hanweidestraße.

Dort biegen wir rechts, dann gleich links in die Hülenbergstraße ein. Bald verlassen wir den Ort und wandern

INFOS

Wanderkarte Kirchheim unter Teck, 1:25 000, Hrsg.: Schwäbischer Albverein e.V., Kartographie: Landesamt für Geoinformation und Landentwicklung Baden-Württemberg (LGL); Wanderkarte mit Radwegen Blatt 54-539 Göppingen Kirchheim unter Teck, 1:25 000, NaturNavi

kirchheim-teck.de

Bus bis Lindorf, Haltestelle Ortsmitte, Reudern, Haltestelle Schillerstraße oder Reudern Ost, Haltestelle Kirchheim Bürgerseenc

Kirchheim unter Teck-Lindorf, Wanderparkplatz, Oberboihinger Straße, GPS 48.646490, 9.404363

Wer baden will kann auch an den Bürgerseen parken, ansonsten sollte man an badegeeigneten Tagen, vor allem am Wochenende, die Parkplätze dort den Badegästen belassen. Dann kann man bei den großen Parkplätzen auf der Hahnweide starten, der Zuweg von dort ist nur unwesentlich länger.

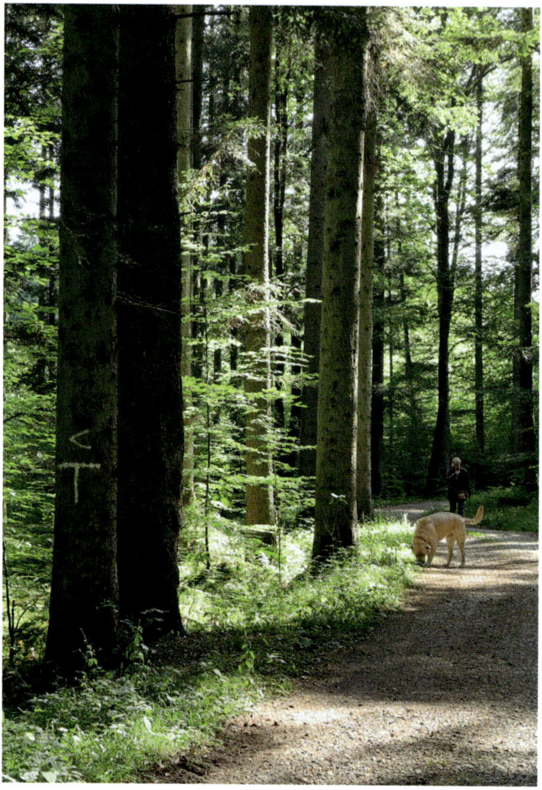

durch Streuobstwiesen. Nach rechts bietet sich uns ein Blick zur Ruine Hohenneuffen. Wir kommen vor die **Sportplätze**, halten uns links und gleich danach rechts in den Parkplatz 5. Nach ihm geht es in den Wald, wo wir mit dem Radwegschild zu den „Bürgerseen" gleich dem ersten links abgehenden Weg folgen.

Am nächsten Querweg (Dachsbauweg) halten wir uns rechts und wandern sanft bergauf bis links der Kegeleichenweg abgeht. Wir gehen aber noch kurz geradeaus weiter, dann biegen wir links ab in den **Tannenweg** 6. An der Verzweigung vor dem Waldabteilungsschild „10 Herrschaftswäldle" gehen wir auf dem rechten Weg geradeaus weiter. Dem nächsten Querweg folgen wir nach rechts und treffen nach einige Zeit auf die Bürgerseestraße. Rechts hinter der Brücke können wir nach links dem Fuß-

Bürgerseen

Der Name der künstlich angelegten drei **Bürgerseen** deutet darauf hin, dass die Gewässer einst vielleicht der Versorgung der Kirchheimer Bürger mit Fischen, evtl. Karpfen, dienten. Ende des 17. Jahrhunderts waren sie auf der Kieser'schen Forstkarte eingezeichnet. Im 18. Jahrhundert hat man die Nutzung eingeschränkt und die Seen verlandeten. 1906 hat man den Unteren und den Mittleren, etwas später den Oberen See zur Fischzucht neu angelegt. 1962 erfolgte eine Neuanlage. Heute ist am Unteren See Baden erlaubt. Der 1 Hektar große Mittlere See ist dem Unteren vorgeschaltet und dient zur Vorklärung und Reinigung des Badesees. Der 0,22 Hektar große Obere See liefert Frischwasser für die beiden anderen Seen und dient der natürlichen Klärung. Vor allem sein Nordufer ist sehr artenreich, hier findet man Schilf sowie Kleinröhricht mit Sumpfschwertlilien und Igelkolben, außerdem stellt er einen Lebensraum für verschiedene Amphibienarten dar. Bei den Seen wechseln sich auf sehr kleinem Raum unterschiedliche Pflanzengesellschaften ab: Um die Seen und am Talbach findet man Sumpf- und Wasserpflanzen wie beispielsweise den Igelkolben, auf den mäßig feuchten Wiesen wächst Wiesensalbei und an den trockeneren Standorten eine an diese Bedingungen angepasste Vegetation. Im Buchenmischwald finden wir Schatten liebende Pflanzen.

Der Badesee besitzt schöne, teilweise abfallende Liegewiesen, einen Badesteg und eine Badeinsel, Toiletten (auch behindertengerecht) und eine Gaststätte. Er fällt relativ steil ab, ein Nichtschwimmerbereich ist nicht abgeteilt, Eine Aufsicht gibt es nur sonntags bei schönem Wetter. Das Mitbringen von Hunden sowie das Grillen (auf Grillstellen sowie auf mitgebrachten Grillen) ist erlaubt.

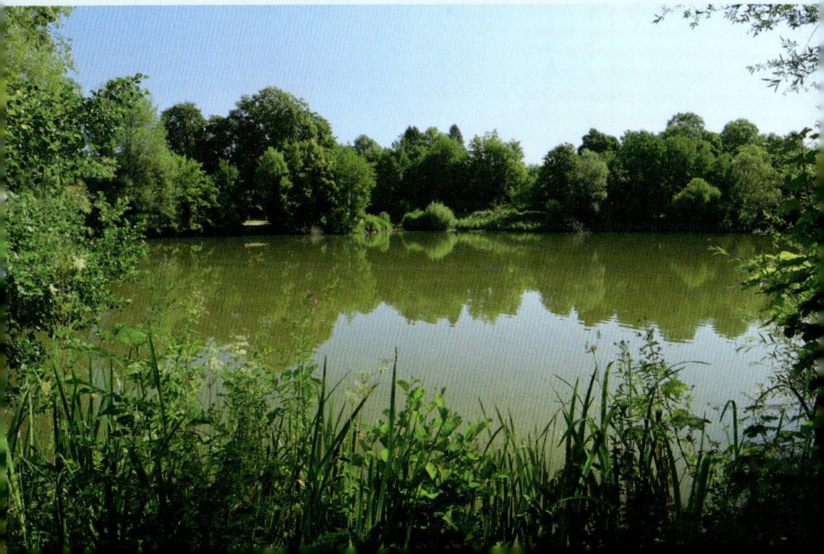

weg folgen. Wir passieren zuerst den **Oberen See** 7, dann den Mittleren See und danach den Unteren See, in dem man baden darf.

Am Ende des Unteren Sees halten wir uns rechts und biegen nach dem See links ab in den asphaltierten Weg. Er zieht etwas später nach rechts und steigt kurz steil an. Danach wandern wir mit Blick zur Ruine Teck und dem Segelflugplatz bis zu einem querenden Weg 8. Ihm folgen wir nach links. Nach dem kleinen Feldhäuschen überqueren wir die **B297** und wandern weiter durch die Felder. Bei erster Möglichkeit biegen wir links ab.

Nach der querenden **K1204** 9 gehen wir zwischen dem Verkehrsübungsplatz und der Gaststätte auf der linken und dem Asphaltwerk auf der rechten Seite bis wir uns nach dem Asphaltwerk rechts halten, dann aber gleich links in den Dachsbauweg abbiegen. Auf ihm wandern wir durch den Wald bis wir wieder auf das Sträßchen treffen, das wir vom Beginn her kennen. Nach rechts erreichen wir kurz darauf unseren Ausgangspunkt.

Blick zum Hohenneuffen.

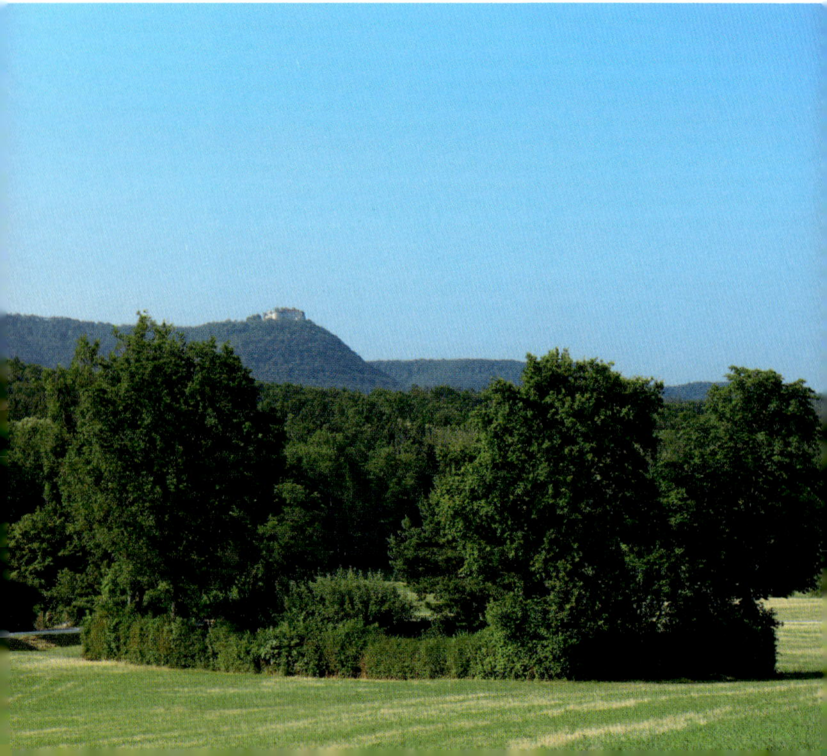

Über die Albhochfläche zum Vulkan

34

Abschluss an der Torfgrube

2½ Std

9,6 km

120 Hm

Lenningen/Otto-Hoffmeister-Haus – Wald – Engelhof – Torfgrube – Otto-Hoffmeister-Haus

Wir wandern meist auf festen Wegen.

Landschaft, Torfgrube

Otto-Hoffmeister-Haus/Gaststätte Albengel, Getränke und Snacks am Automaten am Engelhof

Auch wenn die Wege um die Torfgrube und das Gasthaus meist belebt sind, so sind wir doch auf dem Rest der Wanderung ziemlich alleine unterwegs. Wir bewegen uns zwischen Wiesen, Weideflächen und Wäldern auf der Hochfläche der Schwäbischen Alb, sodass die Höhenunterschiede sich in Grenzen halten. Naturkundlicher Höhepunkt der Wanderung ist natürlich das Schopflocher Moor/Torfgrube.

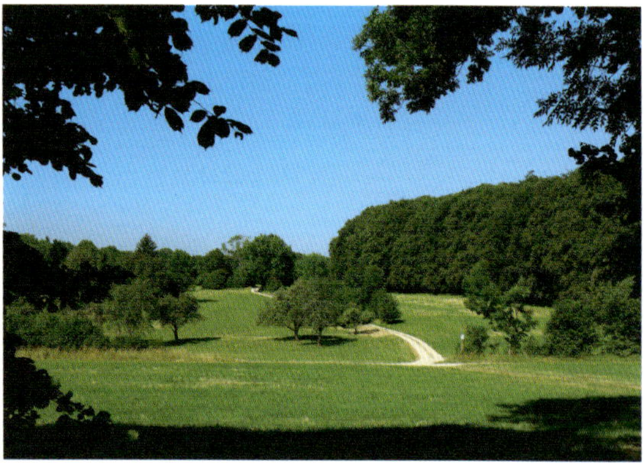

Auf der Albhochfläche.

Rechts: Altes Sühnekreuz beim Otto-Hoffmeister-Haus.

Wir gehen vom **Parkplatz** 1 aus am Otto-Hoffmeister-Haus vorbei. Danach ginge es nach rechts zur Torfgrube 7, aber dies wird unser Rückweg sein. Wenn wir weiter geradeaus wandern, sehen wir rechts des Weges einige albtypischen Dolinen und in dem mächtigen Gehölz danach einen alten **Kreuzstein** 2.

Wir behalten mit dem Wanderzeichen rote Raute unsere Richtung bei und erreichen bald einen **Wald** 3. An der Verzweigung dort nehmen wir den rechten Weg, der uns in den Wald hineinführt. Nach ihm treffen wir auf einen querenden Asphaltweg, dem wir nach rechts folgen. Nach dem Wald kommen wir zum **Wanderparkplatz Wielandstein** 4.

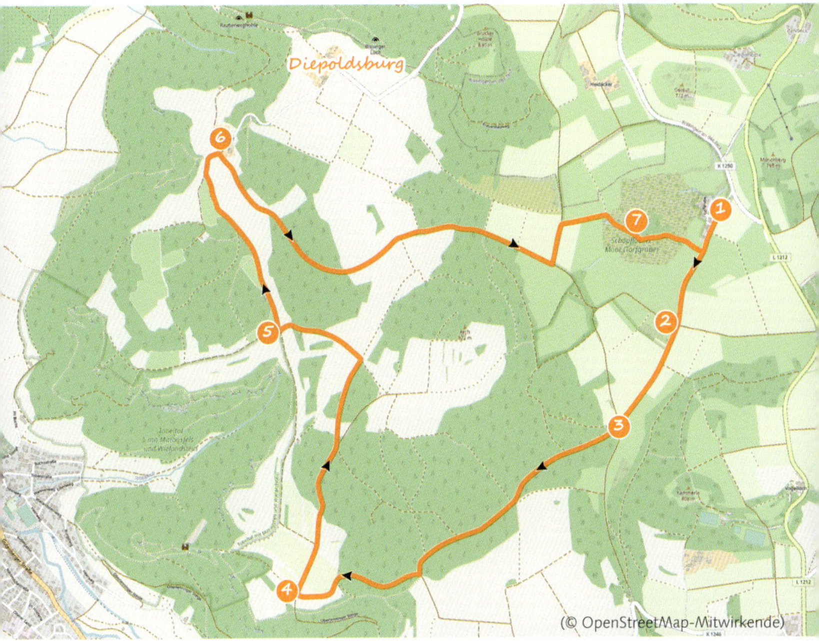

Hier biegen wir rechts ab, wandern erst durch die Wiesen und dann in den Wald. Nach etwas Anstieg zweigen wir links auf einen Schotterweg ab. Wir durchqueren bald eine Lichtung, danach ein weiteres Waldstück und folgen anschließend kurz dem Waldrand, bis nach links ein Weg abgeht.

Auf ihm gehen wir über Wiesen und durch den Wald hinab zu einer **Kreuzung** 5. Hier halten wir uns mit dem Zeichen rote Raute rechts. Nun wandern wir bis zu einem querenden Weg, dem wir nach rechts folgen. Danach biegen wir vor dem **Engelhof** 6 wieder rechts ab. Etwas später erreichen wir eine Erinnerungsstätte an die Geschichte des Engelhofes, auch einen überdachten Rastplatz mit Tisch und Bänken finden wir hier.

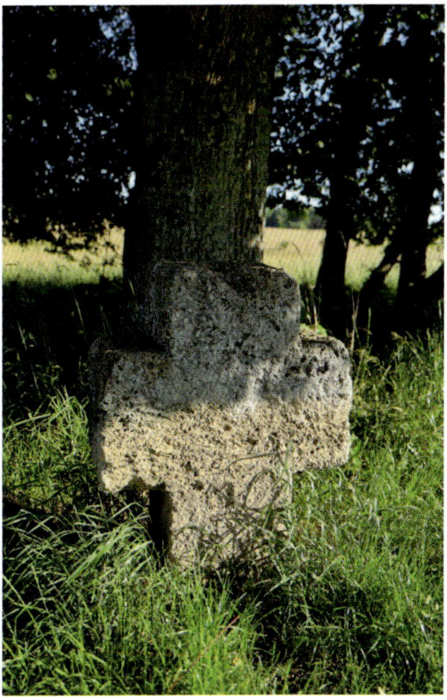

INFOS

Wanderkarte Kirchheim unter Teck, 1:25 000, Hrsg.: Schwäbischer Albverein e. V., Kartographie: Landesamt für Geoinformation und Landentwicklung Baden-Württemberg (LGL); Wanderkarte mit Radwegen Blatt 54-539 Göppingen Kirchheim unter Teck, 1:25 000, NaturNavi

lenningen.de

Bus bis Haltestelle Göppingen Torfgrube

Lenningen, Wanderparkplatz Torfgrube beim Otto-Hoffmeister-Haus/Gaststätte Albengel, K1250, GPS 48.563211, 9.525694

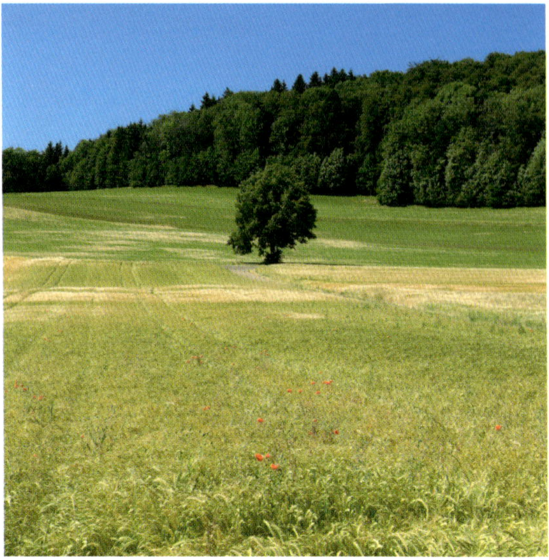

Danach kommen wir in den Wald, überqueren eine große Freifläche und betreten den Wald erneut. Nach ihm geht es geradeaus weiter, bis links ein Weg abgeht. Ihm folgen wir bis rechts beim Schild Naturschutzgebiet ein Wiesenpfad abgeht. Er bringt uns zuerst zu einem Biotop, das im Frühjahr ein beliebtes Laichgewässer für Frösche ist, danach durch die **Torfgrube/Schopflocher Moor** 7. Nach ihm kommen wir wieder zum Otto-Hoffmeister-Haus. Links liegt unser Ausgangspunkt

Schopflocher Moor, Dolinen, Kreuzstein und Otto Hoffmeister

Das **Torfmoor/Schopflocher Moor** ist das einzige Hochmoor der Schwäbischen Alb und geht auf einen Vulkanschlot des Urach-Kirchheimer Vulkangebiets zurück. Hier staute sich auf dem wasserdichten vulkanischen Untergrund das Wasser zu einem See auf. Da dieser im Laufe der Zeit verlandete, entstand erst ein Niedermoor, das sich aufgrund der hohen Niederschläge schließlich in ein mehrere Meter mächtiges Hochmoor umwandelte. Zwischen 1625 bis 1931 wurde hier Torf gestochen. Heute stockt in dem seit 1942 dem Schwäbischen Albverein gehörenden Moor ein Wäldchen mit Birken, Kiefern, Zitterpappeln, dazu wachsen hier Moosbeere, das Breitblättrige und das Fleischfarbene Knabenkraut, die Trollblume und verschiedene Niedermoorpflanzen. Seit 1983 sind 50 Hektar als Naturschutzgebiet ausgewiesen.

Danach findet man rechts des Weges markante **Dolinen**; so groß und in solcher Anzahl wie um das Otto-Hoffmeister-Haus sieht man diese Karsterscheinung selten. In der Nähe der Straße liegen beispielsweise die Dolinen „Höll" mit einer Tiefe von sieben Meter, das 13 Meter tiefe „Stauchloch" und die fünf Meter tiefe Doline „Wasserfall".

An der Kreuzung nach dem Otto-Hoffmeister-Haus sieht man einen kleinen **Kreuzstein**. Diese mussten früher von Mördern als Zeichen der Sühne gesetzt werden und waren ein Teil der Strafe. Die ersten ihrer Art stammen vielleicht bereits aus dem 12. Jahrhundert, im 15. und das 16. Jahrhundert war jedoch ihre Hochzeit. Der Kreuzstein hier soll daran erinnern, dass sich zwei Schäfer in einer Hungerzeit im Streit gegenseitig erschlagen hatten, eine andere Sage sagt jedoch, dass hier ein Räuber einen Händler erstochen haben soll, dieser ihm jedoch ebenfalls eine tödliche Verwundung beibringen konnte.

Otto Hoffmeister, Namenspatron des Gasthauses, war von 1895 bis 1913 Erster Kreisvertreter des XI. Turnkreises Schwaben in der Deutschen Turnerschaft, außerdem Gemeinderatsmitglied in Ludwigsburg und Landtagsabgeordneter. Er war so beliebt, dass gegen Ende seines Lebens seine Geburtstage mit Fackelzügen durch Ludwigsburg gefeiert wurden. Das heutige Gasthaus wurde 1912 als landwirtschaftliches Anwesen erbaut und 1926 an den Turnkreis Schwaben verkauft, danach kam es in den 1950er Jahren in private Hände.

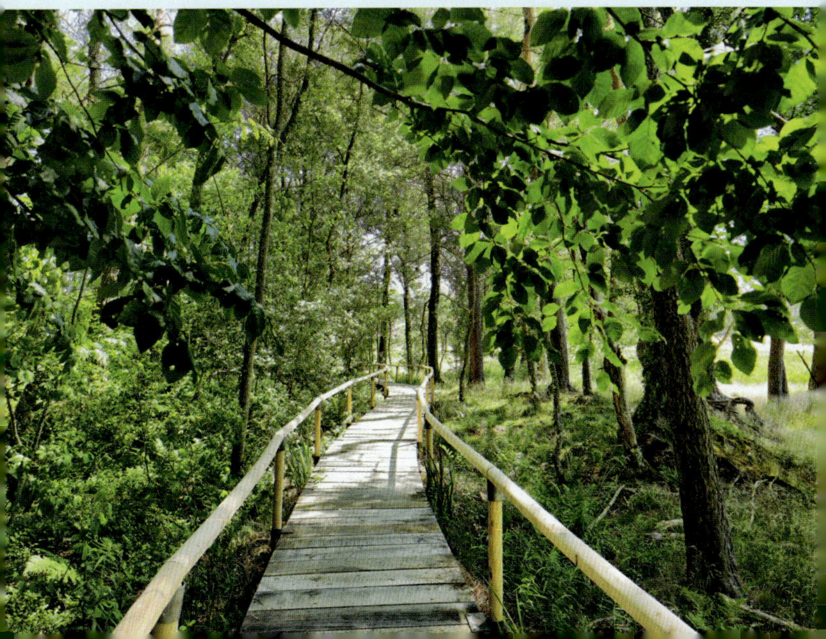

Natursehenswürdigkeiten und eine sagenumwobene Höhle

35

Torfgrube, Randecker Maar und die Heimensteinhöhle

2¾ Std
9,5 km
200 Hm

Otto-Hoffmeisterhaus/Torfgrube – Ziegelhof – Torfgrube – Heimensteinhöhle – Bahnhöfle – Oberreute – Otto-Hoffmeisterhaus

Wir wandern auf festen Wegen, nur vor und nach der Heimensteinhöhle auf einem Pfad.

Torfgrube, Torfgrube, Heimsteinhöhle, Aussichtspunkte

Otto-Hoffmeister-Haus/Gaststätte Albengel

An Sehenswürdigkeiten mangelt es dieser Tour nicht. Neben den Natursehenswürdigkeiten Torfgrube und Randecker Maar kommen wir auch an der Heimensteinhöhle vorbei. Zudem bietet sich uns immer wieder eine schöne Aussicht, zum Beispiel zwischen der Heimensteinhöhle und dem Bahnhöfle zur Ruine Reußenstein, ins Neidlinger Tal und nach Neidlingen.

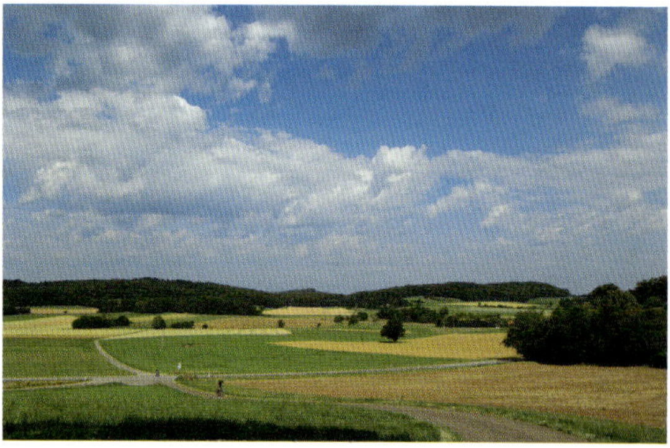

Auf der Hochfläche begeistert uns ein weiter Himmel.

Wir gehen vom Wanderparkplatz beim **Otto-Hoffmeister-Haus** 1 zur K1250 zurück und biegen links ab. Kurz danach halten wir uns rechts und durchqueren nach der Straße den Wanderparkplatz Gänskragen. Nach ihm gehen wir auf der L1212 nach links hinab bis zu einer **Kreuzung** 2. Nach links kann man durch den Ziegelhof zum **Randecker Maar** 3 gehen, unser Weg führt uns aber danach nach rechts weiter bis zum Parkplatz **Mönchberg** 4. An ihm wandern wir mit dem Wanderzeichen links vorbei.

Wir folgen immer diesem Weg, der uns schließlich in den Wald bringt. Dort wo von links der mit dem Zeichen rote Raute markierte Drittelwaldweg einmündet, geht es auf einem links abzweigenden Pfad mit dem roten Dreieck weiter 5.

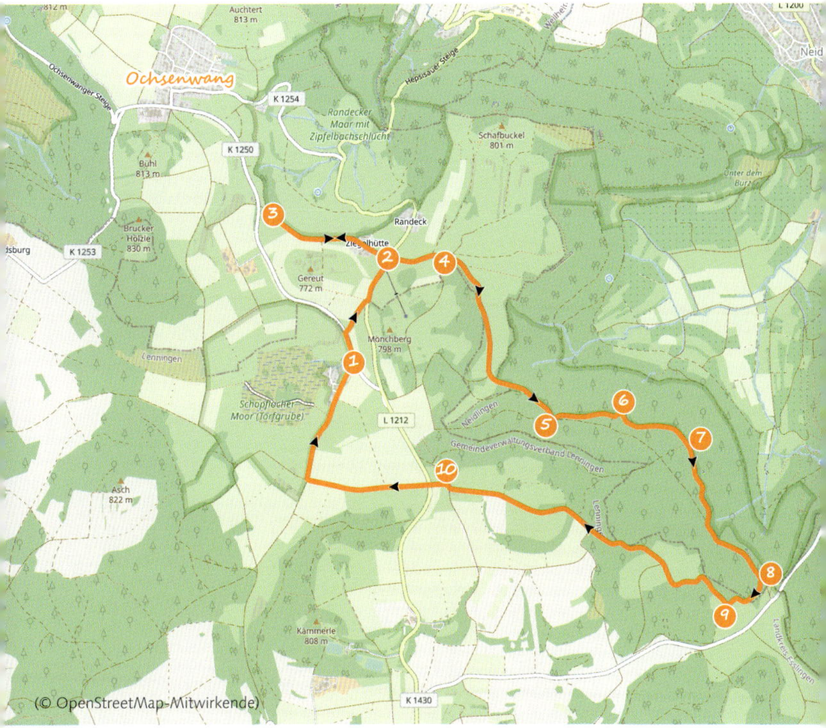

Bald können wir nach links zur **Hindenburg-Hütte** 6 gehen. Von hier aus bietet sich uns ein erster herrlicher Blick hinab ins Neidlinger Tal, nach Neidlingen und zur rechts liegenden Ruine Reußenstein. Weitere Aussichtspunkte folgen. Wir halten uns vor der Hütte rechts und folgen weiter dem Pfad, bis wir links ein kleines Felsmassiv sehen. Hier liegt die **Heimensteinhöhle** 7, in welcher der Sage nach der Riese Heim lebte. Außer im Winter kann man etwas in sie hinein gehen, für Kinder ein kleines Abenteuer. Dazu sollte man Taschenlampen dabeihaben.

Danach wandern wir weiter auf dem Pfad, wobei wir immer wieder an einem Aussichtspunkt vorbeikommen. Kurz nach der Höhle sollten wir den kleinen Grenzstein beachten. Auf der Wegseite ist der Elefant der Grafen von Helfenstein gut zu erkennen, auf der Rückseite sieht man die Hirschstange der Württemberger. Der als Bannwald geschützte Wald weist hier immer wieder recht urige Szenen auf.

INFOS

Wanderkarte W238 Metzingen, 1:25 000, Landesamt für Geoinformation und Landentwicklung Baden-Württemberg (LGL) in Zusammenarbeit mit dem Schwäbischen Albverein e. V.; Wanderkarte mit Radwegen Blatt 54-539 Göppingen Kirchheim unter Teck, 1:25 000, NaturNavi

lenningen.de, neidlingen.de

S-Bahn nach Kirchheim unter Teck, evtl. Regionalbahn bis Oberlenningen, Bus bis Haltestelle Schopfloch Torfgrube. Info: www.vvs.de

Lenningen, Wanderparkplatz Torfgrube beim Otto-Hoffmeister-Haus/Gaststätte Albengel, K1250, GPS 48.563211, 9.525694

Alternative Ausgangspunkte sind die Wanderparkplätze Gänskragen, Mönchberg und Bahnhöfle

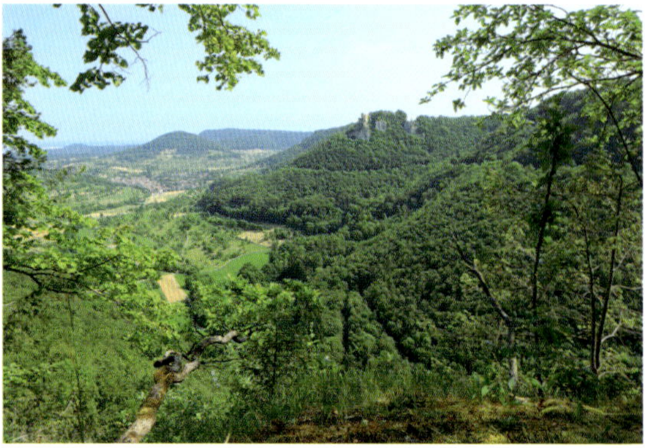

Blick von der Heimensteinhöhle zur Ruine Reußenstein.

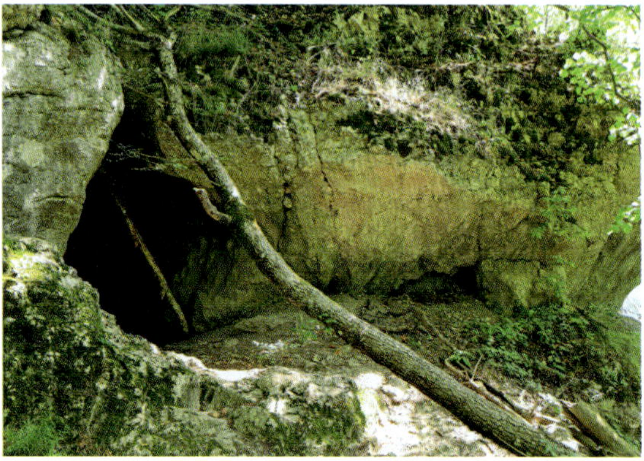

Eingang zur Höhle.

Wir treffen bald wieder auf den Drittelwaldweg, der uns nach links zum **Wanderparkplatz Bahnhöfle** 8 bringt. Hier nehmen wir den Naturweg, der vom zur Straße weisenden Ende des Parkplatzes ohne Zeichen nach rechts abgeht. Nach dem Wald wandern wir am Waldrand entlang bis rechts ein breiter, feingeschotterter Weg abgeht 9. Auf ihm kommen wir in den Wald und gehen dort in vielen Windungen weiter. Wir überqueren eine Lichtung und kommen schließlich über die Erhebung **Oberreute**.

Nachdem der Weg sanft gefallen ist, kommen wir zu einem Querweg oberhalb der Straße 10. Wir gehen hinab zur Straße, überqueren sie und wandern bis zur Kreuzung, wo man einen kleinen **Kreuzstein** sieht. Rechts liegen die Torfgrube, die Gaststätte im Otto Hoffmeister-Haus und unser Ausgangspunkt.

Randecker Maar

Das **Randecker Maar** ist sechzig Meter tief und der am besten erhaltene Vulkanschlot der Schwäbischen Alb. Es hat einen Durchmesser von 1,2 Kilometer und ist zwar fast kreisrund, allerdings auf einer Seite vom Zipfelbach „angefressen", sodass man sich die hintere Wand denken muss. Dadurch sieht man aber nicht nur in den mit Felsbrocken gespickten Trichter hinein, sondern über dem Einschnitt auch zur Pyramide der Limburg – auch ein ehemaliger Vulkan – im Albvorland und bis zu den Kaiserbergen auf der Ostalb. Der Vulkan ist eines der rund 350 Austrittslöcher des Urach-Kirchheimer Vulkangebiets. Bei dessen Ausbrüchen im Miozän vor etwa zehn Millionen Jahren handelte es sich um einmalige oder mehrfache Gasausbrüche, wobei das hochgerissene Gesteinsmaterial und die Ascheteile zum größten Teil wieder in den Schlot zurückfielen. Bei den Ausbrüchen bildete sich kein Vulkanberg, sondern der Schlot erweiterte sich durch die Wucht der Ausbrüche an seiner Oberfläche trichterförmig und bildete dabei das sogenannte Maar. Das Magma stieg dabei meist nicht bis an die Oberfläche hoch; wo es aber doch so hoch kam, dass das basaltartige Gestein später durch die Erosion freigelegt werden konnte, spricht man von Vulkanembryonen. Von dem ehemaligen See im Vulkanschlot und dem damals herrschenden tropisch warmem Klima erzählen die Bodenfunde hier – aus dem Faulschlamm entstand der sogenannte Blätterschiefer, der eine papierfeine Schichtung (Papierkohle) aufweist. In ihm wurden Reste von Insekten oder Pflanzen wie Zimtbaum und Bambus gefunden. Außerdem lebten hier Schildkröten, Hirsche, Rehe, Nashörner, Mastodonten und allerlei Raubtiere.

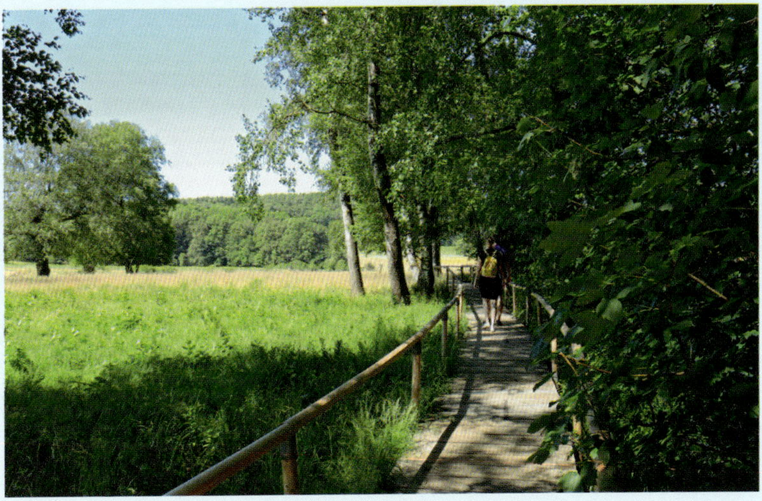

Impressum / Bildnachweis

Titel:	WANDERN AUF STILLEN WEGEN RUND UM STUTTGART
Untertitel:	Die 35 schönsten Touren
Autor:	Dieter Buck
Titelbild:	Dieter Buck
Porträtfoto:	© Melanie Buck
Fotos:	Dieter Buck
Kartengrundlagen:	OpenStreetMap
Kartengestaltung:	Charmaine Wagenblaß (vr)
Herstellung:	verlag regionalkultur
Satz:	Charmaine Wagenblaß (vr)
Umschlaggestaltung:	Charmaine Wagenblaß (vr)
Korrektorat:	Anja Heim (vr), Michelle Weber (vr)

Alle Angaben ohne Gewähr.

ISBN 978-3-95505-446-5

Die Deutsche Nationalbibliothek verzeichnet diese Publikation in der Deutschen Nationalbibliografie; detaillierte bibliografische Daten sind im Internet über http://dnb.dnb.de abrufbar.

Dieses Buch ist auf alterungsbeständigem und säurefreiem Papier (TCF nach ISO 9706) gedruckt entsprechend den Frankfurter Forderungen.

verlag regionalkultur
Ubstadt-Weiher · Heidelberg · Speyer · Stuttgart · Basel
Verlag Regionalkultur GmbH & Co. KG
Bahnhofstraße 2 · D-76698 Ubstadt-Weiher
Tel 07251 36703-0 · Fax 07251 36703-29
E-Mail kontakt@verlag-regionalkultur.de · www.verlag-regionalkultur.de